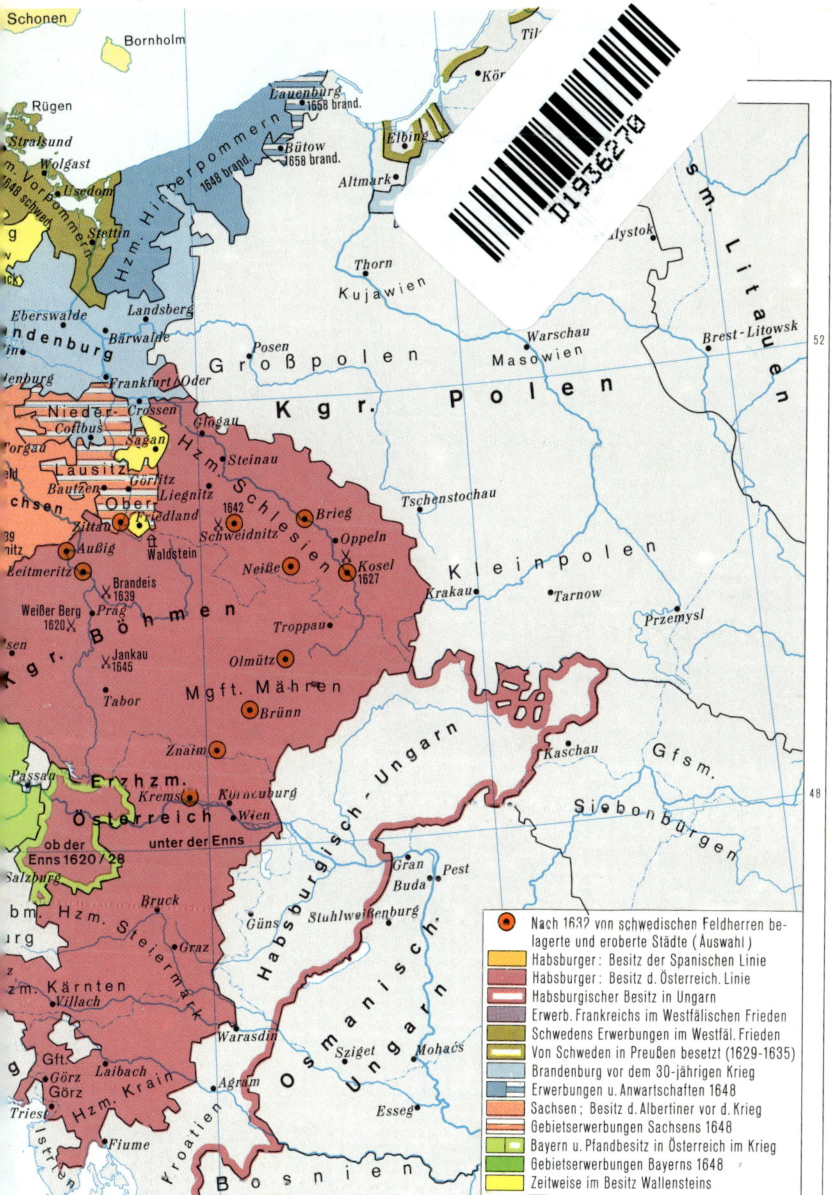
Schonen
Bornholm
Rügen
Stralsund
Wolgast
Usedom
Vorpommern 1648 schwed.
Stettin
Hzm. Hinterpommern 1648 brand.
Lauenburg 1658 brand.
Bütow 1658 brand.
Elbing
Altmark
Thorn
Kujawien
Eberswalde
Landsberg
Bärwalde
Posen
Großpolen
Warschau
Masowien
Brest-Litowsk
Frankfurt/Oder
Crossen
Glogau
Kgr. Polen
Nieder-
Cottbus
Torgau
Sagan
Steinau
Lausitz
Görlitz
Bautzen
Liegnitz
Ober-
Hzm. Schlesien
1642
Brieg
Tschenstochau
Zittau
Friedland
Schweidnitz
Oppeln
Aussig
Waldstein
Neiße
Kosel 1627
Kleinpolen
Leitmeritz
Brandeis 1639
Krakau
Tarnow
Weißer Berg 1620
Prag
Przemysl
Kgr. Böhmen
Troppau
Jankau 1645
Olmütz
Tabor
Mgft. Mähren
Brünn
Habsburgisch-Ungarn
Kaschau
Znaim
Gfsm.
Passau
Erzhzm.
Krems
Korneuburg
Siebenbürgen
Österreich
Wien
ob der Enns 1620/28
unter der Enns
Gran
Pest
Buda
Salzburg
Bruck
Hzm. Steiermark
Güns
Stuhlweißenburg
Graz
Kärnten
Villach
Osmanisch-Ungarn
Warasdin
Sziget
Mohaćs
Gft. Görz
Laibach
Görz
Agram
Hzm. Krain
Triest
Esseg
Istrien
Kroatien
Fiume
Bosnien
Litauen
52
48
16
20
Nach 1632 von schwedischen Feldherren belagerte und eroberte Städte (Auswahl)
Habsburger: Besitz der Spanischen Linie
Habsburger: Besitz d. Österreich. Linie
Habsburgischer Besitz in Ungarn
Erwerb. Frankreichs im Westfälischen Frieden
Schwedens Erwerbungen im Westfäl. Frieden
Von Schweden in Preußen besetzt (1629-1635)
Brandenburg vor dem 30-jährigen Krieg
Erwerbungen u. Anwartschaften 1648
Sachsen; Besitz d. Albertiner vor d. Krieg
Gebietserwerbungen Sachsens 1648
Bayern u. Pfandbesitz in Österreich im Krieg
Gebietserwerbungen Bayerns 1648
Zeitweise im Besitz Wallensteins

Heinz Rieder · Wallenstein

Albrecht von Wallenstein, Herzog von Friedland

Heinz Rieder

Wallenstein

General
Herzog
Verräter

ÖBV

Österreichischer Bundesverlag · Wien

Diese Buchreihe ist Österreich gewidmet: Österreich mit seinen geistigen Kräften und Strömungen, Österreich mit seiner historischen und seiner kulturgeschichtlichen Bedeutung, Österreich mit seinen landschaftlichen Besonderheiten, seinen Persönlichkeiten und der so vielfältigen Wesensart seiner Bevölkerung. Vieles bietet sich an. Es soll nach und nach behandelt werden – anregend geschrieben und zugleich hohen Ansprüchen genügend.

Weitere Bücher aus dieser Reihe:

Otto Stradal

Der andere Prinz Eugen – Vom Flüchtling zum Multimillionär

Der andere Radetzky – Tatsachen und Gedanken um ein Phänomen

Peter Broucek

Der Geburtstag der Monarchie – Die Schlacht bei Kolin 1757

Walter Kleindel

Österreich – ein Herzogtum – Das Privilegium minus

Friedrich Weissensteiner

Die rote Erzherzogin – Das ungewöhnliche Leben der Tochter des Kronprinzen Rudolf

Neubearbeitung der Ausgabe aus dem Jahr 1967

Satz: Times 10/11 Punkt
Gedruckt auf holzfrei Offset, 120 g
Druck: Wiener Verlag, Himberg
ISBN 3-215-**04998**-8

Inhalt

Das Lager

*„Nichts ist gemein in meines Schicksals Wegen
Noch in den Furchen meiner Hand. Wer möchte
Mein Leben mir nach Menschenweise deuten?“
Schiller, Wallensteins Tod, V/4*

Als am 24. Februar 1634 abends im Stadthaus zu Eger der irländische Soldat Deveroux dem Generalissimus des Kaisers die Partisane in die Brust stößt, ist das nicht das Ende, wohl aber der dramatische Höhepunkt eines Krieges, der als Religionskrieg begonnen hatte und allmählich sich zum Kampf der europäischen Mächte um Deutschland ausweitete, der sich endlose dreißig Jahre hinschleppte, mit immer neu aufgestellten Söldnerheeren und Schrecken verbreitenden Lagern, von denen Raub, Plünderung, Brandschatzung und Mord ausgingen. Sie sind die Instrumente der Macht im politischen Pokerspiel und im Geist dieser Politik, jenem rüden, zynischen Geist, den Machiavelli entwickelt hatte. Beide, das Lager und die Politik, befruchten einander wechselseitig und treiben die Entwicklung weiter. Die riesigen, ihren Troß nachziehenden Söldnerheere fressen sich plündernd und marodierend durch das Land, auch wenn man gerade über den Frieden verhandelt. Sie aufzulösen und nach Hause zu schicken hieße die Plagen der Länder noch größer und die Haufen noch zuchtloser werden lassen. Sie beisammenzuhalten kostet Geld. Und das Geld könnte nur durch einen neuen, siegreichen Einsatz wieder amortisiert werden. Also bewahrt man sich dieses Instrument der Macht, dessen Gefangener man geworden ist, um den nächsten Krieg damit vom Zaun zu brechen.

In diesem Teufelskreis tanzen sie alle: Gábor Bethlen, Matthias Thurn, Friedrich V. von der Pfalz, Christian IV. von Dänemark, Gustav Adolf von Schweden, Richelieu, Maximilian von Bayern – dieser besonders widerwillig – und natürlich Kaiser Ferdinand II. Von ihnen bewegt oder sie bewegend: die Feldherren Mansfeld, Arnim, Tilly, Pappenheim und noch einige andere Manager und Unternehmer im Kriegsgeschäft, nebenbei auch geschickte Heerführer, nicht immer aber Künstler der Strategie.

Keiner von ihnen kannte und benützte diese Zusammenhänge zwischen der Söldner-Soldateska als Instrument der

Macht und den ideologischen Motivationen des Religionskampfes, die nur mühsam aufrechterhalten werden konnten, so geschickt wie Wallenstein, jene seltsame Zwitterfigur zwischen Landesfürsten, Feldherrn und kriegswirtschaftlichem Unternehmer. Und keiner unternahm solche Anstrengungen wie er, diesem Teufelskreis schließlich zu entkommen. Gerade dadurch geriet er immer stärker in den innersten, verderblichsten Wirbel des Stroms, der ihn unrettbar dem Untergang preisgab. Im Blutbad von Eger wandte sich sein eigenes Instrument gegen ihn selbst. Das Lager, das er geschaffen und das ihn groß gemacht hatte, verschlang ihn wieder.

Der Teufelskreis des Lagers hat einen Krieg geprägt, in dem Kriegsziele fast unwichtig wurden. Der Krieg wurde selbständig, war um seiner selbst willen da, durchkreuzte alle Verhandlungen und Friedenssehnsüchte. Warum noch immer gekämpft wurde, das war immer schwerer zu beantworten, je länger der Krieg dauerte. Auch die europäischen Mächte griffen vielfach nur deshalb ein, um sozusagen im Spiel zu bleiben. Konnte man Gustav II. Adolf idealistische Motive zubilligen, so war es bei den anderen nichts als kaum verhüllte Machtgier, etwa bei der

Brandschatzung. Radierung aus den „Misères de la guerre“ von Jacques Callot (Ausgabe 1636)

Türkei oder Frankreich. Alle wußten sehr gut, daß sie Europa beherrschen konnten, wenn sie in Deutschland saßen. Nicht immer kannten sie aber ihre Grenzen – am wenigsten Dänemark und Schweden nach dem Tode Gustav II. Adolfs –, doch sie jagten mit Hilfe künstlicher Kriegsverlängerungen weiter ihren Illusionen nach, genauso wie der Kaiser lange Zeit der Illusion des Restitutionsediktes (wie im Augsburger Religionsfrieden von 1555 vereinbart, bestimmt der Landesfürst die Religion; es dient der Wahrung und Sicherung des Bereiches des katholischen Kultes) nachjagte. Dazu brauchten sie alle die Soldateska in ihren Lagern. Diese Lager prägten Geschehen und Gesicht dieser Zeit.

Die Dörfer in der Umgebung werden von Schrecken erfaßt: eine Kompanie hat in der Nähe ihr Lager aufgeschlagen. Dieses Lager ist ein riesiger Apparat. Es besteht nicht nur aus Soldaten, Waffen, Kriegs- und Versorgungsgerät. Jeder Soldat hat seine Frau oder Dirne, hat Kinder und Troßbuben bei sich. Ganz zu schweigen von den alten Vetteln, ausgedienten Dirnen, verwundeten und marodierenden Soldaten, denen das Lager noch immer die Nährmutter ist; zu schweigen von sonstigen

wichtigen oder wichtigtuerischen Chargen: Pagen und Läufer der Offiziere, Marketender, Wanderhändler, alle beaufsichtigt vom „Hurenweibel“, einem ausgedienten Soldaten, dem ein Bein oder eine Hand oder ein Auge fehlt.

Sie kommen mit hochgepackten Wagen, deren Inhalt nicht bloß Dinge des täglichen Gebrauches, sondern auch Beutestücke aller Art sind, die von Lager zu Lager mitgeschleppt werden. Kaum sind sie abgesessen, so hebt schon das Plündern an. Der Troß, die Dirnen und die Buben, treiben es da viel ärger als die Soldaten selbst. Weiber und Buben dringen in den nächsten Bauernhof ein, machen auf das Geflügel Jagd, treiben Pferde aus dem Stall, die vor die Troßwagen gespannt werden, zerren Schweine und Rinder mit, rauben die Truhen und Kästen aus und zerstören oft sinnlos, was sie nicht mitnehmen können.

Die ausgeraubten Bauern, die vor dem Nichts stehen, lassen oft Haus und Hof im Stich, um mit den Soldaten zu ziehen. Die Knaben werden Pagen und Läufer, die Mädchen suchen sich unter den Kriegsleuten ihre Männer, meist ohne den Segen der Kirche. Aber da drückt man ein Auge zu. Der gemeine Soldat soll es gut haben, er muß bei guter Laune gehalten werden, sonst könnte er ja die Fahne wechseln. Daher ist das Lager sozusagen sein Reich, sein ganzes Besitztum wird hier mitgeführt und bewahrt – nicht nur Offiziere sind es, die ganze Wagenladungen ihr eigen nennen können.

Das macht aber notwendig, daß zwischen mein und dein unterschieden wird, daß eine Ordnung im Lager besteht. Ein paar mit Spießen bewaffnete Weiber und Buben halten sie unter dem Kommando des Hurenweibels aufrecht. Es treibt sich allerhand Gesindel umher oder hat sich ins Lager eingeschlichen. Kein Wunder, kommt doch auf zwei Soldaten zuerst mindestens eine Dirne und ein Junge. Später ziehen mit einem Regiment sogar viertausend Dirnen und Troßbuben mit, für die dreihundert Wagen noch zuwenig sind. Oft weigerten sich ganze Regimenter nur deswegen, ein Lager abzubrechen und weiterzumarschieren, weil ihnen für den Troß zuwenig Wagen gegeben worden waren.

Das Lager wird an einer für die Verteidigung günstigen Stelle aufgeschlagen. Fließendes Wasser muß in der Nähe sein. In der Mitte erhebt sich das reichverzierte Zelt des Feldherrn, rundum eingerammte Spieße trennen ihn von den gemeinen Leuten. Gleich daneben befinden sich die Hauptwache des Lagers und ein drohend aufgerichteter Galgen.

Soll ein größeres Lager – für mehrere Regimenter – aufgeschlagen werden, so werden die Plätze zunächst einmal durch Stöcke und Zweige abgesteckt. Dann erst errichten die Regimenter und Kompagnien ihre eigenen Lager. Offiziere, Beamte, Feldscher und Kaplan liegen von den Soldaten getrennt, denn sie sind die Honoratioren des Lagers.

Die Soldaten selbst errichten sich nicht Zelte, sondern Hütten aus Stroh und Brettern. Dort hausen auf engstem Raum bis zu vier Soldaten mit ihren Frauen oder Dirnen, den Buben und den Hunden. Neben jeder Hütte stecken Piken, Spieße und Hellebarden im Boden. Rund um das im Viereck oder im Kreis angeordnete Lager werden die Bagagewagen ineinandergeschoben und mit Ketten aneinander befestigt. Nur wenige Ausgänge bleiben frei. Wall und Graben dienen als weiterer Schutz, wenn nötig auch noch Reitertrupps und Postenketten außerhalb des Wagenringes, um das Lager gegen plötzliche Überfälle des Feindes zu sichern.

Die Dörfer rings um ein solches Lager sind bald ausgeraubt, die Häuser niedergerissen, die Dächer verlieren ihr Stroh, das samt den Dachbalken ins Lager wandert, so daß von dem Dorf bald nur mehr die Stein- oder Lehmwände übrigbleiben. Zur Herbeischaffung der Verpflegung müssen nach kurzer Zeit weite Unternehmungen gestartet werden, denn die Umgebung des Lagers wird sehr bald zur verbrannten Erde. Diebstahl, Plünderung und Mord zeichnen den Weg der Fouragierer. Kommen sie mit reicher Beute heim, so gibt es einen Auflauf im Lager. Man bewundert das Plünderungsgut, streitet sich darum, handelt, tauscht und vertauscht, säuft sich mit dem erbeuteten Wein voll und randaliert bis spät in die Nacht, wenn es nicht gar zu einer handfesten Schlägerei kommt.

Wenige Gelegenheiten gibt es, bei denen man diese völlig undisziplinierten Haufen zu einer gewissen Ordnung bringen kann; etwa wenn am Morgen Trommler und Ausrufer zum Gebet mahnen. Sonntags wird Gottesdienst oder Messe gefeiert. Die Protestanten waren im Lager Wallensteins in ihrer Religionsausübung kaum gehindert. Besonders fromm ging es im Lager König Gustav II. Adolfs von Schweden zu, der sich überhaupt sehr um Zucht bemühte und zweimal täglich Betstunde hielt. Langweilige Lagertage verkürzt man durch Kartenspiele, auch durch zeitweise verbotene Würfelspiele, denn falsche Würfel (zum Beispiel mit zwei Sechsern) kommen häufig vor. Hausierer wandern mit ihrer Ware durch die Lagergassen, Marketender führen Verkaufsbuden, und die Soldaten handeln auch mit ihnen um ihre Beutestücke. Jäh wechseln Armut und Reichtum bei diesen Händeln – und mit dem launischen oder gelenkten Fall der Würfel.

Je länger der Krieg anhält, desto mehr Menschen aus den verwüsteten und verbrannten Landstrichen drängen sich im Troß des Lagers zusammen. Es gibt Oberste, die diesen für jede Kriegshandlung hinderlichen Troß abschaffen wollen, weil er die Heere für den Feldzug viel zu unbeweglich macht. Aber in den meisten Fällen müssen sie klein beigeben, vor der Macht des Lagers kapitulieren. Schon zu Beginn des Krieges erzählt man sich die Geschichte von dem Obersten, der seinen Troß bei einem Flußübergang auf einfache Weise „verlieren“ wollte: er ließ zuerst die Soldaten übersetzen und verbot sodann den Schiffern, auch den Troß an dieses Ufer zu bringen. Da erhoben die Dirnen am jenseitigen Ufer ein Schreien und Weinen, und

die Soldaten am diesseitigen Ufer liefen, zutiefst bewegt durch die Aussicht auf den Verlust ihrer Bagage und ihrer Lieben, schreiend zusammen. Es kam zu einem Streik, und der Oberst mußte nachgeben, um nicht sein Regiment zu verlieren.

Natürlich gibt es auch magere Zeiten für das Lager, wenn man Wochen und Monate an einem Ort steht und die Dörfer ringsum nur mehr ausgeplünderte, menschenleere Ruinen sind. Dafür entschädigt man sich im nächsten Quartier, denn der Sold ist eine recht unsichere Sache. Zu Beginn des Krieges schwankt der Monatssold zwischen fünf und sechzehn Gulden. Mit der Münzverschlechterung erhöhen sich allmählich die Beträge – falls sie überhaupt ausgezahlt werden. Eine ordnungsgemäße Verpflegung fehlt meist, der Soldat sorgt für sich selbst, natürlich maßlos und auf Kosten der Landschaft, in der er liegt. Ob befreundet oder feindlich, katholisch oder protestantisch: alles wird gleich gründlich ausgeraubt. So herrscht einmal Not im Lager, das andere Mal Überfluß. Steigt die Not an, so verlieren sich allmählich die Haufen, wechseln womöglich zum Feind hinüber oder lösen sich in selbständige Gruppen auf, die plündernd durch das Land ziehen. Oberste und Generäle haben dann das Nachsehen.

Lagerszene (links: „Appell“, Mitte: „Exerzitium“, rechts: „Soldauszahlung“). Aus den „Misères de la guerre“ von Jacques Callot (1633)

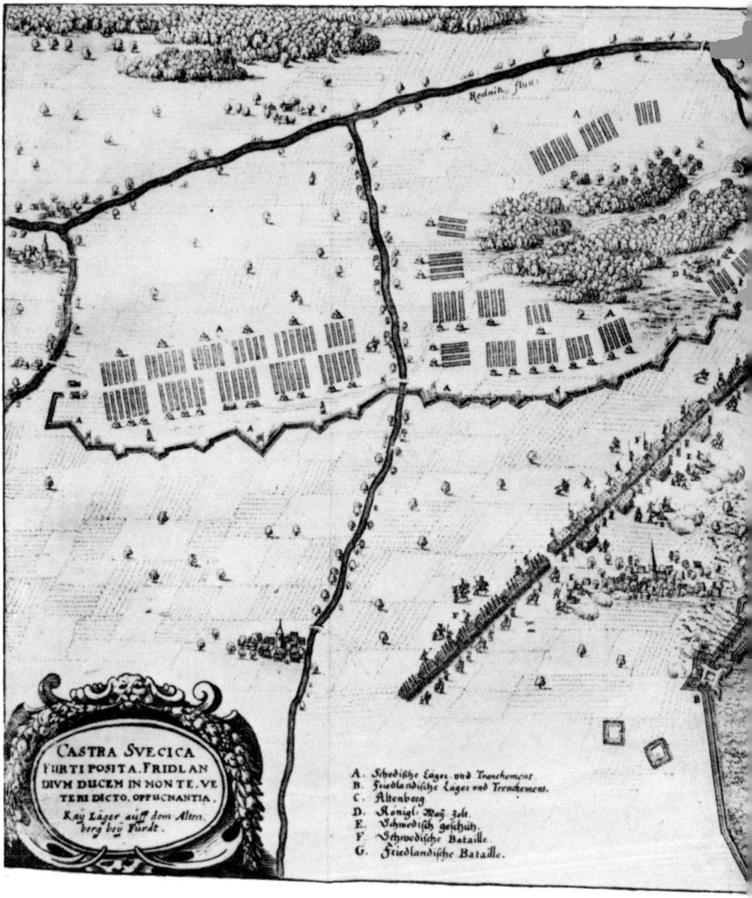

Die Staaten und Regierungen tun natürlich alles, um das Heer beisammenzuhalten. Seine Maximalstärke beträgt in der Regel vierzigtausend Mann. Nur Wallenstein brachte einmal bis zu hunderttausend Mann und mehr zusammen. Als eine Art von beweglicher Festung, nach strengen Ordnungen massiert, zieht dieses Heer in die Schlacht. Es zusammenzuhalten, auf den schlechten Wegen vorwärts zu bringen, erfordert außerordentliche Anstrengungen, wobei die riesigen und dementsprechend schwerfälligen Trosse die größten Probleme darstellen. Anderseits muß das Heer ständig beweglich bleiben, da die

Eine riesige Lagerstadt während des Dreißigjährigen Krieges. Anonymer Stich mit dem Plan des kaiserlichen und des schwedischen Lagers bei Fürth (1632)

Landschaften ringsum durch das auf Raub und Plünderung basierende Verpflegungssystem bald ausgesogen sind.

Nur in den wenigsten Fällen kann die Regierung, die die Armee unterhält, Sold und Verpflegung aufbringen. Die böhmischen Stände beispielsweise konnten ihre Armee schon nicht mehr durch den Winter 1619/20 bringen. So verlief sich die Hälfte dieser Armee im Winter, soweit sie nicht erfror oder verhungerte. Der Kurfürst von Sachsen, der eine Armee von tausendfünfhundert Mann angeworben hatte, konnte wenige Monate später, im Dezember 1619, den Sold nicht mehr zahlen. Anleihen von Bankhäusern, Subsidien (so die spanischen Hilfsgelder für den Kaiser, die französischen für Gustav II. Adolf) oder rigorose Kriegssteuern reichten nirgends aus. Schon wenige Jahre nach Kriegsbeginn waren alle Regierungen mehr oder weniger insolvent. Wallensteins Finanzmann de Witte wurde es durch die Absetzung seines Herrn. Trotzdem ging der Krieg weiter.

Die Anwerbung des Soldaten erfolgte durch Handgeld. Der Oberst warb das Regiment an, die ihm unterstellten Hauptleute und Rittmeister die Fähnlein (Kompanien). Wo das Volk nicht von selbst zuströmte, hielt man sich Werber. Der Hauptmann hielt unter den geworbenen Kriegsleuten Musterung ab. Hatten sie spezielle Kenntnisse, etwa für die Verwendung in der Artillerie, so waren sie natürlich hoch willkommen. Der Hauptmann versprach ihnen allen einen regelmäßigen Sold und seinen Schutz; er mahnte sie auch, ihm Treue zu halten. Auf dem Marsch ging er mit der Pike oder Muskete seinem Fähnlein voran. Die Fahne trug der Fähnrich. Sie wurde ihm als sichtbares Zeichen übergeben, damit ihm die Soldaten im Gewimmel der Schlacht folgen könnten. Der Fähnrich durfte bei Tag und Nacht die Fahne nicht verlassen. Fiel er in der Schlacht, so war sie ihm das Leichentuch, bis sie vom Freund gerettet oder vom Feind als Trophäe vom Schlachtfeld heimgetragen wurde, denn man zählte nach der Schlacht die eroberten Fahnen. Im Lager war der Fähnrich Fürsprecher beim Hauptmann und Friedensstifter, auf dem Marsch und in der Schlacht gab er bestimmte Zeichen mit der Fahne, um Befehle zu übermitteln, etwa durch Schwenken oder durch Drehen.

Zu Beginn des Krieges waren Feuerrohr und Pike die Bewaffnung des Fußvolkes, seltener die Hellebarde. Helm, Brustharnisch und Beinschienen boten Schutz. Die achtzehn Fuß lange Pike mit Eisenspitze und Holzschaft war die Angriffswaffe. In dichten Vierecken traten die Pikeniere zur Schlacht an, die Schützen bildeten die Flanken. Später gab es eigene Schützenkompanien, die zunächst mit sehr unhandlichen Gewehren mit Luntenschlössern ausgestattet waren. Das Gewehr mußte beim Schießen auf einen Gabelstock gelegt werden.

Im Verlauf des Krieges traten die Pikenier- und Schützenkompanien allmählich hinter der Kavallerie zurück. Die berittenen Kämpfer waren mit Lanze oder Rennspieß, auch mit türkischem Säbel und Muskete ausgestattet. Mit der Zeit kam auch die Pistole bei den Reitern auf; dem Schutz dienten Sturmhaube, Halsring und Brustharnisch. Vor der Schlacht wurde die Reiterei gewöhnlich zum Flankenschutz der Pikeniere aufgestellt. Die Schweden bedienten sich ihrer mit besonderem Geschick als Angriffstruppe. Die Reiterei war die angesehenste unter den Waffengattungen. Gefürchtet waren besonders die berittenen Kroaten Wallensteins.

Die Vielfalt der Geschütze in der Artillerie war nicht mehr so unübersehbar wie noch im sechzehnten Jahrhundert. Als Festungsartillerie kannte man die mit zweiundvierzig- oder vierundzwanzigpfündigen Kugeln geladenen Kanonen, als Feldartillerie die mit zwölf- oder sechspfündigen Kugeln versehenen. Daneben gab es Haubitzen und Böller, die mit Feuerkugeln und Stinktöpfen geladen wurden. Mit den sogenannten Hagelstücken verschoß man gehacktes Eisen, Blei, Schrot und kleine Steine. Gustav Adolf zog zu Anfang des Krieges mit leicht beweglichen ledernen Kanonen ins Feld, kupfernen Zylindern mit Leder- oder Hanfüberzug, die aber nach der Schlacht bei Breitenfeld abkamen. Sein Heer war berühmt für seine überraschend wendigen Geschütze, die während der Schlacht ihre Positionen ohne Mühe ändern konnten. Zu Geschützmeistern wurden häufig Infanteristen herangebildet. Allmählich hatten ausgebildete Artilleristen Seltenheitswert.

Die Feuerkraft der Artillerie und der Handfeuerwaffen wurde im Verlauf des Krieges immer wirksamer. Brustpanzer und Pickelhauben halfen nicht mehr viel, immer schutzloser war der Infanterist der Feuerwaffe preisgegeben. Vergebens suchte er durch kugelsicher machende Amulette das Unheil der tödlichen Kugel von sich abzuwenden oder durch Briefe mit heiligen Worten oder Zeichen, die er bei sich trug: Drudenfüße, Zirkel, Kreuze, Buchstaben in fremder Schrift oder – wie auf den sogenannten Passauer Zetteln – mit Sätzen, von denen uns Grimmelshausen einen überliefert: „Teufel, hilf mir, Leib und Seel' geb ich dir." Unter dem linken Arm angebracht, bannten sie den Schuß des Feindes. Man schluckte solche Zettel auch.

Andere Zaubermittel waren: ein Stück Strick, an dem ein Mensch erhängt worden war, der Bart eines Bocks, die Augen eines Wolfes, der Kopf einer Fledermaus, alles in einen Beutel aus schwarzer Katerhaut gewickelt; dann natürlich sogenannte Hexenkräuter, wie Wegwart, Verbena, Vogelkraut, Johanniskraut, Siegwurz, Bollwurz. Man mußte sie mit neugeschliffenem Stahl ausgraben und durfte sie nicht mit der bloßen Hand angreifen. Auch Amulettmünzen wurden geprägt.

Von den großen Heerführern wurde erzählt, die seien durch Zauber und Teufelspakt unverwundbar. Den Holk soll der Teufel aus diesem Grunde höchstpersönlich in die Hölle geholt haben. Auch dem Schwert Gustav Adolfs maß man Zauberkräfte zu. Wallenstein, Tertschka und Tilly galten als kugelfest.

In dieser Zeit, die den Menschen zum Spielball des Schicksals im Hexenkessel dieses Krieges machte, gewann die Zukunftsdeutung besonderen Einfluß. Als Ausdruck der Daseinsangst in Kriegszeiten nahm die Astrologie im sechzehnten und siebzehnten Jahrhundert großen Aufschwung. Zu ihren Gläubigen zählte der gemeine Mann ebenso wie der Feldherr. Wallensteins Abhängigkeit von Horoskopen war nicht ungewöhnlich und hat die Sterndeuterei besonders populär gemacht. Die Prognosen der Sternkonstellationen förderten oder hemmten entscheidende Entschlüsse des Feldherrn. Sein Astrologe Seni, nach neuesten Forschungen ein bestechliches Subjekt, stellte seinem Herrn die Horoskope, um bestimmte, dem Feinde günstige Entscheidungen herbeizuführen. Vor allem ist er für das uns so rätselhafte Zögern und Ausweichen des Friedländers im zweiten Generalat verantwortlich.

Die Welle des Aberglaubens wurde durch Wallensteins Schwäche für die Astrologie mächtig gefördert. Sie diente ihm aber auch zur Reklame, sie förderte sein Ansehen, sie verstärkte den Verdacht, er stünde mit dunklen Mächten im Bunde oder unter deren besonderem Schutz. Auch das war es, der Aberglaube in den Lagergassen, was die Persönlichkeit in diesem Kriege so überlebensgroß machte. Wallenstein, Gustav Adolf, Tilly schritten als ehrfürchtig bestaunte Halbgötter über die politische Bühne.

Vom Feldherrn bis hinunter zum zauberkundigen Profosen suchte man nach Mitteln, um diese furchtbare und grauenerregende Zeit zu bewältigen. Der Hexenwahn war wohl das schauerlichste unter diesen Mitteln, die Zahl seiner Opfer wächst nach einem Höhepunkt zu Ende des sechzehnten Jahrhunderts in diesen Jahren des Krieges noch einmal zu schrecklicher Höhe an. Auch die Hexenverfolgungen haben ihren Grund in der Existenzangst und in den irregeleiteten Aggressionen des immer wieder von der Kriegsfurie verheerten Volkes.

Aber weder Hexenverfolgungen noch Sternkonstellationen, weder Zauberkugeln und Zauberpapiere noch Wunderkräuter oder Pulver aus Hundsgebein konnten diese Zeit heilen. Nur die Abschaffung des Lagers, dieses fressenden Geschwürs im Lande, dieses unnatürlichen Auswuchses einer bis in die Wurzel hinein kranken Gesellschaft, deren Kehricht hier in einer alles verheerenden Ballung zusammengetrieben war, hätte dies vermocht.

Nur eine in großen Räumen durchgreifende Gewalt hätte dem Unfug des Lagers steuern können. Sie aber war nicht vorhanden. An der Schwelle des Krieges stand als Staat das Heilige Römische Reich nur als eine hehre Fiktion da, seine staatliche Ordnung war nur auf dem Papier. Zwar sollte sie im Laufe des Krieges zeitweise wieder zum Leben erwachen, etwa zur Durchführung des Restitutionsedikts oder zum Sturz Wallensteins, aber im Augenblick hatte der Religionsstreit die letzten Reste einer zentralen Macht und Organisation zerschlagen. Jede der vielen Territorialherrschaften landesfürstlichen Charakters strebte nach voller, das gemeinsame Reich negierender Souveränität.

Die Reformation war dabei ein vorzüglicher Helfer. Die katholische, der Zentralgewalt verbundene Macht wurde zurückgedrängt. Der Landesfürst vermochte sie mit dem einfachen Religionswechsel, der mit Überzeugungen nichts mehr zu tun hatte, abzustreifen. Was für ihn galt, war allerdings dem Untertanen nicht erlaubt, denn: cuius regio, eius religio. Und doch entstanden die Spannungen der Zeit immer wieder durch die Vergewaltigung der Gesinnung. Was den Fürsten gestattet war und was sie sich selbst erlauben durften, stärkte ihr Selbstbewußtsein, ihren Übermut – und ihre Begehrlichkeit. Die Einziehung fetter Pfründen, reicher Kirchengüter winkte als Preis für den Religionswechsel und machte nur immer hemmungsloser.

Dic Demoralisierung begann also bei den Höfen. Sie drang allmählich tiefer in das von schwercn sozialen Kämpfen zerrissene Volk, dem neben den religiösen Gegensätzen noch dic

Bauernaufstände, explosive Eruptionen unhaltbarer Zustände, beschert wurden. So wirkte das Chaos von oben nach unten – und von unten nach oben. Keine Zeit hat den schamlosen Übermut der Mächtigen und die Ohnmacht der Massen so geoffenbart wie diese. Aber diese Menschen, von Haus und Hof getrieben, wie Wild gejagt, beraubt, entehrt, entrechtet, rächten sich auf ihre Weise: sie gingen in das Lager. Es wuchs und gedieh weiter, bildete neue Giftblasen in den schon zerschundenen Ländern, überzog noch heil gebliebene mit Greuel und Zerstörung, unangreifbar, unausrottbar.

Denn das Lager wurde gebraucht, auf seine Soldateska waren die Mächte dieser Zeit angewiesen. Der Krieg war noch lange nicht zu Ende, das Böse zeugte sich aus sich selbst immer weiter. Es gab niemanden, der es verstanden hätte, dieser endlosen Schlange den Kopf abzuhauen. Auch Wallenstein war dazu nicht imstande, selbst sein Tod brachte kein Ende. Der Krieg konnte nur in einer allgemeinen Zerstörung erstickt werden, nur durch die Asche der Brände, die immer höher, die so hoch steigen mußte, bis auch die letzte Flamme des Krieges in ihr verlöschte.

Kindheit und Jugend

Das tschechische Herrengeschlecht der Ralsko schied sich in die Linien der Wartenberg und der Waldstein. Einer der Familien der Waldsteinischen Linie, die begütert war und die auf dem Gute Hermanitz im Kreise Königin-Grätz saß, entstammte Albrecht Wenzel Eusebius Wallenstein, Valdštejn in der ursprünglichen Form des Namens.

Er wurde am 24. September 1583 in Hermanitz, das bei Arnau im oberen Elbtal liegt, geboren. Die Eltern waren wohlhabende Protestanten. Das Geschlecht der Smiricky, dem die Mutter entstammte, galt als das reichste im Lande.

Wie die Eltern war auch der Sohn zunächst evangelischen Glaubens, denn viele Adelige Böhmens hatten seit der hussitischen Zeit nicht mehr dem Katholizismus angehört, der jetzt mit der Gegenreformation wieder im Vordringen war.

Der Kampf der Konfessionen tobte also dicht neben dem heranwachsenden Kind. Doch der Protestantismus überwog, ein Bekenntnis, das eng neben einem national-tschechischen Patriotismus beheimatet war. Gerade die Begüterten hüteten eifervoll ihren Glauben, besaßen sie doch die eingezogenen geistlichen Güter. Sie mußten darum den in Böhmen eindringenden Jesuiten und dem katholischen Hof des Kaisers mehr oder weniger feindlich gesinnt sein. Beide taten alles, um sich Böhmens zu bemächtigen. Der Hof Ferdinands I. förderte die Vermählung spanischer Damen mit böhmischen Adeligen.

Der junge Wallenstein wurde Vollwaise, ehe er zwölf Jahre alt war. Ein Oheim seiner Mutter, Albrecht Slawata, nahm ihn zu sich auf seine Burg Koschumberg. Er ließ ihn auf einer evangelischen Schule der Böhmischen Brüder zusammen mit seinem Sohn erziehen. Viel Freude hatten die Erzieher an diesem ungebärdigen, zu wilden Streichen neigenden Knaben nicht, der sich durch sein Verhalten den Beinamen „der Tolle" zuzog.

Eher gelang es den Jesuiten in Olmütz, zu denen Wallenstein von einem anderen Oheim gebracht wurde, ihn zu behandeln. Besonders einer der Patres gewann Einfluß auf den jungen adeligen Protestanten und brachte ihm, weniger Erzieher als älterer Freund, Latein bei. Seinem Einfluß hat später Wallenstein eine politische Wirkung zugeschrieben. Viel mag auch dazu die ganz veränderte Umgebung beigetragen haben, der mit dem Katholizismus verbundene geistig-kulturelle Wandel, der auf den jungen, stark beeindruckbaren Menschen ausstrahlte.

Noch wird aber Wallenstein nicht zum Katholiken. Er geht 1599 nach Altdorf an die lutherische Universität und macht sich dort durch sein heftiges Wesen wieder unangenehm bemerkbar. Seine Rauflust veranlaßt den Rat von Nürnberg, anzuordnen, daß er sich von Altdorf hinwegbegeben solle „und seine Gelegenheit anderer Ortten zu suchen".

Von 1600 bis 1602 ist der junge Wallenstein auf Reisen. In Padua und Bologna studiert er Mathematik, Astronomie, Astrologie und Kriegswissenschaft. Aber er bleibt nirgends lange, geht unstet von einem zum anderen Ort. In Venedig gelangt er in das Zentrum des Jesuitentums. Doch auch dort hält es ihn nicht. Die Wissenschaft vermag ihn nicht zu fesseln. Ihr folgt bald der Kriegsdienst.

Unter Georg Basta dient er im kaiserlichen Heer, das gegen die Türken und zugleich gegen die protestantischen Ungarn eingesetzt wird. Wallenstein befehligt ein Fähnlein als Hauptmann. Vor Kaschau erhält er einen Schuß durch die Hand, und in Prag übersteht er die Pest. Im Regiment Bastas fügt er sich allmählich gut in die Umgebung ein. Hier beobachtet man, daß der protestantische Edelmann aus Böhmen die katholische Messe besucht – eine erste Konzession an die Verhältnisse. Auch sonst fällt er vorteilhaft auf: durch Bildung und gute Eigenschaften. Er wird dem Erzherzog Matthias, der den Protestanten geneigt ist, empfohlen. Bald sieht man ihn im Dienst in der unmittelbaren Umgebung des Erzherzogs. Hier wird Wallenstein verhältnismäßig früh zum Obersten befördert. Matthias ernennt ihn in Wien, wo Wallenstein bei Hofe ist, zum Kämmerer. Es fehlt nur noch eine „gute Partie" als reelle Grundlage für eine große Karriere.

So geht Wallenstein den Weg so vieler böhmischer evangelischer Adeliger. Durch Vermittlung von Geistlichen, ja des Erzbischofs von Prag selbst wird er mit einer älteren, vermögenden Dame bekannt gemacht: Lukrezia Witschkow, geborene Nekyssowa von Landeck. Sie hat ansehnliche Güter in Mähren. Die Kirche verfolgt mit dieser Heirat ihre Interessen: sie verhindert, daß die Güter in protestantische Hände fallen, wenn der Erbin ein Edelmann die Hand bietet, bei dem die Gewähr besteht, daß er auf katholischer und kaiserlicher Seite steht. Es war also eine politische Heirat. Wallenstein scheint sich mit Takt in diese Lage gefügt zu haben. Es ist nichts darüber bekannt, daß er sich für diese Ehe mit anderen Frauen schadlos hielt. Solche Neigungen spielten nie eine große Rolle bei ihm. Seine Leidenschaft war das politische Spiel, war die Macht. Und seine Frau bedeutete ihm einige Schritte zu diesem Ziel. Durch die Heirat mit ihr wird er den böhmisch-mährischen Großen ebenbürtig; nun ist er kein kleiner, unbedeutender Adeliger mehr, sondern einer der reichsten und angesehensten Herren in Böhmen.

Drei Jahre vor der Hochzeit im Jahre 1609 ist er schon zum katholischen Glauben übergetreten. Aber mit der Religion hält er es nicht, hier ist er nackter Opportunist, er glaubt eher an die Sterne. Das hindert ihn nicht daran, die Ländereien, die ihm durch die Hochzeit anheimfielen, mit scharfen Mitteln und militärischer Gewalt wieder katholisch zu machen. Dabei sucht er seinen Glauben auch nach außen hin zu dokumentieren, unterwirft sich bei den Jesuiten, zu denen er überhaupt gute Beziehungen unterhielt – später hat er sein Verhalten zu ihnen noch radikal geändert –, den vorgeschriebenen Exerzitien, unternimmt eine Wallfahrt nach Loreto und wird bald bei den über seinen Abfall empörten protestantischen Adeligen Böhmens als „Erzpapist“ verschrien.

Der religiöse Eifer ist aber bei ihm nur eine Entwicklungserscheinung. Er gibt sich katholisch, weil ihm dies für die Karriere von Nutzen ist. Im späteren Leben wird er für religiöse Bereiche immer gleichgültiger. Nur sein Sternenglaube bleibt ihm und beherrscht ihn bald so stark, daß er sich in entscheidenden Situationen, wenn eben die Sterne nicht kulminieren, passiv zeigt.

Schon zu Beginn dieses Lebens werden die Sterne bemüht, nicht nur in vielen anderen entscheidenden Augenblicken dieser dramatischen Laufbahn, der die Mächte der Zeit schließlich ein gewaltsames Ende setzten, um nicht noch von diesem Wal-

Johannes Kepler (1571–1630), der als Mathematiker und Astronom auch Horoskope stellte (Stich von Jakob van der Heyden)

lenstein selbst beseitigt zu werden. Kein Geringerer als Johannes Kepler war es, der das Horoskop stellte, von dem Ranke sagt: „Die Deutung der Gestirne wird unwillkürlich eine Charakteristik.“

Den Kern von Keplers Horoskop stellt eine Verbindung zwischen Saturn und Jupiter dar. Saturn bedeutet Gedanken, die stets in Gärung begriffen sind, von Melancholie überschattet; Religion und Liebe werden kaum beachtet, Gefühle sind dem Saturnmenschen überhaupt fremd. „Gestaltsam er auch sein wird: unbarmherzig, ohne brüderliche oder eheliche Lieb, niemand achtend, nur ihm und seinen Wollüsten ergeben, hart über seine Untertanen, an sich ziehend, geizig, betrüglich, ungleich im Verhalten . . ." Doch hofft Kepler, daß sich diese Untugenden im reiferen Alter noch abschleifen werden.

Kepler sieht ihn ferner „ungestüm, streitbar und mutig". Die Mitwirkung Jupiters, meint Kepler, könne alle diese Eigenschaften mäßigen, zumindest im Alter. Überhaupt seien dem Schicksal des Menschen, nach Keplers prinzipieller Ansicht, die Sterne sozusagen nur der Vater, die Mutter aber sei die eigene Seele des Menschen, ihre Kräfte stünden in einer verborgenen Beziehung zu den Gestirnen.

Dieser Wallenstein, sagt Kepler, erscheine von unruhigem Gemüt. Das Zusammenwirken von Jupiter und Saturn habe ungewöhnliche Fähigkeiten in ihn gelegt, die ihn zu Höherem befähigten. Trotz und Mut, Dürsten nach Ehre, nach Macht verbinde sich in ihm mit der Sucht nach Neuerungen, die er mit unversuchten Mitteln erstrebe. Viele Feinde werde er dabei haben, aber er werde sie besiegen. Kepler vermutet noch, Wallenstein habe einen besonderen Aberglauben und er werde „durch die Mittel desselbigen eine große Menge Volkes an sich ziehen oder sich etwa von einer Rotte, so malcontent, zu einem Haupt- und Rädelsführer aufwerfen lassen".

Wie weit dieses Horoskop Wallensteins Handlungen bestimmte – er hatte es durch einen Mittelsmann von Kepler erbeten –, wissen wir nicht. Aber der Gedanke daran hat ihn wohl sein ganzes Leben hindurch begleitet.

Kaiserlicher Offizier

Der Start des jungen Wallenstein zu seinem in den Sternen geweissagten Siegeszug begann im Feldlager des jungen Erzherzogs Ferdinand von Steiermark, damals schon König von Böhmen und Ungarn, der seit 1615 Krieg mit den Venezianern führte.

Die Republik Venedig hatte damals ihre Glanzzeit schon hinter sich. In dieser Zeit war sie schmerzhaft zwischen spanisches und habsburgisch-österreichisches Gebiet eingeklemmt und lavierte, auf Frankreich gestützt, vorsichtig zwischen den Großmächten. Dennoch kam es im zweiten Jahrzehnt dieses Jahrhunderts zu immer stärkeren Reibungen mit Österreich, als sich die Uskoken (Morlaken), vor den Türken geflüchtete christliche Slowenen und Serben, in Dalmatien, vor allem in Zengg (Senj), niederließen und vom österreichischen Gebiet aus Seeräuberei betrieben. Die Republik verhängte gegen die dalmatinische Küste eine Blockade, der sich Österreich widersetzte. 1615 kam es zu einem offenen Krieg.

Die Venezianer drangen in die Grafschaft Görz ein und bedrohten Gradiska. Ferdinand bot die Kronländer Steiermark, Kärnten und Krain zur Abwehr auf. Im Karst und am Isonzo wurde gekämpft. Ferdinand verfügte dabei über spanische Hilfstruppen unter Pedro von Toledo, Balthasar Marradas und Heinrich Dampierre. Die Venezianer stützten sich dagegen auf protestantische Hilfe: die Holländer unter Ernst Graf von Nassau. Der Krieg war also ein Vorspiel für Größeres, die späteren Fronten zeichneten sich jetzt schon deutlich ab.

Gradiska wurde von den Venezianern im Sommer 1617 belagert. Ferdinand unternahm einen vergeblichen Versuch, es zu entsetzen. Der Zeitpunkt einer erzwungenen Kapitulation der Festung infolge Mangels an Lebensmitteln rückte immer näher. Das war die Situation, als Wallenstein im Lager eintraf.

Nun zeigte er zum ersten Male, was ihn später bei den Mächtigen so begehrt machte: Seine reichen Mittel hatte er in eine kleine, aber tüchtige Schar zu Fuß und zu Pferd gesteckt, die er jetzt in die Entscheidung warf. Wirksam unterstützte er so den Obersten Dampierre, als dieser daranging, dem bedrängten Gradiska mit Lebensmitteln zu helfen.

Diese Hilfe erregt Aufsehen. Wallenstein ist nun ein Name, den der Erzherzog und spätere Kaiser Ferdinand nicht mehr vergessen wird. Diesem Wallenstein wird das Zeugnis ausgestellt, sich bei dieser Gelegenheit „redlich und vernünftig gehalten“ und „sonderlich ganz tapfer und herzhaft erzeigt“ zu haben. Von nun an ist er nicht mehr zu übersehen.

Daß er im Feldlager eine extravagante Figur ist, Fürstendiener und Herr von eigenen Gnaden zugleich, nützt ihm nur. Auch durch Freigebigkeit macht er sich Freunde. Er will nicht nur als Soldat genommen werden, er will Einfluß, Macht, gesellschaftlichen Glanz, er strebt zur Politik. Die Kommandostelle bei der Armee genügt ihm schon jetzt nicht mehr.

Darauf deutet auch der erste Versuch zu jenem seltsamen Doppelspiel hin, das man schlicht als Verrat bezeichnen kann und in dem kommende, größere Ereignisse ihre Schatten vorauswerfen. Wenige wohl haben damals schon davon gewußt, was den Historikern ein geheimes Protokoll des venezianischen Rates der Zehn aufgedeckt hat: daß ein venezianischer Vertrauensmann, Obizi mit Namen, mit Wallenstein geheime Verhandlungen führte, da Venedig besorgt war, Österreich könnte den eben geschlossenen Waffenstillstand wieder brechen. Tatsache ist, daß er dann nicht gebrochen wurde. Ob dies durch Wallensteins Einfluß geschah, kann man nur erraten.

Auf jeden Fall endete dieser Feldzug im September 1617 mit einem Friedensschluß in Madrid, bevor er sich zu einem europäischen Konflikt ausweitete. Anzeichen für einen solchen waren schon gegeben, als Frankreich seine schützende Hand von Venedig zog, Spanien der Republik immer massiver drohte und diese anderseits von Savoyen und Holland Hilfe erhielt. Man sieht daraus, in welche weltweite Konfliktsituation der venezianische Handel, in dem Wallenstein mittendrin steckte, führte. Es war für den jungen kaiserlichen Offizier die beste Schulung für die hohe Politik, die man sich denken konnte. Erzherzog Ferdinand, dem angesichts anderer drohender Gefahren an einem billigen Frieden gelegen war, zog sich durch einen annehmbaren Vergleich aus der Affäre: er verpflichtete sich, die Uskoken abzuschieben und ihre Flotte zu kassieren. Venedig räumte dafür die von ihm besetzten Gebiete.

Von nun an ist das Feldlager Erzherzog Ferdinands ohne Wallenstein nicht mehr denkbar. Er ist eine notwendige, entscheidende Persönlichkeit, auf ihn kann Ferdinand in seinem Kampf um die Macht bauen, der eben mit Kaiser Matthias ausgebrochen ist. Am Hofe des jungen Ferdinand laufen in Graz alle Fäden zusammen, die eine zur Macht drängende Generation in Händen hält, um sich ihren Weg zu den Kommandostellen der Erblande und des Reiches zu bahnen.

Der seit 1612 regierende Matthias hatte die Regierung ebensowenig fest in der Hand wie sein Vorgänger Rudolf II. Das galt nicht nur für das in zwei Lager gespaltene Reich – die katholische Liga und die protestantische Union –, sondern auch für die österreichischen Erblande. Energielos und pessimistisch, sah Matthias den endgültigen Zerfall der habsburgischen Macht nach seinem Tode voraus, und er machte sogar dem Erzherzog Ferdinand gegenüber aus dieser Besorgnis kein Geheimnis. Ihn trotzdem für die politischen Ziele der Gegenreformation zu gebrauchen war das Bemühen des Kardinals Klesl, und er wußte den leicht beeinflußbaren Herrscher zu gängeln.

Die Hoffnung einer Gruppe junger, politisch begabter Adeliger im innersten Kreis der Regierung war dagegen Erzherzog Ferdinand. Da war Hanns Ulrich von Eggenberg, wie Wallenstein zuerst Protestant, dann Katholik. Er hatte schon in den Niederlanden Kriegsdienste geleistet, war reich an Erfahrungen und hatte das unbedingte Vertrauen Ferdinands. 1623 hatte ihn Ferdinand zum erblichen Reichsfürsten erhoben, seit 1619 war er Direktor des Geheimen Rates des Kaisers, seit 1625 Statthalter in Innerösterreich. Wallenstein gegenüber war er bis zuletzt freundlich und wohlwollend gesinnt, in Verhandlungen mit ihm allerdings immer ein redlicher Wortführer des kaiserlichen Standpunktes.

Dem Erzherzog durch besonders innige Freundschaft verbunden war Karl Graf von Harrach, der alle Geschäfte führte, die mit der Nachfolge im Reich zu tun hatten – also die unmittelbaren Geschäfte Ferdinands. Die Verhandlungen mit Venedig liefen über ihn. Obgleich in vorgerückten Jahren, war er der große Gesellschafter dieses Kreises, der Held der Tafel und ihrer Freuden. Daneben gab es noch einen Abtrünnigen: Rambold Graf Collalto. Er war vom Hofe des Kaisers Matthias unzufrieden geschieden und zur Partei der kommenden Männer gestoßen.

Mit ihnen allen war Spanien im Bunde. Es setzte auf Ferdinand, die große Hoffnung der Katholiken, der Kurie und der Gegenreformation. Die spanische Großmacht war damals, entscheidend geschwächt durch den Untergang der großen Armada (1588), im Niedergang begriffen. Philipp III., der 1621 starb, war im Gegensatz zu seinem Vater Philipp II. ein schwacher, leicht beeinflußbarer Herrscher, weich, gütig und von einer grenzenlosen Frömmigkeit. Als er einmal seine Söhne mit Rosenkränzen erblickte, sagte er: „Das sind die Schwerter, mit denen ihr das Reich zu verteidigen habt." Leider blieb es nicht, vor allem nicht in der spanischen Politik in Deutschland, bei den Rosenkränzen. Es blieb dafür bei den weitgesteckten Zielen der spanischen Politik, die nach wie vor der Wiedererrichtung des Weltreiches Karls V., dieses Mal mit einem kräftigen gegenreformatorischen Schwerpunkt, galten. Sie waren nur gemeinsam mit Deutschland zu verwirklichen.

Zwischen Erzherzog Ferdinand und dem spanischen Diplomaten Oñate war 1617 ein förmliches Bündnis geschlossen worden, in dem nicht nur Erbschaftsfragen geregelt wurden – Böhmen und Ungarn sollten an die österreichische Linie fallen, die elsässischen Besitzungen aber an die Spanier –, sondern die Einigkeit der katholischen Mächte Österreich und Spanien in Sachen des Glaubens den eigentlichen Kernpunkt bildete. An der Schwelle des bevorstehenden Krieges wurde also ein eindeutiger religiöser Akzent gesetzt. Aber religiöse Erwägungen waren damals schon innig mit Machtkonstellationen und -spekulationen verbunden oder durch sie geradezu in den Hintergrund gedrängt worden. Wenn es not tat, wechselte man auch seinen Glauben wie ein Gewand. Die hohen Militärs gingen hier mit schlechtem Beispiel voran.

In diesem Lager stand Wallenstein, noch dazu seit kurzem auch durch verwandtschaftliche Bande an Karl von Harrach, den Vertrauten Ferdinands, gebunden. Nach dem Tode seiner ersten Gemahlin hatte Wallenstein Harrachs Tochter geheiratet. Es wurde eine glückliche Ehe, der später eine Tochter entsproß. Wallenstein hatte also einen glänzenden Start am Hofe

Ferdinands und in seinem Feldlager, als es kurz nach Abschluß des Friedens von Venedig zu Unruhen in Böhmen kam.

Hier hatte die Aussicht, daß Ferdinand, der Mann der Jesuiten, in Kürze als Landesherr zu erwarten war, in der fast durchwegs protestantischen Oberschicht alarmierend gewirkt. Der Wortführer der Protestanten war Heinrich Matthias Graf von Thurn, der früher schon mit großer Entschlossenheit gegen Kaiser Rudolf aufgetreten war.

Die Stunde der Entscheidung für Böhmen und die böhmischen Protestanten schlug, als ein kaiserliches Ausschreibungspatent die böhmischen Stände zu einem Landtag am 5. Juni 1617 einlud. Hier sollte der in weiten Kreisen mit wenig Sympathien bedachte Erzherzog Ferdinand als böhmischer König „angenommen" werden, womit die Bestätigung der habsburgischen Erbrechte gemeint war. Die Protestanten wurden noch vor Beginn durch Drohungen und Versprechungen beeinflußt, der Erbfolge zuzustimmen. Etliche aber lehnten heftig ab.

Der Landtag wurde im Beisein des Kaisers Matthias feierlich eröffnet. Der Kaiser bat die Stände, Erzherzog Ferdinand zum König „anzunehmen, auszurufen und zu krönen". Das Haupt der Gegner dieses Antrags war Thurn, der Führer der Protestanten und eines politischen Konzeptes mit dem Ziel eines habsburgfreien, unabhängigen Böhmens. Er verfolgte dieses Ziel mit einem geradezu unbesonnenen Radikalismus. In der Debatte am folgenden Tage protestierte Thurn heftig, doch kam infolge beruhigender Zusicherungen die Zustimmung zur Krönung des Erzherzogs trotzdem fast einstimmig zustande. Am 19. Juni wurde Ferdinand zum König von Böhmen gekrönt.

Das war das Signal für überraschende gegenreformatorische Maßnahmen, die bald böses Blut machten. Auf den geistlichen und königlichen Gütern wurden die Einwohner zum Katholizismus gezwungen oder ausgetrieben. Die Erregung steigerte sich immer mehr, als der Erzbischof von Prag die Kirche von Klostergrab, in der protestantische Predigten abgehalten wurden, abreißen ließ. Die Proteste und Beschwerden der Evangelischen fanden beim königlichen Statthalter kein Gehör. Sie wandten sich daher an den Kaiser.

Matthias wies das Schreiben der protestantischen Stände scharf zurück. Er drohte ihnen, sie vor Gericht stellen zu lassen.

Seine Langmut sei erschöpft. Zu dieser energischen Sprache hatte Klesl geraten, der meinte, der Kaiser dürfe nicht schleichend „wie ein Fuchs“, sondern müsse gewaltsam „wie ein Löwe“ auftreten. Auch wurde den opponierenden Ständen jede Zusammenkunft oder Versammlung verboten.

Diesem Verbot trotzend, kamen die protestantischen Stände dennoch am 21. Mai 1618 in Prag zusammen. Dort erreichte die Erbitterung gegen den Kaiser und seine Herrschaft höchste Grade. Sie zum offenen Aufstand zu benützen war der Plan Thurns.

Am 23. Mai setzten sich die Mitglieder der Protestantenversammlung zum Prager Schloß hin in Bewegung. Dort kam es zu heftigen Debatten mit den königlichen Statthaltern über das Schreiben des Kaisers, an deren Ende die Statthalter Jaroslav Martinitz und Wilhelm Slawata aus den Fenstern in den Schloßgraben geworfen wurden. Sie und der ihnen nachgeworfene Sekretär – sie landeten auf einem Misthaufen – kamen wie durch ein Wunder mit dem Leben davon, und auch nachgesandte Schüsse schadeten ihnen kaum. Sie konnten sich alle retten.

Danach beschlossen die protestantischen Stände die Einrichtung einer provisorischen Regierung. Das war offene Rebellion gegen den Kaiser.

Kardinal Melchior Klesl, als Direktor des Geheimen Rates noch unbestrittener Führer der kaiserlichen Politik am Hofe zu Wien, verhielt sich vorsichtig. Der Schrecken vor den Hussiten war noch lebendig, und er wußte um die hussitischen Traditionen bei den böhmischen Adeligen. Schon das venezianische Unternehmen Ferdinands hatte Klesl mißbilligt. Nun fürchtete er aber, genauso wie die böhmischen Protestanten, die Einmischung Ferdinands und seiner Partei, die auf einen offenen Konflikt in Böhmen hinarbeitete. Obgleich sich die Böhmen ungestüm und gewaltsam ihrer Landesregierung entledigt hatten, versuchte Klesl zunächst den Frieden zu erhalten. Er war für den Frieden, die Erzherzöge Ferdinand und Maximilian für den Krieg. Auch der alte Kaiser Matthias war mit Klesl einer Meinung und gesonnen, den Rückzug anzutreten, um den Rest seines Lebens in Ruhe verbringen zu können.

Erzherzog Ferdinand sah jedoch den Aufstand geradezu als eine Wohltat an. Er war für die Niederwerfung durch Waffengewalt; auf diese Weise konnte dem protestantischen Ungehorsam ein für allemal ein Ende gemacht werden. Beide Seiten begannen nun zu rüsten. Dabei traten aber der Kaiser und sein Kardinal mäßigend und hemmend in Erscheinung.

Die beiden Erzherzöge Ferdinand und Maximilian wußten Spanien auf ihrer Seite, als sie sich nun in Wien um jeden Preis durchzusetzen suchten. Sie mußten Klesl aus dem Wege räumen, natürlich gegen den Willen des schon zur Ohnmacht verurteilten Kaiser Matthias. Und dies gelang ebenso durch Rechtsbruch und Gewalt wie bei den Ereignissen in Prag, auf die sich die Erzherzöge beriefen.

Der Kardinal wurde in den Gemächern Maximilians, wohin er gelockt worden war, festgenommen und auf der Bastei in einen Wagen gesetzt. Dann führte man ihn über Wiener Neustadt, Steiermark und Kärnten in das Schloß Ambras in Tirol.

Dem Kaiser wurde nur die Vollzugsmeldung dieses Gewaltstreichs erstattet. Er war machtlos. Aber dennoch gelang es den Erzherzögen nicht, seine Zustimmung zu dem Geschehenen zu erlangen. Collalto nahm den Kardinal in Sicherheitsverwahrung.

Matthias sah ein, daß der Sturz Klesls zugleich seinen eigenen Sturz bedeutete. Er überlebte zwar den Fall des Kardinals, aber nicht lange. Am 20. März 1619 starb er in Wien, während Böhmen im hellen Aufruhr stand. Mit Matthias war das letzte Bollwerk der Mäßigung und des Friedens gefallen.

Ferdinand bleibt stark

Ferdinands Regierung begann sehr unglücklich, denn die böhmischen Protestanten erhielten von allen Seiten Hilfe. Die wesentlichste wurde ihnen durch Kurfürst Friedrich V. von der Pfalz zuteil.

Hier kommt eine Persönlichkeit in das politische Spiel, die nicht durch das Land, das dieser Fürst beherrschte, sondern durch seine erstklassigen dynastischen Verbindungen außerordentliche Bedeutung hat. Die Gemahlin des Kurfürsten war eine Tochter des Königs von England und eine Nichte des Königs von Dänemark. Sein Onkel war Prinz Moritz von Oranien, also aus dem Haus der niederländischen Rebellen gegen Spanien. Der Herzog von Bouillon, das Oberhaupt der französischen Hugenotten, war nahe verwandt mit ihm. Wer gegen diesen Fürsten auftrat, setzte also ganz Europa gegen sich in Bewegung.

Friedrich V. war außerdem ein ehrgeiziger Herrscher mit hochfliegenden Plänen und ein eifervoller Parteigänger der protestantischen Sache. Als ihm nun die böhmischen Protestanten die Krone Böhmens anboten, sah er darin die Chance seines Lebens und fühlte sich als göttliches Werkzeug zur Rettung des Protestantismus, wenn er sie annahm. Diese böhmische Krone im Herzland Europas zu erringen und zu behaupten – das konnte den Untergang Habsburgs und den Untergang des Katholizismus in Deutschland bedeuten.

Der pfälzische Kurfürst setzt also sofort eine Tat. Anfang September 1618 überschreitet ein von ihm gesandtes Heer die böhmische Grenze. Der Anführer ist Ernst von Mansfeld.

Hier lernen wir bereits eine jener Desperado-Naturen kennen, wie sie dieser Krieg hervorbrachte. Religion und Vaterland waren diesem Mansfeld höchst gleichgültig, Ehre und Pflichten waren für ihn leere Worte, die Jagd nach dem persönlichen Vorteil war ihm alles. Darin war er wohl Wallenstein am ähnlichsten. Sein Lebenslauf entsprach diesem Bild seiner

Ernst von Mansfeld, führender Feldherr der protestantischen Union (Stich von Willem Jakobzen Delff nach einem Gemälde von Michiel Janszon van Mierevelt, 1624)

Persönlichkeit. Eine anrüchige Spiel- und Duellgeschichte verdunkelte schon Mansfelds Jugend. Ihretwegen wurde er aus dem ehrenvollen Dienst des Erzherzogs und nachmaligen Kaiser Matthias entlassen. In Flandern erhielt er dann vom Erzherzog Albrecht das Kommando über ein Reiterregiment und offenbarte dabei seine Begabung, die Truppen durch rücksichtslose Brandschatzungen der Umgebung gut durchzubringen. Durch Verrat spielte er seine Truppen der protestantischen Union in die Hände. Dann wurde er vier Jahre lang beschäftigungslos und von den Protestanten mit einer ansehnlichen „Pension“ als tüchtiger Feldherr auf Lager gehalten. Nun aber hatte seine Stunde geschlagen.

Die Kaiserlichen beschlossen, noch vor Beendigung ihrer Rüstungen anzugreifen. Aber die Protestanten verfügten über die stärkeren Kräfte. Mansfeld drang in Böhmen ein, eroberte im November 1618 die katholische Stadt Pilsen und drängte die kaiserlichen Truppen unter Boucquoy nach Budweis ab. Noch im November überschritt auch der böhmische Graf Heinrich Schlick mit seinen Truppen die niederösterreichische Grenze.

Die Gefahr für Ferdinand wuchs immer mehr. Sein Heer wurde bei Budweis und Krumau eingeschlossen, während die Protestanten von allen Seiten Hilfe erhielten. Gábor (Gabriel) Bethlen, Fürst von Siebenbürgen, der seinerseits auf türkische Hilfe rechnen konnte, unterstützte sie besonders wirksam. Ein Heer unter Matthias von Thurn fiel in Mähren ein, hielt in Iglau unter dem Jubel der Bevölkerung seinen Einzug und war bald in Znaim.

Die mährischen Katholiken wagten keine Gegenwehr. Ihre Truppen standen unter dem Kommando des Kardinals Franz von Dietrichstein und des Fürsten Karl von Liechtenstein. Die Fußtruppen des kaiserlichen Heeres befehligte damals Wallenstein in Olmütz. Er hatte, mit Iglau als Standquartier, die Geschäfte eines kaiserlichen Obersten übernommen und ein Regiment wallonischer Kürassiere angeworben.

Mähren hatte sich dem böhmischen Aufstand nicht angeschlossen. Kardinal Dietrichstein dachte nicht an Kampf und gab den Truppen den Befehl, in den Quartieren zu bleiben. Das hätte ihren Verlust bedeutet. Die Obersten Georg von Nachod und Wallenstein befolgten diesen Befehl daher nicht. Sie versuchten Mähren zu verlassen und ihre Truppen für Ferdinand zu retten. Von diesem „Schelmenstück“ berichteten damals die Zeitungen; die beiden hätten sich mit acht Fähnlein Knechten und 96 000 Gulden, „so zur Bezahlung der Knechte gewesen“, unsichtbar gemacht. „Die Herren Mährischen Stände haben diese Personen öffentlich für Schelme ausrufen lassen und zu den Knechten, welche der von Wallenstein mit hat, geschickt, daß sie ihren ehrlichen Namen bedenken sollen, ihren Obristen fangen und denselben mit sich zurückbringen. Ist gute Hoffnung, solches von ihnen ins Werk möchte gerichtet werden."

Die Hoffnung wurde nicht erfüllt, aber auch die beiden kaiserlichen Offiziere kamen nicht ohne gefährliche Situationen davon. Denn unterwegs liefen ihnen die Soldaten auseinander. Dabei geriet Nachod in persönliche Gefahr. Er wurde nach einigen Drohungen von seinen mit den Protestanten sympathisierenden Soldaten verlassen, und diese strömten zu Thurn nach Brünn zurück.

Wallenstein war am 30. April mit dreitausend Mann aus Olmütz abmarschiert, wobei er das Gros der Mannschaft vorausschickte. Als er nachkommen wollte, sah er zu seinem Erstaunen, wie seine Soldaten plötzlich in Olmütz wieder auftauchten. Sein Oberstwachtmeister meldete sich bei ihm mit der unvorsichtigen Bemerkung, „ihm sei der Handel nicht recht fürkommen".

Die Antwort des energischen Wallenstein war das Rapier, das er seinem ungehorsamen Offizier sofort durch den Leib stieß. Ein neuernannter Oberstwachtmeister mußte sich an die Spitze der aufsässigen neun Kompanien stellen.

Mit dieser Streitmacht sicherte sich Wallenstein zuerst das erwähnte Geld und gelangte mit diesem und zahlreicher Munition, aber nur mit einem Teil seiner Mannschaft nach Wien. Thurns Klage über diesen Wallenstein, der sich „des Landesgeldes gewalttätiger, ja räuberischer Weise bemächtigt", konnte nichts mehr ändern. Wallenstein war ein erfolgreicher Rückzug gelungen.

Das Bad mußte der in den Händen der Protestanten verbliebene Kardinal Dietrichstein ausgießen. Er wurde von den protestantischen Edelleuten, den neuen Herren des Landes, zur Rede gestellt. Natürlich bestritt er, Einverständnis mit der Fahnenflucht Nachods und Wallensteins gehabt zu haben. Schauplatz der Handlung war die Wohnung des Kardinals in Brünn. Anzüglich wies man ihn auf das Fenster und auf die seit Prag in Mode gekommene Methode, sich seiner politischen Gegner zu entledigen. Der Kardinal erschrak zu Tode, gab klein bei und machte sich erbötig, sein Amt niederzulegen. So besänftigte er den Zorn der neuen Herren.

Die Erfolge in Mähren ermutigten die Protestanten. Thurn rückte weiter vor und stand im Juni 1619 vor Wien, setzte sich in der Vorstadt Margareten fest und ließ mit seinen bei Sankt Ulrich stehenden Batterien die Wiener Burg beschießen, das Hauptquartier des Kaisers.

Auch die österreichischen und die Wiener Protestanten witterten Morgenluft, während Gábor Bethlens Reiter von Petronell aus schon gegen Wien vordrangen. Dieser Ferdinand war ihnen verhaßt, er bedeutete nichts als Unheil für die protestantische Partei. Jetzt hatten sie ihn in der Zange, jetzt war die Gelegenheit da, ihm neue Rechte und Privilegien abzutrotzen und der Gegenreformation ein für allemal einen Riegel vorzuschieben.

Was hier auf Ferdinand zukam, war eine tödliche Gefahr. Das waren nicht nur einige adelige Aufständische in Böhmen, Mähren, Niederösterreich und Wien, die sich gegen das Haus Österreich wandten. Sie handelten zugleich im Einverständnis mit breiten Massen der Bevölkerung. Die Briefe des Grafen Thurn aus dem Feldlager zeigen sein Erstaunen und seine Erschütterung über den Jubel breiter Schichten des Volkes in Mähren, als er durch das Land gegen Wien zog.

Protestantismus bedeutete damals für den gemeinen Mann Befreiung von einem unerträglichen Druck. Es war eine Volksbewegung, die hier über Ferdinand zusammenzuschlagen drohte.

Denn auch die Häupter der niederösterreichischen Protestanten handelten im Sinne breiter Kreise des Volkes, sie wußten außerdem Bethlen, Thurn und deren Heere, zu denen noch der von Kurfürst Friedrich V. von der Pfalz geschickte Ernst von Mansfeld gestoßen war, hinter sich. Dementsprechend konnten sie auftreten, als sie, sechzehn an der Zahl, am 5. Juni zum Kaiser in die Hofburg vorgelassen wurden, ein Forderungsprogramm für Religionsfreiheit und -gleichheit in der Hand.

Ihr Sprecher war Paul Jakob von Starhemberg. Man verlangte vom Kaiser den Frieden in Böhmen, denn die Aktionen der kaiserlichen Armee seien gegen die böhmischen Stände und ihre Rechte gerichtet. Die nun folgenden Auseinandersetzungen mit dem Kaiser sind nicht frei von Legendenbildung, in der Absicht, die Haltung des Kaisers zu glorifizieren. Folgt man diesen Schilderungen, so stellte sich die Unterredung etwa so dar:

Ferdinand wurde natürlich in Hinblick auf die allgemeine Lage in die Enge getrieben, seine Herrschaft hing an einem Faden, und es schien, als ob die düstere Prophezeiung seines Vorgängers Matthias in Erfüllung gehen sollte. Doch in dieser verzweifelten Situation benahm sich der Habsburger mutig und gefaßt. Die protestantischen Herren verhielten sich, auf ihre Stärke pochend, höchst ungestüm. Einer packte den Kaiser sogar an den Knöpfen seines Wamses und schrie ihn an: „Ferdinandl, gib dich! Wirst du nicht unterschreiben?“

Ferdinand brachte das Wunder zustande, fest zu bleiben. Er war sonst nicht der Mann starker Entschlüsse, vielmehr ließ er sich immer von seiner Umgebung treiben. Nur in seinen Grundsätzen war er stark. Unwandelbar hielt er sich an seine Aufgabe, fest im Glauben zu stehen, dem Wohl und der Macht des Hauses Habsburg und des Reiches zu dienen. Fleißig und gewissenhaft, freilich ohne Phantasie und Schwung, folgte er seiner Mission, von der er ganz durchdrungen war. Man kann ihm nicht verdenken, wenn er aus diesem Grunde bedächtig und ängstlich bei Entscheidungen war, wenn er aus Furcht vor einem Abweichen vom rechten Weg oft zaghaft und vorsichtig wurde. Gewissensskrupel waren ihm nicht fremd, denn – so sagte Fürst Eggenberg über ihn – „der Kaiser wolle gerne eine reine und unbefleckte Seele beim Jüngsten Gericht Gott dem Allmächtigen zubringen“.

Jetzt aber ist dieser einfache Pflichtmensch in der letzten Substanz seiner historischen Stellung und seiner Existenz angegriffen. Und jetzt ermannt er sich. Zu ehrlich und zu gerade, um sich verstellen zu können, um ein diplomatisches Spiel mit Feinden zu treiben, die nicht einmal das Leben der gesalbten Majestät zu achten bereit sind, sagt er seine Meinung heraus, mit dem Mut seiner grenzenlosen Gläubigkeit und seines Gottvertrauens. Ruhig und gefaßt tadelt er seine Widersacher wegen ihrer Verbindung mit den böhmischen Aufständischen, ja er sucht sie sogar durch Bitten von dem betretenen Wege abzubringen. Noch immer wirkt die Unantastbarkeit der heiligen römischen Majestät, des Reichsoberhauptes. Aber Ferdinand vermag es nicht, seine Gegner umzustimmen. Andererseits weicht auch er keinen Zoll von seinem Standpunkt ab.

Ferdinand II., Kaiser von 1619–1637
(Stich von Peter van Sompel und Pieter Soutman, 1644)

Daß Ferdinand jetzt standhält, nicht unterschreibt und nicht kapituliert, darin sieht Ranke mit Recht „die entscheidende Handlung seines Lebens“. Mit dieser Entscheidung wurde die katholische Sache gerettet und zugleich jede Aussicht auf ein Ende des Krieges verhindert, der dann tatsächlich zu jenem schreckensvollsten aller europäischen Kriege werden sollte.

Für Ferdinands Beharren in äußerster und höchster Bedrängung spielte dabei der Gedanke an die Hilfe von auswärts eine große Rolle. Schon rückten Truppen aus den Niederlanden und aus Süddeutschland gegen Böhmen vor. In Wien selbst erhielt Ferdinand plötzlich Hilfe durch Dampierres Reiter, die auf Befehl eines Obersten vom Lager in Krems aufgebrochen waren, unbemerkt von den Protestanten in die Stadt eindringen konnten und in dem Augenblick in den Burghof einrückten, als Ferdinand oben in den Gemächern mit den Aufrührern in Verhandlungen stand.

Das Erscheinen dieser Truppen wirkt Wunder. Sofort mäßigen sich die protestantischen Unterhändler. Vielleicht sind sie auch über ihre eigene Kühnheit erschrocken. Die Zeit, da die gesalbten Könige gestürzt, ermordet, vor Gericht gestellt und enthauptet werden konnten, ist im allgemeinen noch nicht da, die Ungeheuerlichkeit des Königsmordes noch nicht herabgewürdigt und bagatellisiert. So empfehlen sich die Unterhändler mit einigen höflichen Phrasen.

Auch Thurn, der vor der Stadt steht, wagt es nicht, einzudringen. Er hatte am Abend dieses Tages die östlichen Vorstädte besetzt. Aber die Wiener hatten ihm die Tore nicht geöffnet. Ohne Belagerungsgeschütz konnte er gegen die fünftausend Verteidiger Wiens nichts ausrichten. Aus Böhmen kamen außerdem ungünstige Nachrichten. Am 14. Juni zieht er ab.

Dieser entscheidenden Wendung in den Kriegsereignissen hat sich die Legende bemächtigt. Man erzählt sogar, daß sich Kaiser Ferdinand in höchster Not einem Kruzifix zu Füßen warf und den Zuruf zu vernehmen glaubte: „Ferdinand, ich werde dich nicht verlassen!“ Aber was hier erfunden wurde, ist gut erfunden, denn es gibt einem Augenblick seine Bedeutung, in dem das Schicksal Europas für lange Zeit entschieden wurde.

Der Weiße Berg

Wo aber war Wallenstein? Mußte ihn nicht der Aufstand in Böhmen, der Aufstand seiner Freunde und Verwandten, in eine heikle Lage bringen? Die böhmische Protestantenpartei hatte schon lange in ihm einen Verräter ihrer Sache gesehen. Jetzt wurde sie in dieser Ansicht bestätigt. Dieser Wallenstein konnte nicht mehr zurück, er war im venezianischen Handel schon zu tief in die Geschäfte des Kaisers eingesponnen worden. Er wollte auch nicht mehr zurück. Sein Kapital war das Vertrauen Ferdinands. Im Augenblick hielt er sich noch im Hintergrund, wirkte er im Verborgenen.

Ende Oktober ist Wallenstein aber wieder bei der Armee. Die Kaiserlichen hatten inzwischen nicht nur durch das verfehlte Unternehmen Thurns gegen Wien Auftrieb erhalten: Das bei Budweis stehende kaiserliche Heer wurde durch italienische Truppen verstärkt. Damit konnte es endlich zur Offensive übergehen.

Wenige Tage nach den Wiener Ereignissen schlugen die Kaiserlichen unter Boucquoy die böhmischen Aufständischen unter Mansfeld bei Matolitz und Tein. Mit den Kaiserlichen fochten schon tausend Kürassiere, die Oberst Wallenstein auf seine Kosten in Flandern angeworben hatte, unter dem Oberbefehl des Oberstleutnants de Lamotte. Daß damit Wallenstein wesentlich zur Entscheidung der Schlacht beitrug, kann man annehmen. Immerhin wurde die Kavallerie Mansfelds, die damals als die beste galt, geschlagen.

Im Oktober dieses Jahres kam Wien noch einmal in Gefahr. Gábor Bethlen von Siebenbürgen zog wieder heran. Die niederösterreichischen Stände witterten Morgenluft und versammelten sich, zum Aufstand bereit, in Horn. Nur wenige Edelleute, darunter Wallenstein, hielten zum Kaiser. Er war selbst in Horn erschienen und suchte, allerdings vergeblich, die Protestanten auf seine Seite zu ziehen.

Gábor Bethlen hatte sich inzwischen mehrerer ungarischer

Gábor Bethlen, Fürst von Siebenbürgen (Stich von Lucas Kilian, 1620)

Städte, darunter Preßburgs vor den Toren Wiens, bemächtigt. Ferdinand hatte Boucquoys Heer zu Hilfe gerufen, um der Bedrohung zu begegnen. Eben erst in Frankfurt zum Kaiser gekrönt, muß er nun von Wien nach Graz fliehen. Das ungarische Heer zieht unterdes vom Osten heran, Grausamkeiten und Plünderungen zeichnen seinen Weg. Ende November steht es bei Bruck an der Leitha, wenig später vor Wien.

Bei der Donaubrücke vor Wien kommt es zwischen den

Truppen Gábor Bethlens und Thurns einerseits und den Kaiserlichen unter Boucquoy andererseits zu einem Gefecht. Die Aufständischen und Bethlen werden zum Rückzug über die Brücke gezwungen – wieder nicht ohne Mitwirkung Wallensteins, der mit seinem Regiment an den Kämpfen teilnimmt.

Er erhält am 2. Jänner 1620 seine Bestallung zum Obersten „über fünfzehnhundert Kürassiere und fünfhundert Arkebusier-Reiter". Schon im Februar führt er seine Streitmacht ins Gefecht.

Im April hören wir zum ersten Male von der Erkrankung, die Wallenstein dann zeit seines Lebens nicht mehr verlassen hat: die Gicht. Eine zweite Erkrankung, von der es heißt, sie sei die „ungarische Krankheit" und durch Trinken verschuldet worden – doch wird Wallenstein nirgends als sehr trinkfreudig beschrieben –, brachte ihn an den Rand des Todes.

Auch in Deutschland neigte sich nun der Erfolg allmählich auf die Seite Ferdinands. Soeben war er mit dem Übergewicht der Stimmen katholischer Kurfürsten zum Kaiser gewählt worden. Die Sympathien für ihn stiegen im katholischen Deutschland, als bekannt wurde, daß Friedrich von der Pfalz die Wahl zum böhmischen König angenommen hatte. Eine Welle des Mißtrauens gegen den Pfälzer und Empörung über die Unrechtmäßigkeit dieser Handlung erfaßte das Reich.

Dazu kam, daß König Sigismund III. von Polen zugunsten des Kaisers in den Krieg eingriff und Gábor Bethlen und Thurn im Rücken bedrohte. Dieser Fürst stammte zwar aus dem protestantischen Hause Wasa, war aber zum Katholizismus übergetreten und 1587 zum König von Polen gewählt worden. Mit dem protestantischen Schweden, dessen König er einige Zeit gewesen, war er aus dynastischen Gründen entzweit. Der Gegensatz zu Schweden zwang diesen Fürsten auch im späteren Verlauf des Krieges auf die kaiserliche Seite.

Eine entscheidende Hilfe für den Kaiser endlich boten die Spanier, die mit zwei Armeen gegen die Pfalz und nach Böhmen vorrückten.

Gábor Bethlen zog sich von Wien zurück. Es war dies die erste Folge des allgemeinen Umschwungs. Die zweite vollzog sich in Deutschland: Sachsen und Bayern nahmen entschieden Partei für den Kaiser. Noch einmal wirkte der Mythos des Reiches. Der Gegenkönig Friedrich von der Pfalz wurde in

Böhmen eingekreist. Die Schlacht am Weißen Berge am 8. November 1620 entschied gegen ihn.

Die beiden gegnerischen Heere hatten sich in den letzten Wochen konzentrisch auf Prag zubewegt, in der Erkenntnis, daß der Besitz dieser Stadt die Entscheidung über das böhmische Königreich bringen würde. Das Land litt Unvorstellbares unter den Bewegungen der Heere. Besonders die bayrischen und ungarischen Truppen taten sich durch Gewalttaten hervor.

Endlich kam es eine Wegstunde vor Prag, auf dem Weißen Berge, zum entscheidenden Kampf. Das kaiserliche Heer unter General Tilly und das bayrische unter Kurfürst Maximilian griffen die Protestanten auf dem Weißen Berge an. Die Armeen zählten je zwölftausend bis fünfzehntausend Mann.

Eine Weile wogte der Kampf hin und her. Die Mittagsglokken Prags läuteten ihn ein. Dann zerriß die Sonne den Nebel. Angriff und Gegenangriff lösten einander ab. Die Flucht der ungarischen Hilfstruppen entschied nach kurzer Zeit das Kriegsglück für die Kaiserlichen. Doch flohen die Unterlegenen nicht alle in Richtung Stadt, sondern zum Teil in Richtung Moldau, und die kalten Fluten des Flusses wurden für mehr als tausend von ihnen zum Grab.

Kaum eine Stunde hatte diese Schlacht gedauert. Die Böhmen verloren fünftausend Mann, auf kaiserlicher Seite sollen nicht mehr als zweihundertfünfzig Mann getötet worden sein.

Der Pfalzgraf, für dessen Königtum die Schlacht geschlagen wurde, hatte am Morgen die Nachricht von dem bevorstehenden Kampf erhalten. Er wurde gebeten, auf das Schlachtfeld zu eilen und die Truppen anzufeuern, zog jedoch eine Mahlzeit mit dem englischen Gesandten vor. Vielleicht verspielte er damit seine Krone. Denn als er nach der aufgehobenen Tafel vor das Stadttor kam, mußte er die zurückflutenden Truppen schon in voller Auflösung erblicken. Er schloß sich dem Strom der Flüchtenden an, die auf das rechte Moldauufer in die Altstadt strömten.

Rasch beriet man dort, ob man sich zur Verteidigung einrichten solle. Das panikartige Zurückweichen der Truppen, die ihre Waffen wegwarfen, sprach dagegen. Man schickte den englischen Gesandten als Vermittler zum Feind. Doch dieser kam zurück, ohne irgendeine Antwort zu überbringen.

Da bestieg der König ohne Land am nächsten Morgen seinen Reisewagen. Eine riesige Kolonne von Packwagen schloß sich ihm an. Auch die Wenzelskrone befand sich in Friedrichs Gepäck, den wenn schon sein Land verlorenging, mußte er wenigstens die Krone retten.

Der junge Graf Thurn gab sich Mühe, diesen Rückzug an der Prager Brücke zu decken. Aber es war umsonst. Was sich von den Soldaten nicht in alle Winde zerstreut hatte, war in Prag geblieben, nicht aber um zu kämpfen, sondern um die Bezahlung des rückständigen Soldes zu verlangen. Für die Verteidigung des Königs war eben aus diesem Grunde niemand zu haben. Viele hatten ihre Waffen schon weggeworfen.

Die Stadt war nun den hemmungslosen Räubereien der kaiserlichen Truppen ausgeliefert, die sich durchaus nicht nur auf zurückgebliebene Packwagen des geflüchteten Königs beschränkten. Reichlichere Beute als in Prag wurde in diesem Krieg kaum gemacht, denn aus dem ganzen Lande waren in diesem vermeintlich sicheren Orte die Schätze der großen Herren und reichen Bürger zusammengetragen worden.

Man betrat beim Plündern nicht nur die Wohnungen der geflüchteten Aufständischen. Es kam überhaupt nicht darauf an, ob jemand zur Protestantenpartei gehörte, mehr darauf, ob er Reichtümer besaß oder nicht. So verloren auch kalvinische Kaufleute, die gar nicht am Aufstand beteiligt waren, ihre Habe, die in ihren Magazinen so schön griffbereit dalag.

Als die Paläste und Bürgerhäuser ausgeräumt waren, wurden die Passanten auf der Straße ihrer Kleider beraubt und nackt davongejagt. Sogar den hartgesottenen Maximilian, Kurfürsten von Bayern, dessen Truppen am ärgsten hausten, empörten diese Vorkommnisse, doch schob er sie auf die kaiserlichen Truppen und protestierte sogar beim Kaiser gegen ihre Plünderungen.

In den Reihen der Kaiserlichen fochten auch die Eisenreiter des von Wallenstein angeworbenen und ausgebildeten Regiments. Wallenstein hat diese Entscheidungsschlacht nicht persönlich mitgemacht. Er hatte damals wieder seine Gichtanfälle, die ihm allmählich immer mehr zu schaffen machten. Sie waren auch später der Grund, daß er das Schlachtfeld mied. Gern ließ er andere statt seiner als Truppenlenker wirken, ihm fielen ja doch die Lorbeeren zu.

Auch in der Folgezeit meldet man Waffentaten des Regiments gegen die Truppen Bethlens in Mähren. Erbeutete Standarten wurden nach Wien gesandt – eine Erinnerung für den Kaiser, unter dessen unentwegten Getreuen Wallenstein wohl der Getreueste war.

Böhmen bekam nun den Zorn des Kaisers zu fühlen. Hunderte protestantische Edelleute wurden mit dem Verlust ihres Vermögens bestraft, etliche auf dem Schafott vom Leben zum Tod befördert, ihre großen Güter als herrenlos der kaiserlichen Kammer überantwortet. Doch die Zeiten waren vorbei, in denen man neue Lehen errichtete und die Getreuen des Kaisers damit belohnte. Die Güter wurden vielmehr verkauft, das heißt unter dem Wert verschleudert, und der jeweils Zahlungskräftigste kam zum Zug. Unter diesen war auch Wallenstein. Wenn nicht früher, so brach jetzt sein Geschäftssinn durch. Sogar einige seiner Verwandten waren unter denen, deren Ländereien nun um einen Pappenstiel erworben wurden.

Für einhundertfünfzigtausend Gulden brachte Wallenstein die Herrschaften Friedland und Reichenberg an sich. Damit war er der reichste Besitzer des Landes. Dazu gesellten sich, wie damals nicht anders üblich und als Folge der Ereignisse am Weißen Berge auch verständlich, die Ehrungen durch den Kaiser. Im Dezember 1621 wurde Wallenstein zum „Obristen von Prag“ ernannt. Er hatte schon zu Beginn des Jahres seinen Sitz in die böhmische Hauptstadt verlegt. Im Februar hatte er dann dem Kaiser ein zweitausend Mann starkes Infanterieregiment aufgestellt. Zur Deckung seiner Auslagen wurde ihm Gitschin, Vorort der Herrschaft Kumburg, verpfändet. Dazu kamen noch die Güter Böhmisch-Aicha, Skal, Semil und Hořitz. Mit Friedland, einer Herrschaft, deren Besitzer, ein eifriger Protestant, geflüchtet war, stellte das einen ansehnlichen Besitz dar.

Jede seiner Verhandlungen zeugt für seine von Wien aus immer mehr erweiterte Autorität. Bald wird er zum „Gubernator des Königsreichs Böhmen“ ernannt, also zum Oberquartiermeister aller in Böhmen liegenden Truppen. Wallenstein gehörte ferner dem „Münzkonsortium“ an, das aus einer Mark Feinsilber statt bisher 46 nun 70 Gulden kleine Münzen schlagen lassen durfte, wofür eine Pachtsumme an die kaiserliche Hofkammer gezahlt werden mußte.

Der nach der Schlacht am Weißen Berge wachsenden

Geldnot suchte man damals, unberührt von volkswirtschaftlichen und finanzwissenschaftlichen Überlegungen, dadurch zu steuern, daß man eben mehr Geld prägen ließ. Die Erkenntnis, daß die höhere Geldmenge den Geldwert zum Sinken bringen müsse, kam zunächst niemandem. Die Kuttenberger Silbergruben lieferten das Silber, und man begann frisch drauflos Münzen zu schlagen. Der Silbergehalt blieb allerdings zunächst gleich hoch wie bisher. Erst ab Sommer 1621 setzte man das Geld mit geringerem Silbergehalt in Umlauf. Der Kaiser duldete diese Münzverschlechterung, die ihm gemeldet worden war. Die wirtschaftlichen Folgen überlegte er nicht. Die Leitung des ganzen Unternehmens hatte zunächst ein jüdischer Prager Handelsherr, dann Hans de Witte, der Finanzmann Wallensteins.

Der Silberstrom dieses Münzkonsortiums ergoß sich nun in das Danaidenfaß des kaiserlichen Heeres. Hofkammer und Hofzahlamt waren dazwischengeschaltet. Die Folge der Geldflut war natürlich ein Sinken des Geldwertes und eine allgemeine Teuerung. In ganz Österreich wurde die „Prager Münzgesellschaft" bald unpopulär. Denn Wallenstein und de Witte sorgten für eine Beschleunigung der Abwertung. Die inflationistische Münzverlängerung und Münzverschlechterung wurde noch dadurch verstärkt, daß man aus einer Mark Silber statt bisher 70 sogar 123 Gulden schlagen ließ.

Wallenstein hatte mittlerweile sechzig konfiszierte Herrschaften in Nordböhmen aufkaufen lassen. Die Bezahlung erfolgte natürlich in der von ihm selbst verschlechterten „langen", also verlängerten Münze, auch bei der „Erwerbung" der Herrschaft Friedland. Dazu erlangte Wallenstein ein Anrecht auf den Titel, mit dem er in die Geschichte eingehen sollte: Fürst von Friedland (mit der Anrede des Kaisers „Lieber Oheim").

Kurz vorher hatte er seinem Kaiser die riesige Summe von dreieinhalb Millionen Gulden – allerdings wieder in „langer" Münze – als Darlehen angeboten. Es wurde von der Hofkammer nicht verschmäht, denn man war bei der Bezahlung der Soldrückstände an entlassene Soldaten in größten Geldnöten.

Das gierig zusammengeraffte Vermögen Wallensteins entstand aus rücksichtslos eingetriebenen Kontributionsgeldern, aus Handelsgeschäften, aus Kriegsbeute, aus anrüchigen Soldatenverrechnungen für „tote Seelen“ in Regimentern, die nicht auf volle Stärke aufgefüllt waren, vor allem aber aus dem Weiterverkauf billig oder mit Gewalt erworbener Ländereien. Zwar wurde das Münzkonsortium wegen maßlosen Mißbrauchs der Münzprägungen wieder aufgelöst, da die Geldüberflutung riesige Preissteigerungen und inflationäre Erscheinungen in dem ehemals so blühenden Böhmen hervorgerufen hatte, aber Wallenstein wurde davon nicht mehr berührt.

Angesichts der Tragweite der Entscheidung vom Weißen Berg setzt Schiller in seiner Darstellung des Dreißigjährigen Krieges hier gleichsam eine Zäsur: „Der Sieg auf dem Weißen Berge setzte Ferdinanden in den Besitz aller seiner Staaten ... Jetzt konnte er seine Bundesgenossen entlassen und seine Armeen zurückrufen. Der Krieg war beendigt, wenn er auch nichts als gerecht war; wenn er großmütig und gerecht war, so war's auch eine Strafe. Das ganze Schicksal Deutschlands lag jetzt in seiner Hand, und vieler Millionen Glück und Elend beruhte auf dem Entschluß, den er faßte. Nie lag eine so große Entscheidung in eines Menschen Hand; nie stiftete *eines* Menschen Verblendung so viel Verderben.“ Es ist der Protestant Schiller, der aus diesen Worten spricht. Er hat insofern recht, als jetzt noch einmal die Möglichkeit gegeben war, religiöse Akzente in diesem Krieg zu setzen.

Tatsächlich war die römische Kurie andauernd bemüht, dies zu tun – und sie wurde in diesem gegenreformatorischen Eifer allmählich zum Gegner Wallensteins, nicht nur der protestantischen Fürsten im Reich. Der seit 1621 regierende Papst Gregor XV. sandte seinen Gesandten Carlo Caraffa zu Ferdinand, um ihm besonders die gegenreformatorische Aufgabe in Böhmen ans Herz zu legen, nachdem die militärische gelöst war. Er möge also die Herstellung der katholischen Religion ins Werk setzen, denn nur dadurch könne er seinem Gott für den Sieg danken. Es solle daher seine erste Sorge sein, die protestantischen Prediger und Schullehrer aus Böhmen zu entfernen, „welche der Beleidigung göttlicher und menschlicher Majestät schuldig seien“.

In der eifervollen Verfolgung dieser religiösen Ziele glitt, wie überall in der Geschichte, da und dort die gegenreformatorische Bewegung in ein mit Machtgier und Habsucht verbundenes Zelotentum ab, das der Sache schweren Schaden zufügte.

Zunächst wurden die Schleusen für die Kräfte geöffnet, die Rache und Vergeltung forderten – nicht zum ersten Male in diesem Kriege, der gerade darum kein Ende finden sollte. Wallenstein war sehr kräftig an den Aktionen beteiligt, die jetzt ins Werk gesetzt wurden. Über Einzelheiten liegen nur sehr dürftige Nachrichten vor. Wir sehen Wallenstein einmal da, einmal dort, entweder in Kriegshandlungen in Mähren verwickelt oder mit Verwaltungsmaßnahmen beschäftigt, mit neuen Werbungen oder mit der Beschaffung von Kriegsmaterial, Pferden, Kanonen. Immer ist er rastlos tätig, ein großartiger Organisator etwa des Heeresnachschubs, der Verpflegung, der Kontributionen. In einem seiner Briefe steht in dieser Zeit: „Entweder ordentliche Verpflegung und Bezahlung oder ein unordentliches Kriegsvolk" – goldene Worte, die man über diesen ganzen Krieg schreiben könnte.

Eines konnte man Wallenstein nicht nachsagen: daß er seine Stunde nicht genutzt hätte. Binnen kürzester Zeit hatte er ein riesiges Vermögen zusammengerafft. Gitschin und Friedland waren nun die Kristallisationspunkte seines Realienbesitzes, der ihn bald zu den reichsten unter den böhmischen Magnaten machte. Die ihm verpfändeten Herrschaften konnten natürlich vom Kaiser niemals eingelöst werden. Wallensteins Bitte, sie in seinen Besitz zu übertragen, mußte daher billigerweise entsprochen werden. Auch seine weitere Bitte, die Güter Friedland und Reichenberg in ein Majorat zu verwandeln und dem Familiennamen den Namen „von Friedland" beifügen zu dürfen, war nicht unbescheiden. Ihr wurde im Jahre 1622 entsprochen. Ein Jahr später hatte Wallenstein diesem Besitz schon nicht weniger als 49 weitere Herrschaften in Nordböhmen hinzugeschlagen. Sie alle wurden mit kaiserlicher Zustimmung zu einem arrondierten Patrimonialgebiet von achtzig bis hundert Quadratmeilen zusammengefügt.

Die Liquidation des Aufstandes in Böhmen vollzog sich aber nicht so rasch, wie man nach dem Siege am Weißen Berge erwartet hätte. Einige feste Plätze, wie Tabor und Wittingau, wurden noch von den Aufständischen gehalten. Der letzte Ort fiel erst im März 1622 in kaiserliche Hand, womit die letzte Spur des Aufstandes gelöscht war.

Die ersten Urteile des in Prag tagenden Gerichtshofes lauteten auf Güterverlust. Dann kamen siebenundzwanzig Todesurteile, von denen einige mit grausamen Sonderprozeduren, wie Finger abhauen, Zunge ausschneiden, vierteilen und ähnlichem, garniert waren. Der Kaiser änderte die Urteile mildernd ab und erließ in zahlreichen Fällen die Verschärfungen. Dem Grafen Joachim Schlick zum Beispiel sollte nicht vor seinem Tode, sondern erst nach der Hinrichtung die rechte Hand abgehauen werden – eine fühlbare Milderung.

Die Exekution vor dem Altstädter Rathaus in Prag war ein feierlicher Akt und ein Volksfest zugleich. Vierundzwanzig Personen wurden enthauptet, drei wurden gehängt. Einem wurde vor dem Tode die rechte Hand abgehauen, einem die Zunge herausgeschnitten. Wallenstein war Augenzeuge der Hinrichtungen.

Mit diesem traurigen Abschluß endete ein Kapitel der selbständigen Entwicklung des böhmischen Landes, aber auch ein Abschnitt seiner geistigen und kulturellen Geschichte, die gerade von den Adelsgeschlechtern getragen worden war, die hier dezimiert wurden. Von diesem Schlag konnte sich Böhmen für Jahrhunderte nicht mehr erholen.

Die verurteilten sowie die geflüchteten und verstorbenen Rebellen wurden ihrer Güter für verlustig erklärt. Abermals ging eine Welle des Besitzwechsels über das Land. Daneben liefen die Maßnahmen auf religiösem Gebiete. Denn inzwischen hatte in ganz Böhmen die Verfolgung der Protestanten eingesetzt. Wallenstein hatte zwar als Obrist von Prag mehr militärische Aufgaben, aber er hielt natürlich allen diesen Bestrebungen die Stange und beteiligte sich obendrein, von seiner sich nunmehr ohne Hemmungen entfaltenden Habgier getrieben, an der Aussaugung des durch die Garnisonen schon schwer getroffenen Landes.

Daß Wallenstein durch Geld unter Umständen auch milde gestimmt wurde, dafür zeugt eine aktenmäßig belegte Gerichtssache gegen den Prager Juden Josef Baroch. Wallenstein hatte, um den Räubereien der Soldaten zu steuern, den Juden bei Todesstrafe verboten, Soldaten ihr geraubtes Gut abzukaufen. Josef Baroch übertrat das Gebot und wurde zum Tode verurteilt. Die Judengemeinde ließ nichts unversucht, um ihn vor dem Galgen zu retten. Sie bot zehntausend Taler für Barochs Leben. Daraufhin berief Wallenstein eine Versammlung geistlicher und weltlicher Würdenträger unter Beiziehung eines kaiserlichen Richters ein. „Ihro Gnaden, als ein gerechter Herr gewillt, daß Ihrer Kaiserlichen Majestät Gerechtigkeit nicht übergangen werde und dennoch vieler ansehnlicher Herrn Fürsprache ein Genügen geschehe, weil an dem Tod eines Juden wenig gelegen, geruhten von den anwesenden Herrn zu hören, ob nicht durch die Begnadigung des Juden vielen zum ewigen Leben verholfen werden könne, wenn die erwähnte Summe von der Judenschaft angenommen und auf ewige Zinsen gelegt würde.“ Natürlich sagte alles ja, und auf den Schultern von zehn Ältesten der Judengemeinde wurden zehn Säcke Geld herbeigeschleppt, ganz öffentlich, „damit dergestalt ihr Verbrechen allgemein kund werde und sie sich künftig vor dem zu hüten wissen, was ihnen bei Verlust des Lebens verboten worden“. Das Geld wurde für „neubekehrte Judenknaben“ oder für Jünglinge bestimmt, denen damit zum Theologiestudium verholfen werden sollte.

Mit solchen Maßnahmen wußte sich Wallenstein bei den kirchlichen Kreisen beliebt zu machen. Auch von der Herrschaft Friedland berichtet man, daß dort die Pastoren ausgewiesen wurden. Ja man berichtet sogar, daß sich Wallenstein um die Errichtung eines Bistums bemühte, womit sich sein Opportunismus zu überbieten begann. Einen Hintergedanken bei diesem Plan muß man aber für möglich halten: Der Fürst von Friedland hätte damit das Recht erworben, den Bischof und die ihm beigegebenen vier Prälaten selbst zu ernennen, und dadurch eine Selbständigkeit erhalten, die einem erblichen Fürstentum entsprach. Allerdings kam es noch nicht gleich zur Verwirklichung dieses Planes.

Der General

Inzwischen waren, nach einem kurzen Atemholen des Krieges, neue Verwicklungen und Konflikte entstanden, deren Ursache in dem Bestreben der kaiserlichen Regierung und der gegenreformatorischen Partei unter dem energischen und tatendurstigen Maximilian von Bayern bestand, den Sieg vom Weißen Berge voll auszunützen, wobei nicht immer die Grenzen der Macht gesehen wurden. Nur weise Mäßigung hätte den Frieden retten können. Doch ihr zog man auf katholischer Seite neue offensive Maßnahmen vor.

Sie richteten sich gegen die Pfalz, deren „Winterkönig" nach dem mißglückten böhmischen Abenteuer mit der Reichsacht belegt worden war. Sein Land und die Kurwürde wurden von Ferdinand an Maximilian von Bayern vergeben und der Krieg in die Pfalz getragen.

Vor den vorrückenden kaiserlichen Truppen mußte Friedrichs Feldherr Mansfeld in die Rheinpfalz ausweichen, während Heidelberg von den Truppen der Liga erstürmt wurde.

Schon aber erhielt Friedrich von der Pfalz Hilfe in der Not. Denn der Raub seines Landes und dessen Übergabe an Maximilian hatten sozusagen europäische Folgen, die vom Kaiser wohl nicht einkalkuliert worden waren. „Dieser gewaltsame Schritt öffnete endlich dem König von England die Augen" (Schiller). Einerseits fand man sich zusammen, um Ferdinand nicht zu stark werden zu lassen, anderseits verbündete sich Friedrichs Schwiegervater Jakob I. von England – von den Anglikanern im eigenen Lande gedrängt – mit den Holländern, die mitten im Krieg gegen Spanien standen. Unmittelbare Hilfe aber leisteten Christian von Braunschweig und Markgraf Georg von Baden-Durlach. Auf diese Weise konsolidierte sich die protestantische Front rasch. Der Erfolg stellte sich alsbald ein: Johann Tilly, der Befehlshaber des kaiserlichen Heeres und Sieger vom Weißen Berge, wurde im April 1622 bei Wiesloch von Mansfeld geschlagen.

Aber auch im Osten braute sich ein Gewitter zusammen. Der ehrgeizige Gábor Bethlen behauptete sich in Ungarn, wo er sich auf die Protestanten stützte. Die Hilfe der Türken war ihm außerdem sicher. Er spann Fäden zu Mansfeld und zum verjagten Winterkönig Friedrich. Im Jahre 1623 drang Gábor Bethlen gegen die österreichischen Erblande vor. Mitte September fiel er in Oberungarn ein und eroberte die Bergstädte. In seinem Heer kämpften Türken und Tataren – es war das erste Mal, daß die Pforte die protestantische Sache offen mit Truppenmacht unterstützte. Würde sie nun direkt in den Krieg eingreifen?

Vorläufig streifen tatarische Reiter bis Olmütz, Brünn und zur österreichischen Grenze hin. Hunderte von Dörfern werden verbrannt, beraubt, Menschen werden gemordet und vertrieben. Eilig werden die Feldobersten des Heeres gegen den neuen Feind aufgeboten, darunter auch Wallenstein. Er hat seine Reitertruppen großzügig auf eigene Kosten ausgerüstet, wodurch der Kaiser in noch tiefere Schulden bei seinem Obristen stürzt, denn Wallenstein tut nichts umsonst. Er läßt sich seine Opferwilligkeit durch die Erhebung in den Fürstenstand, die am 7. September 1623 erfolgt, belohnen.

Gábor Bethlen war mittlerweile über die Leitha gegangen. Von Königgrätz aus konnte sich aber nur ein kleines kaiserliches Heer, dessen Fußvolk unter dem Kommando Wallensteins stand, dem Feind entgegenstellen. Es litt unter ganz trostlosen Verhältnissen, und Wallenstein war der Wortführer der Klagen und Ratschläge, die nun nach Wien gingen.

Es war inzwischen zu einer kritischen Situation gekommen, als Bethlen am 30. Oktober die Truppen Wallensteins in Göding einschloß. „Der Feind", berichtet Wallenstein an diesem Tag, „hat eine Brücke über's Wasser geschlagen; ich glaube nicht, daß er so närrisch sein wird, uns in unseren Posti anzugreifen, sondern er wird uns durch Hunger konsumieren . . ." Reiter und Knechte bemühen sich, um den Hunger zu stillen, trotz der Todesgefahr von den Feldern Rüben zu holen. Auch tritt bereits Munitionsmangel ein.

Wir haben einen Brief Wallensteins, den er in dieser Situation an Karl von Harrach richtete und in dem er am 10. November 1623 ungeschminkt von den Nöten des kaiserlichen Heeres berichtet: „Uns ist substantialiter mit nichts geholfen als mit etlichen zwanzigtausend Mann und derer die meisten zu Roß, denn unsere Kavallerie ist hin und kann keine Faccion (Unternehmung) tun. Das andere Mittel ist, daß man mit dem Bethlen suspensionem armorum (Waffenstillstand) machte, denn man kann mit ihm allezeit brechen. Daß mein Herz zu wissen begehrt, wessen wir uns resolvieren, so sage ich, daß wir uns auf Schlagen nimmer resolvieren mögen, nicht deswegen, daß der Feind sehr stark und wir schwach sein, aber daß unsere Kavallerie ganz hin ist, so müssen wir uns resolvieren, in diesem Posto zu krepieren und selbst einer den anderen essen, aber ich sorge, daß das Volk sich eines anderen resolvieren wird und aus Not uns Capi (Hauptleute) bei die Köpf nehmen, dem Feind übergeben und selbst in Feinds Dienst bleiben, wie sie's denn noch alle, die wenig in Not gewesen, getan haben. Wir haben noch vierzehn Tage zu leben und nicht mehr . . ."

Die Vorstellungen Wallensteins taten ihre Wirkung. Die Wiener Diplomatie bemühte sich um Friedensverhandlungen. Diese hatten bald Erfolg, da auch Bethlen in seinen Hoffnungen auf deutsche und türkische Hilfe enttäuscht wurde. Er schloß einen Waffenstillstand, der Österreich in dieser Lage sehr willkommen war.

Bethlen vermochte in diesem Waffenstillstand seine ursprüngliche Stellung zu behaupten. Noch mehr: in Böhmen, das nun fest in der Hand des Kaisers war, begannen die Protestanten auf ihn zu hoffen. Bethlen hielt sie hin und gab ihnen unter der Hand zu verstehen, daß der Krieg wieder beginnen könne, wenn er wirkliche Hilfe erhalte. So blieb Bethlen als ständige Drohung im Rücken der kaiserlichen Macht.

Auch anderweitig sahen sich die Protestanten in Böhmen nach Hilfe um. Denn hier hatten inzwischen harte religiöse Verfolgungen eingesetzt. Zwar muß zugegeben werden, daß die Rekatholisierung auch im positiven Sinne ausgeübt wurde, also durch Versuche, die Bevölkerung und insbesondere die Jugend durch Überredung und durch nachahmenswerte Beispiele dem alten Glauben wiederzugewinnen. Für die Wiederherstellung und Ausschmückung der Kirchen wurde viel getan. Oft aber ging man genauso gewaltsam vor, wie die Protestanten ihrerseits an den Katholiken gehandelt hatten. Besonders in Prag ergriff man radikale Maßnahmen gegen die Pastoren. Auf dem Lande mußte man mehr Rücksichten nehmen. In vielen

Fällen blieben hier die Pastoren so lange, bis der Ersatz durch einen katholischen Priester möglich war.

Die Wirkung dieser Geschehnisse auf das protestantische Deutschland war tief. Die aus Böhmen Vertriebenen schürten in ihren Gastländern gegen den Kaiser. In Deutschland fanden sie williges Gehör, denn die Übertragung der pfälzischen Kurwürde durch den Kaiser auf Maximilian von Bayern hatte besonders viele Widerstände hervorgerufen. Sie war nichts anderes als die Änderung des noch von Kaiser Karl V. geschaffenen Proporzes: an die Stelle eines protestantischen Kurfürsten trat nun ein katholischer, in der Person Maximilians noch dazu ein militanter und gefährlicher Vorkämpfer der Gegenreformation und „Bundesoberst" der Liga.

Dic Erhebung Maximilians erregte auch den Unwillen Spaniens, fand aber dagegen die Zustimmung Frankreichs. Auch Rom ergriff heftig die Partei des bayrischen Kurfürsten, als man seinen gegenreformatorischen Eifer bei der Rekatholisierung der Pfalz sah. Hier wurden neben den Protestanten auch die Kalviner getroffen. Seine Stärke erhob den bayrischen Kurfürsten in eine europäische Schlüsselstellung, und die päpstliche Diplomatie tat alles dazu, was möglich war. Einerseits suchte sie die Bedenken Spaniens zu zerstreuen, anderseits letzte Rücksichten des Kaisers auf die übrigen deutschen Kurfürsten aus dem Wege zu räumen. Die Entscheidung des Kaisers – lange vorbereitet durch Besprechungen, die Jahre zurücklagen – erregte jedoch eine europäische Opposition gegen Habsburg, sie machte dessen Sache auf lange hinaus auch zur Sache Maximilians, bis Wallenstein das Verhältnis gründlich stören sollte.

Friedrich V. von der Pfalz ließ nach dem Verlust seines böhmischen Königreiches und seiner pfälzischen Erblande alle Beziehungen gegen den Kaiser spielen. Der Oheim seiner Gemahlin, Christian IV., König von Dänemark, mischte in die Motive seiner Einmengung in den pfälzischen Streit Religionseifer. Dieser Glaubenseifer, verbunden mit Machtpolitik, war eine typische Zeiterscheinung. Besorgt sah der König außerdem die Fortschritte der katholischen Liga, die sich immer mehr in Norddeutschland ausbreitete.

Eine weitere Verwandtschaftsbeziehung des Pfalzgrafen bestand mit dem Kurfürsten Georg Wilhelm von Brandenburg, der mit Friedrichs Schwester verheiratet war. Auch im Brandenburger schwelte der Haß gegen die katholische Partei, man war durch ihre Erstarkung alarmiert und wies am dänischen und schwedischen Hof eindringlich auf die Gefahren hin, die sich für die protestantische Sache ergaben.

Schon wurden zwei neue Feinde des Kaisers im Hintergrund sichtbar: Frankreich und England. Der Anlaß dazu war aber nicht nur die Stärkung der kaiserlichen Macht, sondern vor allem die Bemühung der Spanier, die aufständischen Niederlande in die Hand zu bekommen. In beiden Ländern saßen katholische Herrscher, doch war Frankreich aus innerpolitischen Gründen noch nicht in der Lage, einzugreifen. England unter Karl I., den die einheimischen Anglikaner unter Druck setzten, schloß ein Schutz- und Trutzbündnis mit den Aufständischen der Republik Holland. Die englische Diplomatie spann ihre Fäden bis in die Türkei und zu Bethlen.

Das Heer der katholischen Liga operierte unter Johann Tserclaes de Tilly. Er ist auf katholischer Seite wohl das bedeutendste Feldherrntalent dieses Krieges. Der Sieg vom Weißen Berge war ihm zu verdanken. Der aus einem alten flämischen Geschlecht stammende Tilly hatte schon in den Türkenkriegen mitgekämpft. Er suchte sich, hier wohl vorsichtiger als Wallenstein, im Krieg persönlich rein zu halten und in der allgemeinen Verderbnis keine Schuld auf sich zu laden. Man hat ihn daher oft als „Heiligen im Harnisch" bezeichnet. Dennoch wurde er zum Zerstörer Magdeburgs.

In Norddeutschland braute sich inzwischen ein neues Gewitter gegen Ferdinand zusammen. Unter Mansfeld stand im Frühjahr 1625 eine Armee von fünfundzwanzigtausend Mann bereit. England und Frankreich hatten hiezu tatkräftige Hilfe geleistet. Maximilian bestürmte den Kaiser mit seinen Besorgnissen über die weltweite Bündnispolitik der Protestanten. Sie wurden natürlich in Wien geteilt, wo man außerstande war, eine ähnlich große Armee auf die Beine zu stellen und noch dazu Siebenbürgen unter Bethlen ständig in Schach zu halten. Aber selbst für die Aufstellung wesentlich schwächerer Kräfte fehlten alle Mittel.

Das war der Augenblick für Wallenstein, dem Kaiser ein großzügiges Angebot zu unterbreiten, so großzügig, wie es die mittlerweile außerordentlich gewachsenen Mittel des Fürsten

Johann Tserclaes de Tilly, Feldherr der katholischen Liga (Stich von Lucas Kilian, 1621)

erlaubten. Dieses Angebot war in der Tat beachtlich: fünfzehntausend Mann zu Fuß und fünftausend zu Pferd wollte Wallenstein samt Ausrüstung und mit eigenen Mitteln stellen. Wo er diese Macht einsetzen solle, darüber überlasse er dem Kaiser die Entscheidung: Ungarn, Italien, Deutschland – er richte sich ganz nach dem Befehl des Kaisers. Mit der Erhaltung der Armee werde der Kaiser nicht belastet. Alle Gelder für die Ausrüstung und Verpflegung werden ihm vorgestreckt und sollen wieder durch die „Antizipationen“, das heißt durch die Erwartung außerordentlicher Steuern und Kontributionen in den zu erobernden Gebieten, gedeckt werden. Das war freilich ein Freibrief für Wallenstein zur Ausplünderung, denn die Schuld des Kaisers war hier sein Rechtstitel.

Ferdinand überlegte lange. Ahnte er schon die Gefährlichkeit einer solchen Machtkonzentration unter einem Mann? Sogar der Eggenberger, bisher immer ein Freund Wallensteins, warnte. Doch er wurde von den anderen Mitgliedern des Rates überstimmt. Diese Hilfe kam ihnen so bequem und sehr gelegen.

Wallenstein wurde also zum General ernannt und erhielt das Patent zur Werbung. Über die Instruktion des Kaisers, das unchristliche Brennen, Sengen und Rauben durch exemplarische Bestrafung der Schuldigen zu verhindern, damit der Zorn Gottes vom kaiserlichen Heer abgewendet werde, dürfte sein Feldherr nur gelächelt haben. Eine andere Vorschrift des Kaisers besagte, daß die Hälfte der Beute aus einer Schlacht oder einer eroberten Stadt zu Geld gemacht und daraus der Sold gezahlt werden solle. Keine Stadt oder Landschaft dürfe ohne besonderen kaiserlichen Befehl gebrandschatzt und zu Geldzahlungen erpreßt werden. Immer solle erst die Entscheidung des Kaisers abgewartet werden. Auch diese Bestimmungen standen nur auf dem Papier, und Wallensteins Naturell sorgte dafür, daß sie Papier blieben.

Bei der Gelegenheit der Aufstellung der Armee lernte Wallenstein nach und nach die Offiziere kennen, mit denen er dann in seinen Feldzügen zu tun hatte. Ihnen übertrug er ja die Werbepatente, sie stellten ihm die Regimenter auf, deren Sold er als Geldgeber finanzierte und mit denen sie dann unter seinem Kommando ins Feld zogen. Aus dem Geschäft „Krieg“ konnten sie dann unter Umständen wieder sehr günstig heraussteigen. Orden und einflußreiche Stellen gab es ebenso zu erlangen wie Vermögen. Es waren die verschiedensten und oft sehr zweifelhaften Charaktere, die da zusammenkamen. Wallenstein schätzte sie nur nach dem Grad ihres unbedingten Gehorsams. Ein Menschenkenner war er nicht. Für diesen Mangel sollte er später noch schwer büßen.

Jetzt marschieren sie alle auf, des Generals spätere Gegner

oder Freunde bis zum letzten, zur Hingabe des eigenen Lebens: Collalto, Colloredo, Ilow (der von Wallenstein als „stolzer, aufgeblasener Kerl“ abgelehnt wird und in der Mordnacht von Eger seine Anhänglichkeit büßte), Balthasar Marradas, Heinrich Schlick (ein Abtrünniger des böhmischen Adels und Konvertit) und viele andere. Die ihm vom Wiener Hofe präsentiert werden, lehnt Wallenstein gewöhnlich voreingenommen ab. Die Schwierigkeiten im Umgang mit ihm zu überwinden ist nicht leicht. Dennoch gehen einige mit ihm bis zum Ende, andere wieder hat er sich durch seine Art zu unversöhnlichen Feinden gemacht.

Der Feldherr

Wallenstein fühlte, daß sein Angebot an den Kaiser einen großen und entscheidenden Schritt für sein Leben bedeutete. Wie immer vor solchen Entscheidungen hatte er die Sterne befragt. Der Fall wurde wieder Kepler anvertraut. Wallenstein ließ ihn fragen, ob er „extra patriam officia und Güter erlangen" solle, wie lange er noch Kriegsdienste leisten solle und in welchen Ländern.

Kepler antwortete diplomatisch und orakelhaft. Er verglich die Nativität Wallensteins mit der des Kaisers, wobei er sehr richtig feststellte, „daß zwischen beeden Geborenen nit sonderliche Affektation und Zuneigung, wohl aber allerhand laesiones zu erwarten sein würden". Dann warnte Kepler Wallenstein vor seinen Landsleuten, den Böhmen – vielleicht in Kenntnis einer Schmähschrift, die von Wilhelm Slawata gegen ihn losgelassen worden war. Dann verglich Kepler die Nativitäten zwischen Wallenstein und Ferdinands Sohn, Erzherzog Ferdinand, und konnte auch hier allerhand „widerwärtige configurationes" feststellen.

Die ahnungsvollste Stelle dieses Horoskops aber lag in der Prophezeiung, daß das Jahr 1634 ein verhängnisvolles Jahr sein würde. Im Monat März dieses Jahres gäbe es bedenklichste Himmelsrevolutionen, und Kepler fügt den Wunsch an, daß „die auf selbige Zeit androhenden schrecklichen Landesverirrungen mit des Geborenen Glück sich vereinbaren möchten". In dieser Prophezeiung liegt so viel an böser Zukunftsahnung, daß die tröstlichen Wünsche am Ende kaum ins Gewicht fallen.

Aber Wallenstein ließ sich dennoch nicht beirren. Er hatte Großes erreicht, ein Unterpfand für Größeres. Er kann und will nicht mehr zurück, er glaubt an ein bedeutendes Schicksal.

In den beiden ersten Monaten des Jahres 1625 trifft er, unermüdlich tätig, in Wien die letzten Vorbereitungen. Im März kehrt er nach Prag zurück, die endgültige Zustimmung des Kaisers in der Tasche. Am 8. April erlegt er zuhanden des Kaisers

Wallensteins Horoskop (Federzeichnung von Hugo Charlemont)

ein Darlehen von neunhunderttausend rheinischen Gulden. Das fördert den Fortgang und Abschluß der letzten Verhandlungen.

In Prag begann mittlerweile allerhand kriegslüsternes Volk zusammenzuströmen, zum Teil sehr fragwürdigen Charakters. Die Aufstellung vollzog sich rascher, als der Liga lieb war. Daher verwies Maximilian von Bayern diese Armee durch einen meisterlichen Schachzug auf den zweiten Platz. Ohne kaiserliche Meinungen abzuwarten, begann er Mitte Juli mit den Kriegsoperationen gegen Dänemark. Die kaiserliche Armee sollte seinem Ligaheer und den von ihm erhofften Siegen als eine Art von Hilfstruppe sekundieren.

Wallenstein ließ sich jedoch nicht beirren. Seine Armee stand um die Mitte des Jahres 1625 bereit. Mit Patent vom 25. Juli war er zum General ernannt. Die Werbungen waren sehr erfolgreich gewesen. Sie brachten weit über fünfundzwanzigtausend Mann. Am 31. Juli hielt General Wallenstein die Heerschau über seine Armee. Der Ort hiefür und zugleich sein erstes Hauptquartier war die westböhmische Stadt Eger – die gleiche Stadt, in der einst seine Laufbahn so jäh und gewaltsam beendet werden sollte. „Jetzt also – zum ersten Mal in diesem Kriege – erschien eine kaiserliche Armee in Deutschland: eine schreckenvolle Erscheinung für die Protestanten, eine nicht viel erfreulichere für die Katholischen", meint Schiller zu diesem Augenblick der Entwicklung.

Die besten Aussichten für ein Eingreifen des kaiserlichen Heeres boten sich in Norddeutschland. Hier war es zwischen den Territorialfürsten zu Streitigkeiten gekommen, in die sich der Kaiser einmischte. Dadurch gewann er den Herzog von Lüneburg und den Grafen von Darmstadt für sich, dem der evangelische Glaube zugestanden wurde, wenn er sich zugunsten der kaiserlichen Autorität einsetze. Damit war die Möglichkeit für ein Eingreifen des kaiserlichen Heeres unter Wallenstein gegeben.

Mitte August setzte sich Wallenstein von Böhmen aus in Marsch. Franken, Thüringen und Braunschweig waren die nächsten Ziele. Der Feind vermied einen Zusammenstoß, da die kaiserlichen und die Ligatruppen überlegen waren.

Die betroffenen Länder können von vornherein auf keine besondere Schonung rechnen. Wallenstein äußert sich schon zu Beginn des Feldzuges zu Trauttmansdorff: „Man darf den niedersächsischen Fürsten itzunder wohl keine guten Worte geben, denn sie sind schrecklich im Sack, also daß der Kaiser mit ihnen machen kann, was er will; und schließlich wird es wohl dazu kommen müssen, daß sie dem Kaiser die Armada zahlen."

Der Friedländer besetzte so zunächst Halberstadt, ohne Widerstand zu finden. Es fehlte nicht an Gewalttätigkeiten gegenüber der Zivilbevölkerung, die Wallenstein, soweit es ging, einzudämmen suchte, denn noch legte er auf guten Ruf Wert. Die Kontributionen sollten eine möglichst geordnete Verpflegung seiner Soldaten gewährleisten, auch suchte Wallenstein im Lande selbst eine möglichst reibungslose Form der Wirtschaft zu bewerkstelligen, die ihn jetzt noch von anderen, weniger rücksichtsvollen Heerführern unterschied.

Darüber hinaus hatte Wallenstein noch eine politische

Rolle zu erfüllen. Die Autorität des Kaisers suchte er zunächst durch Verhandlungen wiederherzustellen. In Braunschweig verhandelte er mit den Ständen. Diese wieder beriefen sich auf ihre Reichsrechte, als Wallenstein ihre Entwaffnung forderte. Die Bestätigung des Augsburger Religionsfriedens wurde in Aussicht gestellt, doch bestand Wallenstein auf der Aufrechterhaltung der Rechtsprechung durch das Reichskammergericht. Dieses wieder hatte eine katholische Mehrheit und wurde daher von den Protestanten abgelehnt. Die Stände beharrten also auf einer verbrieften politischen und religiösen Autonomie. Noch weniger war Wallenstein bereit, die Kosten für das Heer des Kaisers zu tragen. Immer wieder berief er sich dabei auf die Reichskonstitution. So gingen die Verhandlungen im Kreis.

Inzwischen vollendeten die Feinde des Kaisers im Verlaufe des Jahres 1626 ihren Aufmarsch. An ihrer Spitze stand der König von Dänemark. Eine im Haag am 19. Dezember 1625 geschlossene Allianz zwischen Dänemark, Holland und England, der Frankreich mit Geldleistungen beitrat, war sein politischer und materieller Rückhalt. Ihm unterstanden neben seiner eigenen Armee die Truppen Mansfelds, Braunschweigs und die von Sachsen-Weimar.

Im Rücken der Kaiserlichen warteten deren Feinde auf das Vorrücken des Dänenkönigs, vor allem in Hessen, Thüringen und Magdeburg. Dazu war noch in einem der österreichischen Erblande, in Oberösterreich, ein Bauernaufstand ausgebrochen, der sogar den Kurfürsten von Bayern beschäftigte. In Schlesien gärte es stark, und Gábor Bethlen wartete in Ungarn auf seine Stunde. Gegen alle diese Kräfte standen zwei Armeen des Kaisers, eine unter Tilly und eine unter Wallenstein.

Der König von Dänemark rückte mit drei Heerhaufen vor. Rechts vom Zentrum befehligte Ernst von Weimar, der gegen Westfalen vorging, links vom Zentrum wandte sich Mansfeld gegen Wallenstein. Er überschritt die Elbe und faßte in Brandenburg Fuß.

Wallenstein hatte den Elbpaß an der Dessauer Brücke besetzt. Dort griff ihn Mansfeld an. Am 25. April 1626 entwikkelte sich die entscheidende Schlacht.

Wallenstein hatte, von Mansfeld unbemerkt, durch General Aldringen Verstärkungen heranführen lassen. So stieß Mansfeld bei seiner Angriffsoperation auf einen von ihm nicht erwarteten Widerstand. Zunächst begann er mit einer Kanonade. Dann ließ er seine Sturmkolonnen gegen die Kaiserlichen vorrücken. Drei Stunden lang ließ Mansfeld stürmen, jedoch ohne Erfolg.

Etwa um zehn Uhr vormittags ging Wallenstein seinerseits zum Angriff über und warf starke Kräfte von Arkebusieren und Musketieren, denen die Dragoner eine Bresche schlugen, gegen den Feind. Dabei hielt er aber einen Großteil seiner Kavallerie und kleinere Infanteriekontingente noch in Reserve. Wallenstein warf sich dabei, den Degen in der Faust, selbst in das mörderische Kampfgewühl, das sich nun entspann.

Im Höhepunkt des Kampfes brachen aus einem Wald im rechten Flügel der Kaiserlichen, gegen den sich Mansfeld ungenügend abgesichert hatte, weitere Angriffswellen gegen ihn vor, während ein Regiment von der Brücke her vorstieß. Die Infanterie Mansfelds war dadurch eingekreist. Ein Teil von ihr, darunter englische Hilfstruppen, wurde gefangengenommen.

Jetzt führte Wallenstein mit seinen letzten Reserven, Arkebusieren, Kürassieren und den berittenen Kroaten, den Hauptschlag. Diesem Angriff konnte auch Mansfelds Reiterei nicht mehr standhalten.

Die Entscheidung fiel, als die Kaiserlichen ein niederländisches Regiment gänzlich aufrieben. Beim Anblick dieses Gemetzels ergriffen die übrigen Truppen Mansfelds die Flucht, eine regellose, wilde Flucht, die erst in Brandenburg kurz zum Stillstand kam. Die Stadt Zerbst wurde noch am selben Tage eingenommen und von Wallensteins Truppen rücksichtslos ausgeplündert.

Wenn es auch nicht stimmt, was Aldringen berichtet – „Das Heer des Mansfelders war in Rauch aufgegangen“ –, so wurde doch seine Infanterie vernichtet, seine Kavallerie in alle Winde zerstreut.

Wallenstein aber hatte auf dem Schlachtfeld seinen ersten großen und entscheidenden Sieg errungen. Er berichtete darüber dem Kaiser eher lakonisch, daß er „den Mansfelder aufs Haupt geschlagen habe“. Daran schließt er die launige Bemerkung: „Verhoffe also, daß der Mansfelder seine Reise nach Schlesien ganz einstellen oder zum wenigsten auf geraume Zeit wird differieren.“

Wallenstein hatte mit dieser Schlacht auch den Beweis geliefert, daß die kaiserlichen Truppen ganz allein und ohne die Truppen der Liga einen Schlag gegen den Feind zu führen vermochten. Das mußte in Wien mit Genugtuung vermerkt werden und mehr wirken als die achtunddreißig Fahnen, die Wallenstein dem Kaiser als Beutestücke zu Füßen legte. Angesichts der ständigen Reibungen mit der Liga hatte Wallenstein hier dem Kaiser eine Trumpfkarte in die Hand gespielt.

In Berlin und in der Mark entstand eine Panikstimmung, da man sowohl die Verwüstungen der zurückflutenden geschlagenen Truppen als auch die der vorrückenden Armee Wallensteins befürchtete. Wie es sich bald herausstellte, mit Recht. Die Mark wurde von den Heeren beider Parteien schwer heimgesucht und gründlich verwüstet.

Kurfürst Georg Wilhelm suchte die schwierige Lage für sein Land dadurch zu meistern, daß er den Protestanten sofort in den Rücken fiel. Wallenstein hatte ihm am Tage nach der Schlacht ein Schreiben geschickt, dessen drohender Ton nicht zu überhören war. Angesichts der Tatsache, daß der Mansfelder sich in Brandenburg festsetzen wolle, um seine Kräfte wieder zu sammeln, sei es „Eurer Liebden gar wohl bekannt, daß man den Feind suchen muß, wo er ist . . . Was nun für Unheil dadurch dero Land und Leuten geschehen müßte, können Sie selbst hochverständig ermessen."

Der Kurfürst war so hochverständig und gab sogleich Loyalitätsversicherungen gegenüber dem Kaiser ab. Ganz geheim sandte er aber eine Botschaft an Gustav Adolf von Schweden, um ihn zu einer raschen Landung in Deutschland zu bestimmen. Vor Wallenstein aber setzte er sich die Maske des kaisertreuen Reichsfürsten auf, der nun seine ehemaligen Verbündeten im Stich lassen will. Er verlangte also vom Dänenkönig und von Mansfeld die sofortige Räumung brandenburgischen Gebietes. Die von diesen erlangten Zusicherungen teilte er Wallenstein mit, um die neue, von Wallenstein drohende Invasion abzuwenden. Doch Mansfeld zog nicht rasch genug ab, so daß sich Wallenstein nicht gebunden fühlte und die Mark daher von beiden Parteien ausgeplündert wurde.

Durch die Niederlage an der Dessauer Brücke wurde Christian von Dänemark genötigt, sein westfälisches Unternehmen aufzugeben, da nun Tilly mit seiner ganzen Macht gegen ihn vorrückte. Gleichzeitig versuchte aber der Dänenkönig, den entfernten siebenbürgischen Verbündeten zur Aktivität zu ermuntern. Mansfeld sollte mit seinen Truppen in Schlesien einbrechen und sich dann mit den Kräften in Siebenbürgen und im aufständischen Ungarn vereinigen. Auf diese Weise wollte der dänische König den norddeutschen Kriegsschauplatz wirksam entlasten.

Seine Absicht gelang insofern, als Wallenstein jetzt gezwungen war, sich mit seinen Truppen den Erblanden zuzuwenden. Von dort überstürzten sich im Juli die Hiobsbotschaften: die Bauern in Oberösterreich rührten sich immer stärker, Gábor Bethlen zog Truppen zusammen, und Schlesien geriet in das unmittelbare Gefahrenfeld, von zwei Seiten mit der Einkreisung bedroht. Denn soeben hatte sich Mansfeld mit dem Herzog Ernst von Weimar vereinigt und rückte, zwanzigtausend Mann stark, in Eilmärschen gegen Frankfurt an der Oder vor.

Die Lage begann sich also nach der Schlacht von Dessau gründlich zuungunsten des Kaisers zu verändern. Dem Dänenkönig gelang sogar noch mehr als die Bedrohung der Erblande: er drängte Tillys Heer zurück, war im August in Duderstadt und schickte sich an, in Thüringen einzufallen.

Wallenstein gab nun einen Teil seines Heeres an Tilly ab, der seinerseits bei Lutter am Barenberge am 17. August den König Christian zur Schlacht zwang. Die Wallensteinischen Reiter entschieden den Sieg. Christian IV. erlitt schwere Verluste und mußte sich zurückziehen. In Stade nahm er eine befestigte Stellung ein und wartete ab. Auch Wolfenbüttel blieb in seiner Hand.

Wallenstein hat mittlerweile den norddeutschen Kriegsschauplatz verlassen. Er ist zuversichtlich. Er will einen nachhaltigen Sieg, der Gábor Bethlen um Thron und Land bringen soll. Allerdings hat er Tilly zwölftausend Mann zurücklassen müssen, so daß er augenblicklich nur über vierzehntausend Mann verfügt, mit denen er am 8. August von Zerbst aufbricht.

Bei seinem Heer sind Graf Balthasar Marradas, Heinrich Schlick und Hans Georg von Arnim. Dieser General, gebürtiger Märker, sollte später als Gegner der kaiserlichen Partei noch eine große Rolle spielen. Er hatte zuerst in Schweden und Brandenburg Dienste genommen, war ein schwärmerischer

Protestant, aber von der Person Wallensteins magisch angezogen.

Schon am 13. August stand Wallenstein in Cottbus. Sein Heer ist in desolatem Zustand, jede Bezahlung der Soldrückstände aus Wien bleibt aus. Trotzdem betritt er am 17. August schlesischen Boden und rückt weiter nach Sagan vor.

Über die Absichten Mansfelds ist er im unklaren. Er weiß nur, „daß an der Eile alles gelegen". Er wolle nicht feiern, schreibt er am 18. August an Harrach, „treffe ich den Mansfelder allein an, so will ich ihn gewiß draufschmeißen; wo er aber mit dem Bethlen bereits konjugiert (vereinigt) ist, so muß ich die Polen bei mir haben, denn ohne sie ist's verhunzt".

Mansfeld hat sich inzwischen durch Überraschung der Stadt Teschen bemächtigt. Wallenstein ist am 20. August in Bunzlau. Unter allen Umständen versucht er zu verhindern, daß sich Mansfeld mit Gábor Bethlen vereinigt. Seine Soldaten beginnen unterdessen immer wüster im Lande zu hausen. Besonders berüchtigt sind da die Wallonen des Obersten Merode, die „Merodebrüder", die auch die Pest im Land verbreiten.

Trotz alledem hastet Wallenstein weiter. Am 22. August ist er in Jauer, am 23. in Schweidnitz, am 26. in Strehlen, am 28. in Neisse, am 30. in Neustadt.

Mansfeld ist inzwischen in Mähren eingebrochen, nicht, wie man erwartet hatte, in Ungarn. Die Nähe Wallensteins hat ihn zu diesem Schritt bewogen. Einen zweiten Waffengang mit dem Friedländer will er nicht unternehmen, denn Gábor Bethlen ist noch zu weit.

Als Wallenstein von diesem überraschenden Entschluß Mansfelds erfährt, rückt er ihm in Eilmärschen nach, wobei er Gepäck und Troß zurücklassen muß. Es gilt, den feindlichen Einfall nach Böhmen zu verhindern, denn Mansfelds Truppen würden dieses eben erst unter Schreckensmaßnahmen befriedete Land im Nu wieder in Flammen setzen. Und es gelingt ihm: am 2. September schneidet er Mansfeld vor Olmütz den Weg ab.

Daraufhin biegt Mansfeld links ab und zieht über Prerau nach Kremsier. Aber Wallenstein marschiert an einem Tag von Olmütz nach Kremsier und überflügelt so den Feind.

Jetzt bleibt Mansfeld nur mehr der Weg nach Oberungarn

offen, damit er, wie Wallenstein richtig vermutet, „sich mit dem Bethlen konjugieren kann". Nun wendet sich auch Wallenstein nach Ungarn, obwohl die Verhältnisse in seinem Heer sich immer mehr zuspitzen. Der Nachschub bleibt vollkommen aus, und die seit Wochen verlangten hunderttausend Taler für die Löhnung der Soldaten kommen ebensowenig.

Dennoch verfolgt Wallenstein den Mansfeld weiter bis zur Waag. In Ungarisch-Brod empfängt er die Siegesbotschaft von Lutter. Dann zieht er mit seinem gelichteten Heer – von achttausend Mann hat er unterwegs dreitausend verloren – weiter. Bei Freistadtl überschreitet er am 18. September die Waag und ist am 20. in Neutra.

Nun aber beginnt sich der Aufmarsch eines weit überlegenen Feindes abzuzeichnen. Sein Bestreben ist es, Wallenstein noch tiefer nach Ungarn zu locken, um ihn dort zu vernichten.

Bethlen hat sich gegen Wallenstein der türkischen Hilfe versichert. Die Möglichkeit weiterer Konflikte und einer Erweiterung des Krieges durch Eingreifen des Osmanischen Reiches zeichnet sich ab, als die Türken mit Tatarentruppen in dem mit dem Kaiser verbündeten Polen eindringen. Aber der Sultan war nur halb bei der Sache, da er eben in einen gefährlichen Kampf mit Persien verwickelt worden war. Auch bestanden auf evangelischer Seite doch Vorbehalte, sich des heidnischen Verbündeten zu bedienen und ihm christliche Gebiete für eine seiner berüchtigten Invasionen zu überlassen. Die osmanische Unterstützung wurde also nicht sehr wirksam und blieb für Bethlen nichts als eine bescheidene Rückendeckung.

Am Granfluß stellte Wallenstein endlich den Feind. Es war am 30. September. Da es Abend geworden war, entschloß man sich, nicht zu kämpfen, sondern miteinander zu verhandeln. Auch fühlte sich Wallenstein nicht stark genug. Er war in der Kriegführung damals noch nicht als Zauderer bekannt, aber in dieser Situation mußte man ihm recht geben, wenn er zögerte. Die langen Märsche hatten sein Heer zerrüttet, es gebrach an Proviant. Eine Niederlage in dieser Situation konnte verheerende Folgen haben.

Auch Bethlen war nicht allzu kampfbegierig, er stand schon in Verhandlungen mit dem Kaiser. Am Morgen schied man zwar nicht friedlich, doch ohne Kampf. Wallenstein zog sich nach Neuhäusel zurück, Bethlen vereinigte seine Truppen –

ungehindert durch Wallenstein – mit denen Mansfelds. Auf beiden Seiten war dennoch die Verhandlungsbereitschaft gewachsen, bei Wallenstein vor allem deshalb, weil eine pestartige Krankheit in seinem Lager ausgebrochen war.

Bethlen anderseits war nur auf Sicherheit für seinen siebenbürgischen Besitz bedacht. Beide Teile wurden außerdem durch das hereinbrechende Schlechtwetter in ihren Aktionen behindert. Wallenstein hatte in den letzten Tagen weitere Truppeneinbußen erlitten, sein Heer wurde von Tag zu Tag schwächer. Auch ihm waren daher Verhandlungen willkommen. Bei Mansfelds Truppen wiederum zeigten sich dieselben Erscheinungen. Auch für ihn galt das Wort Wallensteins in diesen Tagen, er müsse „mit Hunger und Krankheit kriegen".

Der heißersehnte Friede wird in Preßburg geschlossen. Bethlen erreichte darin eine Bestätigung seiner siebenbürgischen Herrschaft. Der Vorteil des Friedens für den Kaiser lag vor allem darin, daß Ungarn wenigstens vorübergehend durch das Auftreten Wallensteins befriedet wurde. Von der Pforte drohte keine akute Gefahr.

Wallenstein, der mit seinen Truppen an zwei Stellen zugleich – in Norddeutschland und in Ungarn – gekämpft hatte, war wieder frei für den Hauptkriegsschauplatz Deutschland. Zwei Gegner hat er in der Zwischenzeit verloren: Mansfeld, der sein Heer entlassen hatte und auf dem Wege nach Venedig in Bosnien starb; Johann Ernst von Weimar, dessen Truppen mit Mansfeld gezogen waren und nun in Ungarn, von Wallenstein schwer bedroht, in Winterquartieren lagen. Die Anstrengungen des Feldzuges bewirkten kurz nach dem Ableben Mansfelds auch den Tod Johann Ernsts. Beide Todesfälle bedeuteten für die evangelische Sache einen schweren Verlust.

In merkwürdigem Gegensatz dazu stehen Spekulationen, denen Wallenstein damals nachhing, nämlich Pläne zur Ausdehnung des Krieges gegen die Türkei. Die innere Schwäche der Türkei, die diese Großmacht von nun an überhaupt hinderte, in eine europäische Auseinandersetzung einzugreifen und die mit dem allgemeinen Niedergang des Staates und der Zerrüttung der inneren Verhältnisse nach dem Tode Solimans zusammenhängt, gab ihm wohl den Gedanken ein. Deshalb wollte er Frieden in Deutschland, „denn ich wollte gerne die Armee gegen den Türken transferieren, dazu ich denn den

Papst, den Kaiser und alle kaiserlichen Minister disponiert habe", schreibt er an Arnim in dieser Zeit.

Noch im Jahre 1629 hängt Wallenstein diesem Gedanken nach, als er im April an Pappenheim schreibt: „Wollen lieber die Armee gegen die Türken wenden und mit Gottes Hilfe gewiß unserem Kaiser die Konstantinopolitanische Krone in drei Jahren auf den Kopf setzen . . ." Das ist sein kühner Plan: in Albanien soll ein Heer von hunderttausend Mann landen, dann sollen die gesamten Christen des Balkans zur Teilnahme an dem Unternehmen gewonnen werden. Die Flotten Spaniens, Venedigs und des Papstes sollen die Landtruppen unterstützen. Gewiß – das sind Phantasien, aber auch Vorwegnahmen von Ideen in der österreichischen Politik, die dann Prinz Eugen von Savoyen verwirklichen sollte.

Bruck an der Leitha

Bald zeigte sich eine innere Krise im kaiserlichen Lager, die von den Fürsten der Liga bis zum Wiener Hof reichte und durch die vor allem Wallenstein in Mitleidenschaft gezogen wurde. Auch bekam er zum ersten Male deutlich zu spüren, daß er nicht so fest im Sattel saß, wie er geglaubt hatte.

Wallenstein, dem diese Stimmen zu Ohren kamen, war tief gekränkt. Er sprach von Abdankung. Dem Kaiser gegenüber verwies er auf seine Verdienste in Niedersachsen, in den österreichischen Erblanden, in Ungarn und Siebenbürgen. In der Vorahnung eines Machtkampfes tat er das einzige, was ihn halten konnte: keinen Zoll seiner Macht preiszugeben, im Gegenteil, diese Macht noch zu mehren. Er fuhr also fort, Truppen anzuwerben und aufzustellen. Die Maschinerie des Krieges wurde hier bewußt vom Mittel zum Zweck erhoben.

Die Lage des Kaisers war schwierig. Er sollte zwischen zwei Parteien wählen, die ihm beide zum Sieg verholfen hatten und Anspruch auf seine Dankbarkeit erhoben. Ferdinand schickte also dem Friedländer den Fürsten Eggenberg zu Unterhandlungen. Sie fanden am 25. und 26. November 1626 in Bruck an der Leitha in Niederösterreich, nahe der ungarischen Grenze, statt.

Erwartete man sich von dieser Konferenz von Bruck wirklich die Abdankung Wallensteins? Der venezianische Gesandte berichtet am 25. November: „Man steht im Zweifel, daß Wallenstein noch auf seine Stellung verzichten wird, wie man dies früher für sicher gehalten. Unversehens ist nämlich sein Schwiegervater Harrach zu ihm gereist und man meint, daß er ihm abgeraten habe – weil sein Nebenbuhler und Feind Collalto, der allerdings an Wallenstein heuchlerische Briefe schreibt, Mitglied des Staatsrates geworden ist . . .“

Collalto hatte im Jänner 1626 nach einem Konflikt mit Wallenstein – es ging um eine Räuberei von Collaltos Soldaten – eigenmächtig, in einer Art Desertion, das Heer verlassen, um, wie Wallenstein damals kühl mitteilte, „in wenigen Tagen bei Hofe zu sein". Unter Umgehung Wallensteins hatte er vom Kaiser die Entlassung begehrt und das Heer verlassen, ohne die kaiserliche Erlaubnis abzuwarten. „Ich habe nie einen Menschen mit größerer Courtoisie traktiert als ihn", erklärte Wallenstein hiezu bitter. Seine Empörung stieg, gemehrt durch die Aversionen gegen den Wiener Hof, als er erfahren mußte, daß Collalto in Wien zum Staatsrat ernannt worden war und nun imstande war, den Kaiser durch Berichte über das Tun und Lassen Wallensteins gegen ihn einzunehmen. Schon jetzt begann man sich ein Bild über Wallenstein zu machen, das durchaus nicht günstig war. Gewisse Unzulänglichkeiten des Feldherrn Wallenstein einerseits, anderseits sein maßloser Ehrgeiz und Machttrieb wurden stark herausgestrichen.

Die neue Stellung Collaltos in Wien ließ Wallenstein natürlich sofort allerlei Intrigen befürchten. Schon im Juli 1626 beanspruchte Collalto durch Vermittlung Bayerns im schwäbischen Kreis neu aufgestellte Regimenter der Armee Wallensteins. Auch das brachte Wallenstein in Wut, und er schrieb am 13. Juli an Harrach, Collalto hätte wegen seiner begangenen Impertinenz beim Kaiser Genugtuung erhalten, während er selbst, sein Vorgesetzter, „mit Schanden bestehen müsse". Damals schon sprach er deswegen von seinem Abschied, „denn bei dem Gott, den ich anbeten tue, mir ist nicht möglich zu bleiben, dieweil ich mich übel traktiert sehe. Nehme der Kaiser vorlieb, daß ich ihm einen solchen exercitum (Heer) aufgebracht, den er nie gehabt hat, und bis dato hat er keinen Heller darauf angewendet." Der Wallenstein, der dieses schreibt, ist sich seines Wertes bewußt und weiß ganz genau, wo der Kaiser ohne ihn und seine Armee stünde.

Die Drohung Wallensteins mit dem Rücktritt („Collalto oder ich!" hat er wiederholt ausgerufen) hatte schließlich bewirkt, daß das Kommando an Collalto vom Kaiser zurückgenommen wurde. Wallensteins Haß gegen Collalto erfährt seine Rechtfertigung, wenn man die uns erhaltenen Briefe prüft, die Collalto an Aldringen richtete. Sie enthalten eine Fülle von Angriffen gegen den General-Herzog. Triumphierend teilt Collalto dem Aldringen am 11. November mit, der Kaiser habe ihn am Tag vorher zum Geheimen Staatsrat ernannt. „Damit hänge ich den Degen an den Nagel, um künftig über die Aktionen der Soldaten zu judizieren"– also auch über die Aktionen des Soldaten Wallenstein –, „ohne dabei Gefahr zu laufen. Das lassen Sie sich gesagt sein." Die Briefstelle zeugt nicht gerade für den Soldaten Collalto. Die Spitze gegen Wallenstein ist unverkennbar.

Der Streit mit Collalto überschattet diese Brucker Konferenz. Collalto selbst, ein maßlos ehrgeiziger Mensch, hatte von den Rücktrittsabsichten des Generalissimus gehört. Sie waren ihm nicht unlieb, weil er sich schon selbst als Oberbefehlshaber sah.

Über den Verlauf der Brucker Konferenz gibt es keine unmittelbaren Protokolle und sonstigen Zeugnisse. Durch Berichte sind wir aber mittelbar darüber informiert, daß es zunächst um die Drohung Wallensteins ging, das Kommando niederzulegen.

Darüber hinaus legte aber der Friedländer seine Gedanken dar, wie denn der Krieg weitergeführt werden könne. Er faßte sie in einem Drei-Punkte-Programm zusammen: Erstens müsse der Kaiser seine Erblande dadurch schützen, daß er den Krieg von ihnen fernhält; zweitens müsse er das Reich zu einem gerechten und vernünftigen Frieden zwingen; und drittens müsse der Kaiser das Reich dazu bringen, daß es das kaiserliche Heer so lange besolde, bis eine Seite die Waffen niederlege.

Wallenstein trat also dem Unterhändler des Kaisers mit dem Argument entgegen, daß Ferdinand außerstande sei, den Krieg weiterzuführen und die hiefür erforderlichen Mittel aufzubringen. Nur das Reich selbst sei dazu imstande. Es müsse daher im Reich ein mächtiges Heer aufgestellt werden, das man aber nicht leichtfertig aufs Spiel setzen dürfe. Für große Schlachten, langwierige Belagerungen oder Eroberungen für das Haus Österreich ist diese Armee nicht geschaffen, deren Offiziere überdies zum Großteil aus Protestanten bestehen. Mit diesem Argument rechtfertigte Wallenstein zugleich sein Verhalten in Ungarn: er hätte dort nur die Grenzen verteidigt, mehr nicht.

Natürlich muß eine Armee, meint Wallenstein, die das Reich verteidigt und dem Kaiser untersteht, auch ihre Quartiere in ganz Deutschland haben. Das sei das gute Recht des Kaisers und der Armee. Etwa siebzigtausend Mann müssen ständig bereit sein – und nach ein paar Jahren werden die

Feinde des Kaisers ihn als obersten Kriegsherrn und Fürsten der Christenheit respektieren müssen. Als solcher habe der Kaiser einen Rechtstitel, feindliche Länder seinem Heere als Beute zu überlassen und diesem auch Quartiere in Deutschland zuzuweisen. Das Heer sollte so von den Ländern leben, die es erobert hatte und besetzt hielt.

Was nun Wallenstein weiterhin vorgeschlagen hatte, mußte in den Ohren des Kaisers wie Musik klingen: zuerst sollen die habsburgischen Erblande befriedet werden, damit sie wieder zu Kräften kommen. Währenddessen sollen die Werbungen in Deutschland weitergehen, die kaiserliche Macht schrittweise im Inneren Deutschlands wiederhergestellt und aufgebaut werden. Allein dadurch sei es möglich, die seit Jahrhunderten immer mehr um sich greifenden fürstlichen Autonomien wieder zugunsten einer starken kaiserlichen Zentralmacht einzudämmen. Wallenstein dachte sich die kaiserliche Armee als ein Instrument des Schreckens über Deutschland. Mit einer solchen kaiserlichen Faust im Nacken Deutschlands konnte auf die Dauer auch im religiösen Bereich der Widerstand gegen die Gegenreformation nicht bestehen. Wallenstein mag dieses Argument nicht ausgesprochen haben, da ihm die gegenreformatorischen Ziele gleichgültig waren. Er hat sie aber vielleicht durchschimmern lassen, denn er wußte, daß es dem Kaiser wohl gefiel, hier weiterzudenken. Die starke Zentralmacht ließ sich überdies gegen die protestantischen und die katholischen Fürsten glänzend gebrauchen.

Die Brucker Konferenz endete mit einem Triumph des Diplomaten Wallenstein. Von einer Abdankung war keine Rede mehr. Die Argumente Wallensteins hatten gewirkt. Weder Collalto noch die Liga mit Maximilian hatte Wallenstein aus dem Sattel heben können.

Maximilian von Bayern vor allem mußte den Grundsatz, den Wallenstein durchgesetzt hatte, als besonders bitter empfinden: die Verschonung der kaiserlichen Erbländer mit Einquartierungen, die Verlegung der Quartiere in feindliche Länder – die man aber erst erobern mußte – oder „in den restlichen Teil Deutschlands", also auch in die Länder der Liga. Wenn Wallenstein nicht schon ein Feind des Bayernfürsten war, jetzt wurde er es.

Der erste, der von diesen geschickten Argumenten Wallensteins überzeugt wurde, war der Eggenberger, der zweite der Kaiser. Die Beschwerden der Liga hatten nun nicht mehr Erfolg. Was nützte es den Reichsfürsten, wenn sie sich über Drohungen Wallensteins beklagten, über die Verhinderung von Lebensmittelzufuhren an Generäle der Liga – sie fanden beim Kaiser taube Ohren.

Von einem weiteren Andauern des Konfliktes zwischen Wallenstein und Collalto hören wir nichts mehr. Wallensteins Zorn war verraucht, es bahnte sich sogar wieder ein vertrauliches und herzliches Verhältnis an. Auch der bei allem Ehrgeiz sehr kluge und vorsichtige Collalto wußte Wallenstein zu behandeln und seine Empfindlichkeiten zu schonen. Ein unabhängiges Kommando in Italien für Collalto hat diesen dann dem Einfluß Wallensteins ganz entzogen.

Zu Ende des Jahres 1626 hatte Wallenstein in Ungarn nur armselige Reste seines Heeres, durch Seuchen dezimiert, zur Verfügung. Er gedachte sie in Winterquartiere in Böhmen, Mähren und Schlesien zu führen. Das ging wieder nicht ohne schwere Reibungen und Beschwerden beim Kaiser vor sich. Besonders der Sohn des Kaisers, König Ferdinand III., widersprach heftig, als seine Herzogtümer Schweidnitz und Jauer mit Kontributionen belegt werden sollten.

Wallenstein war darüber besonders empört. „Der König muß gedenken“, schrieb er darüber an Harrach, „daß er soll Monarch der Welt werden und nicht für sein Patrimonium allein Schweidnitz und Jauer haben.“

Mit diesen kleinlichen Streitigkeiten, die allen in Bruck getroffenen Entscheidungen widersprachen, vergingen die nächsten Monate. Wallenstein hatte Mitte Jänner seinen Palast in Prag bezogen. Sein Gichtleiden quälte ihn schwer. Die Nachrichten über verschiedene Quertreibereien bei Hofe besserten seine Laune nicht. Dennoch arbeitete er gegen alle Widerstände zielbewußt am Wiederaufbau der Armee.

In Norddeutschland ließ sich der Krieg für die Kaiserlichen im Laufe des Jahres 1627 gut an. Tilly erreichte die Mündungen der unteren Elbe und Weser. Auch Wallenstein wollte jetzt in diesem Raum wieder kräftig mitmischen. Seine Interessen richteten sich aber sehr zum Mißvergnügen der katholischen Liga auf Norddeutschland. Tilly hatte dort durch die Verjagung des Dänenkönigs seine Schuldigkeit getan. Jetzt war dieser General Wallenstein, der so unverschämt auftrat, im Namen des Kaisers über Ländereien verfügte und Besitztümer austeilte, der Truppen dahin und dorthin dirigierte, aufstellte, anwarb, für sie überflüssig geworden. Mit Tilly konnte man viel bequemer schalten und walten als mit Wallenstein. Tilly war nichts als Soldat, der gehorchte, Wallenstein war der schlechtere Feldherr, aber ein Machtfaktor in der Politik. Unter seinen Soldaten hatten gerade die kurmainzischen Gebiete in Thüringen, die fränkischen Bistümer, die Oberpfalz besonders zu leiden: Kontributionen, Räubereien, Erpressungen waren dort an der Tagesordnung. Angriffsflächen für Protestanten und Katholiken bot er also genug.

Die Klagen der Fürsten über Wallenstein wurden verbunden mit der Erinnerung an den Kaiser, daß es die katholischen Fürsten und ihre Ländereien waren, die alle Lasten des Krieges zu tragen hatten. Das alles wurde nicht nur für die katholische Sache, sondern auch für die Macht des Kaisers und das Ansehen des Hauses Habsburg getan. Zum Dank dafür machte sich ein General in Norddeutschland breit, ein General, der sich wie ein Landesherr gebärdete und dessen Soldateska in katholischen Ländern womöglich ärger wütete als in den evangelischen.

Aber auch militärisches Versagen wurde Wallenstein vorgeworfen: hätte er doch den Einfall Mansfelds in Schlesien leicht verhindern können. In Ungarn wäre er einer militärischen Entscheidung mit Siebenbürgen und der Türkei ausgewichen und hätte dafür einen faulen Frieden eingehandelt. Die eigentlichen Schlachten habe Tilly geschlagen, Wallenstein hätte sich der militärischen Entscheidung nur im Notfall gestellt. Der spanische Gesandte sprach es noch direkter aus: Man verspreche sich von der Liga alles, von Wallenstein jedoch nichts.

Die Liga sandte eine Gesandtschaft nach Wien. Wallenstein hatte inzwischen seine Werbungen auf das Gebiet der Reichsstädte verlegt. Auch die Länder der Bischöfe mußten jetzt die Werbungen über sich ergehen lassen. Sie hätten diese hingenommen, wenn Wallenstein die geworbenen Truppen rasch weggeführt hätte. Das war aber nicht der Fall. Die geworbenen Truppen blieben, saugten das Land aus und wurden durch neue Werbungen noch verstärkt.

Jetzt, nach der Brucker Konferenz, wurde Wallensteins Armee erst so richtig der Schrecken Europas. Wallenstein wußte das, und er gedachte, diesen Schrecken nicht militärisch, sondern politisch einzusetzen: zur Schaffung eines Friedens, eines kaiserlichen Reichsfriedens, nicht aber zur Verlängerung des Krieges.

Der Einfluß der Liga auf den Kaiser hatte ihren tiefsten Grad erreicht. Als ihre Gesandtschaft in Wien ankam, war Wallenstein schon dort (April 1627). Er versprach Abstellung von Mißbräuchen, bestand aber auf der Fortführung der Werbungen. Geschickt wußte er mit den Rechten des Kaisers zu argumentieren. So stellte er den Gesandten die rhetorische Frage, ob denn der Kaiser eine Bildsäule sei. Als verkörperte Reichsgewalt sah Wallenstein natürlich sich selbst.

Eine solche Sprache war Reichsfürsten gegenüber schon seit Jahrhunderten nicht mehr geführt worden. Auch die Fürsten der katholischen Liga waren eifersüchtig auf ihre Hausmacht bedacht. Jetzt wuchs vor ihren Augen die Reichsmacht riesengroß an. Als es um ihre Existenz ging, war ihnen die Zentralgewalt als Hilfe erwünscht. Jetzt aber, da die Gefahr sich verzogen hatte, waren ihnen dieser Kaiser und sein General suspekt.

Man erzählte sich bald von einer Verstärkung der kaiserlichen Autorität in Deutschland und von der Einschränkung der fürstlichen Gewalt. Stand Wallenstein hinter diesen Bestrebungen? War er der Einbläser des Kaisers? Gegen solche Wünsche bildete sich bald unter den Reichsfürsten eine einheitliche, Katholiken und Protestanten umfassende Front. Brandenburg, das unter Wallensteins Truppen besonders zu leiden hatte, war da mit Bayern eines Sinnes.

In dieser Lage riet Wallenstein selbst zur Mäßigung. Die Abstellung der Gewalttaten der Truppen versprach er immer wieder. Jetzt sagte er sogar zu, daß keine Truppen mehr in die Länder der Liga gelegt werden sollten.

Zu mehr als zu Mahnungen und Beschwerden entschlossen sich die Fürsten freilich nicht. Auch aus den Versprechungen des Kaisers wurden nur mehr leere Worte, denn soeben hatte Wallenstein neue Werbepatente erhalten, die ihm die Möglichkeit gaben, das kaiserliche Heer auf die unglaubliche Höhe von hundertdreißigtausend Mann zu bringen.

Wallenstein im Jahre 1625 nach seiner Ernennung zum erblichen Reichsfürsten von Friedland (Stich von Peter Isselburg)

Der Reichsfürst

Im Frühjahr 1627 steht bereits ein kaiserliches Heer unter Wallenstein von bisher unerhörter Stärke bereit. Waffen, Gerät und Bekleidung wurden dazu aus ganz Europa bezogen. In seinem Herzogtum allerdings war Wallenstein sein eigener Heereslieferant. Dort arbeiteten seine Weber, seine Eisenhämmer, seine Waffenschmiede – natürlich nur gegen prompte Bezahlung. Wieder streckte er dem Kaiser beträchtliche Summen vor. „Was ich den Obristen von meinem Geld auf Werbungen ihrer Regimenter gegeben, wird sich weit über sechshunderttausend Gulden erstrecken“, schrieb er an den kaiserlichen Finanzminister. Wallensteins Finanzmann Johann de Witte wurde dafür vom Kaiser in den Ritterstand erhoben – wohl auf Betreiben des Friedländers.

Am 10. Juni erschien Wallenstein, von Prag kommend und mit großem Gepränge, in Neisse beim versammelten Heer. Jubel empfing ihn. Ganz Deutschland bangte vor dem, was da in den nächsten Tagen geplant wurde, welche Gegenden verschont bleiben und welche dem Ruin preisgegeben würden. Dieses Mal traf es zuerst Schlesien, den einzigen Teil der Erblande, in dem sich noch der Feind hielt.

Dort hatten sich den Winter über einige Garnisonen des Feindes gehalten. Immer wieder war es zu kleinen Scharmützeln gekommen. Die Dänen operierten hier mit zurückgebliebenen Heeresteilen Mansfelds, protestantischen Schlesiern und eigenen Truppen. Durch Werbungen waren diese Kräfte auf siebzehntausend Mann und fünftausend Reiter verstärkt worden.

Wallenstein brach am 19. Juni mit vierzigtausend Mann auf, um, wie er Harrach schreibt, „auf den Feind zu ziehen, welcher noch in seinem posto sich befindet . . . Alsdann wollen wir sehen, was der Feind für einen moto (Bewegung) tun wird, und darnach uns richten.“

Am 21. Juni war Wallenstein vor Leobschütz. Nach kurzer

Kanonade befahl er den Sturm. Die Besatzung wehrte sich verzweifelt, sogar Frauen kämpften mit und gossen siedendes Wasser auf die Angreifer. Bis zum Abend wurden vier Stürme abgeschlagen. Am nächsten Tag bot die Besatzung die Übergabe an. Sie erhielt freies Geleit und trat sofort in Wallensteins Dienste. Die Stadt bewahrte sich mit achtzehntausend Talern Abschlagszahlung vor der Plünderung.

Der nächste Ort, Jägerndorf, mußte förmlich belagert werden. Doch die Mauern hielten den Geschützen nicht stand. Es wurde eine Bresche geschossen und gestürmt. Auch dieser Ort entging mit einer Ablöse von vierzigtausend Talern der Plünderung. Ähnliches geschah wenige Tage später mit Kosel und Troppau. In diesem letzten Ort kostete die Plünderungsablöse schon hunderttausend Taler. Damit war die Säuberung Schlesiens abgeschlossen. Fünfundsechzig eroberte Fahnen wurden nach Wien geschickt.

Tilly hatte mit den Truppen der Liga in diesem Jahre in Norddeutschland Raum gewonnen. Auch hier kamen die Operationen da und dort zum Stillstand, wenn feste Plätze zu erobern waren. So wurde Brietlingen an der Netze eine Woche lang belagert. Am 29. Juli schlug Tilly gegenüber Boizenburg an der Elbe sein Feldlager auf, um von dort über den Fluß zu gehen. Ähnlich erfolgreich operierte von Arnim, der die Dänen bei Liebenwalde und Bernstein schlug.

Christian IV. hatte zwar die geschlagenen Reste seiner Truppen, die aus Schlesien geflüchtet waren, in sein Heer aufnehmen können, aber Wallenstein folgte ihnen auf dem Fuß, begierig, endlich nach Norddeutschland zu kommen, nicht nur, um hinter Tilly und Arnim nicht zurückzustehen, sondern auch, um dort eine bedeutende politische Rolle zu spielen. Er war am 7. August von Neisse aufgebrochen und schon zwei Tage später in Schweidnitz.

Auf Tilly lag inzwischen die Hauptlast des Krieges. Er hatte den Übergang über die Elbe erzwungen. Der Feind räumte hierauf Mecklenburg und die Mark Brandenburg. Das war ein sehr großer Erfolg Tillys. Angesichts des nun heranrückenden Wallenstein gab Tilly es dem Kaiser deutlich zu verstehen: „Nur noch einer kleinen Nachhilfe bedarf's“, berichtet er am 11. August dem Kaiser, „so wollte ich zu Gott, der hochheiligen Dreifaltigkeit, hoffen, daß mit dero fernerem göttlichen

Segen und Beistand, wofern des Herrn Herzogs von Friedland fürstliche Gnaden mit ihrer Macht nur zum Teil bald ankommen und mit mir sich konjugieren würden . . ., wir Beide diesen Feind in kurzer Zeit vollends dämpfen und dadurch diesem Kriege die gewünschte Endschaft widerfahren lassen wollten."

So sah Tilly die Lage: die Hauptarbeit hatte er getan und nicht Wallenstein. Gewiß war Tilly von der Liga gegen Wallenstein eingenommen worden. Auf jeden Fall sah er dem Kommen Wallensteins mit gemischten Gefühlen entgegen. Tilly hatte geradezu Furcht vor dem Friedländer, er spürte die Überlegenheit von Wallensteins Persönlichkeit. Der General-Herzog, sagte Tilly einmal, verursache ihm, sooft er persönlich mit ihm zu schaffen habe, „alle Stunden Unruhe und einen Aufruhr und Lärmen nach dem andern".

Jetzt drückt Tilly dem Kurfürsten Maximilian gegenüber – und was für einen verständnisvollen Zuhörer hatte er da! – die Besorgnis aus, „daß er bei einer solchen Vereinigung wieder, wie im vorigen Jahr, den Kürzeren ziehen werde". Am 22. August schreibt Tilly an Aldringen, Wallenstein „habe den ausdrücklichen Auftrag, die kaiserlichen Truppen zu sammeln und insbesondere die bei mir befindlichen zurückzuberufen. Hierüber bin ich umso weniger erstaunt, als dies nicht der erste Streich dieser Art ist, den man mir versetzt . . ." Dann wird Tilly sehr deutlich. Er schreibt, man wolle trachten, ihn auf seine „alten Quartiere zu beschränken, damit ich ein paar Knochen benage, während andere durch das ihnen von mir geöffnete Tor einziehen, um das Fleisch zu genießen. Ich kann mich aber nicht entschließen, mich auf solche Weise abspeisen zu lassen. Mir scheint vielmehr, daß der Dienst, den wir durch den Übergang über die Elbe geleistet, kein so geringer ist, um nicht in Betracht kommen zu können, und daß es keine unbedeutende Leistung war, statt aus Mangel an Unterstützung drüben zu bleiben, den Feind ins Wanken gebracht und gezwungen zu haben, seine Stellung in der Mark, sowohl an der Havel, als auch an der Oder, aufzugeben – wo er bekanntlich früher Widerstand geleistet hatte und noch hätte leisten können, und daß wir nicht prätendieren durften, Anteil zu haben an den Erfolgen, die daraus mit Gottes Hilfe entstehen werden . . ."

Wallenstein aber zog ohne Bedenken durch das Tor ein, das ihm Tilly geöffnet hatte. Seine Erfolge in Schlesien waren jedenfalls nicht so kriegsentscheidend gewesen, hatte er doch nicht einmal verhindern können, daß sich schwache Reste dänischer Truppen aus Schlesien zur dänischen Hauptstadt retteten. Wallenstein besetzte also Holstein, Schleswig und Mecklenburg, wo dank der Vorarbeit Tillys der Widerstand nur mehr gering war.

Im Laufe des September ergaben sich die festen Orte. Von Itzehoe aus richtete Wallenstein ein Schreiben an Questenberg: „Unsere Sachen, gottlob, stehen wohl. Ich habe Mecklenburg und das meiste Teil von Holstein inne, verhoffe noch dies Jahr Schleswig und Jütland auch zu bekommen, und alsdann rate ich zum Frieden, denn dies habe ich eingenommen, nicht, daß ich vermeine, daß wir's werden halten können, aber daß der Gegenteil bessere conditiones pacis (Friedensbedingungen) für uns eingehe." Als Herzog von Mecklenburg sieht er sich also jetzt noch nicht.

Die Dänen wurden von den Wallensteinischen Truppen gegen Flensburg und Fünen gejagt. Über den dänischen König schrieb Wallenstein voll Hohn, er halte sich nur mehr auf seinen Inseln, „er säuft sich alle Tage voll, verhoffe zu Gott, daß er einmal im Rausch etwas wagen wird. Kriecht er heraus aus den wasserigen Örtern, so ist er gewiß unser."

„Er ist der alleinige Herr", berichtet der spanische Gesandte über Wallensteins Stellung in Norddeutschland, „und läßt dem Kaiser kaum etwas anderes als den Titel. Bei dem geringsten Widerstand gegen seine Pläne gibt es keine Sicherheit wider ihn; denn seine Naturanlage ist ebenso furchtbar wie unbeständig, da er nicht einmal sich selbst zu beherrschen weiß."

In dieser Stellung kann es sich Wallenstein auch leisten, das Verlangen Tillys, ihm das Land Mecklenburg für Winterquartiere der Liga-Armee einzuräumen, rundweg abzuschlagen, „denn das kaiserliche und nicht bayrische Volk hat solches Land okkupiert". Tillys Ahnungen haben nicht getrogen.

Schrecklich ist das Strafgericht über Norddeutschland. Die einheimischen Herzöge werden geächtet. Das ist ein kaiserlicher Willkürakt in den Augen der empörten Protestanten.

Besondere Erregung rief der Besitzwechsel in Stockholm hervor. Dort beschloß man sofort, den Krieg gegen Österreich nach Deutschland zu tragen und so lange fortzusetzen, bis Mecklenburg restituiert, der niedersächsische und obersächsische Kreis wieder in Freiheit sei. Man beschloß es, obwohl sich Schweden damals noch im Krieg mit Polen befand und daher eine Sofortaktion nicht möglich war. Aber auch in katholischen Kreisen wuchs wieder das Mißtrauen gegen den mächtigen Wallenstein.

Alle diese Stimmungen bewogen Ferdinand, wieder den Weg des Friedens und der Verhandlungen zu suchen. Die Eroberung Norddeutschlands, die Niederwerfung Dänemarks hatten ihn und die kaiserliche Macht auf einen neuen Gipfel geführt, der ohne Wallenstein nicht denkbar war. Dennoch stieg dem Kaiser dieser Erfolg nicht zu Kopf. Vorsichtig lavierend, ging er auf die Verhandlungsvorschläge der Liga ein, die sogar eine Begnadigung des Pfalzgrafen erwogen, wenn er auf die Kurwürde und die Oberpfalz verzichtete. Natürlich sollte in seinem Lande der katholische Ritus wieder gestattet werden.

In Mühlhausen trat im Oktober 1627 der Kurfürstentag zusammen, um über den Frieden zu beraten, der mit Friedrich von der Pfalz und mit Christian von Dänemark geschlossen werden sollte. Man einigte sich nicht. Daran hatte Wallenstein seinen redlichen Anteil; sein Appetit war gewachsen, und er bediente sich den Kurfürsten gegenüber sehr rüder Äußerungen. Er sah sich nun, im Besitz Mecklenburgs, als Herr der Ostsee, und seine drohenden Reden verfehlten ihre Wirkung nicht.

Der alte Gegenspieler Wallensteins, Maximilian von Bayern, wandte sich nun gegen den General. Als erblicher Kurfürst machte er sich zum Sprecher der Reichsfürsten, deren Macht er nicht mehr durch einen abenteuernden Soldatenführer gefährden lassen wollte. Er verständigte sich mit dem Kurfürsten von Mainz, dem Erzbischof Georg Friedrich von Greifenklau, und verstärkte dadurch seine Position.

Es wurde ein neuer Vorstoß beim Kaiser unternommen. Man verlangte nun die Entfernung der kaiserlichen Kontingente aus Franken und Schwaben, denn diese Länder müßten als Ernährungsbasis für die Truppen der Liga dienen.

Der Kaiser sagte dem Abzug der Truppen zu, nahm aber Wallenstein in Schutz gegen die üblen Nachreden. In Kürze stellte sich jedoch heraus, daß die kaiserliche Zusage bezüglich des Truppenabzuges nicht eingehalten wurde. Wer konnte daran die Schuld tragen? Natürlich nur der Herzog von Friedland. Der Übermut dieses Generals, der sich in die uralten

Fürstengeschlechter gedrängt hatte, kannte keine Grenzen mehr.
Gerade Maximilian von Bayern war es, dem am 25. April und am 21. Mai 1628 zwei Denkschriften überreicht wurden,

die einen ungenannten Verfasser haben und unter dem Titel „Kapuzinerrelationen“ in die Geschichte eingegangen sind. Ihre Absicht ist es, aus dem Charakter Wallensteins – mit unbeabsichtigter Prophetie – seine Staatsgefährlichkeit zu erweisen. Der Autor, Valeriano Magni, ein erbitterter Feind Wallensteins, gibt vor, er habe im längeren Umgang mit dem Friedländer das Naturell des Fürsten eifrig studiert. Friedland gehöre zu den schlauesten und verschlagensten Menschen, die der Beobachter jemals kennengelernt. Durch Freigiebigkeit verstehe er es, viele für sich zu gewinnen. Aber auf den Grund seines Herzens vermöge niemand außer Gott zu dringen. Niemandem, nicht einmal seiner Gemahlin schenke er Vertrauen, ohne vorher die Sterne befragt zu haben. Im Verkehr mit dem Kaiser und den Ministern bediene er sich außergewöhnlicher Formen und sei nie besonders höflich, „wodurch er alle im dunkeln darüber läßt, wie man an ihn herantreten könnte, und sich in solchen Respekt versetzt, daß niemand wagt, ihn zu disgustieren (widersprechen)“. Bei der Durchsetzung seines Willens kenne er keine Rücksicht. Er besitze ein reifes Urteil und einen eisernen Willen. Der Hauptzug seines Charakters aber bestehe darin: „Von Natur aus fühlt er den Hang zu einer höchsten Herrschaft (ad un supremo dominio).“

Diese letzte Eigenschaft ist der Anlaß, Wallenstein verdächtig werden zu lassen. Dazu kommt seine Neigung zu Gewalttätigkeit und Jähzorn. Religion ist – nach Magni – bei ihm nur geheuchelt. Durch große Schlauheit hat er seine Stellung als Generalissimus mit furchtbarer Machtvollkommenheit erlangt. Zu diesem Zwecke seien die kaiserlichen Minister ohne Ausnahme bestochen worden, besonders aber der Beichtvater des Kaisers. Gemeint ist hier – und sehr zu Unrecht – der Jesuit Pater Lamormain, der ein steter Gegner Wallensteins war. Aber es sollte bei diesem Angriff auf den Beichtvater des Kaisers dem den Bettelmönchen feindlichen Orden etwas am Zeug geflickt werden. Unter dem Einfluß Lamormains, meint der Autor der Schrift, verläßt sich der Kaiser gänzlich auf Wallenstein, obwohl er sogar einmal die Meinung geäußert hätte: „Ich weiß, daß ich von diesem Manne hintergangen werde.“

Es folgen Argumente aus der lässigen und saumseligen Kriegführung Wallensteins, der Dänemark niemals eine Schlacht geliefert (zum Unterschied von Tilly!) und mit Mansfeld nur gezwungen gekämpft habe. Die Käuflichkeit des Wiener Hofes kenne keine Grenzen, und Wallenstein nütze diesen Umstand zu seinen Gunsten. Beim Fürsten Eggenberg werden zum Beispiel zweihunderttausend Taler Bestechungsgelder genannt, die er von Wallenstein erhalten habe.

Die Prognosen der Schrift sind düster: Wallenstein werde von Mecklenburg aus das ganze Reich überfluten, die Liga ruinieren und nach deren Sprengung als einziger im Reich in Waffen dastehen, natürlich nur, um seine unumschränkte Herrschaft im Reich auszuüben. Hier waren die Befürchtungen der Liga-Kreise genau getroffen.

Was kann man gegen eine solche drohende Entwicklung tun? Man muß hier Spanien ins Spiel bringen, es von der unbedingten Notwendigkeit der Erhaltung der Liga-Armee überzeugen und dann in einer vereinten spanisch-bayrischen Aktion dem Kaiser klarmachen, daß Wallenstein das Kommando abgenommen werden müsse. Der Kaiser müsse durch Ablehnung von Wallensteins exorbitanten Forderungen dahin gebracht werden, seine Entlassung zu begehren oder doch damit zu drohen. „Darauf nimmt man ihm das Kommando und überträgt es an Tilly.“ Damit war die Katze aus dem Sack gelassen.

Der Höhepunkt in den Verdächtigungen Wallensteins findet sich in der zweiten Relation. Hier heißt es klipp und klar: Friedland will Kaiser werden! Er trachte „vor jeder anderen Unternehmung nicht nur dahin, Deutschland zu tyrannisieren, sondern auch sich zu dessen unumschränkten Herrn und König zu machen, sobald der Tod des Kaisers erfolgt – welche Eventualität auch beschleunigt werden könnte“. Der Weg dazu sei natürlich der, die Kurfürsten ins Elend zu bringen. Dann wird sich Wallenstein von der Armee zum erblichen König ausrufen lassen. Es schwebt dem Verfasser bei der Ausmalung dieser phantastischen Möglichkeiten wohl das Soldatenkaisertum im spätrömischen Kaiserreich vor.

Das war freilich nur eine Schmähschrift, die auf Maximilian und die Liga wirken sollte. Aber ihr Verfasser hatte nicht so unrecht oder nur im gegenwärtigen Zeitpunkt unrecht angesichts eines kaisertreuen Wallenstein, der eben durch Loyalität den Gipfel seiner Laufbahn erklommen hatte.

Man muß annehmen, daß dergleichen Anklagen auch Kaiser Ferdinand hinterbracht wurden. Aber hier blieben sie ganz wirkungslos. Der Kaiser hielt die Verdächtigung, Wallenstein dränge zu einem Sturz der Reichsverfassung, für falsch und tat dessen so großsprecherische Äußerungen, die da und dort Anlaß zu ähnlichen Gerüchten gaben, als bloßes Gerede ab. Er sollte seinem General noch lange, allzu lange vertrauen.

Dieser Wallenstein war eben mehr als irgendein General. Das machte ihn so gefährlich, dazu die riesige Ballung von Macht in seiner Hand. Aber war er denn weniger als irgendeiner dieser Reichsfürsten? Als Herzog von Friedland war er erblicher Fürst geworden, hatte er Rechte erhalten wie niemand sonst in Böhmen. Er durfte Adel verleihen und Münzen schlagen wie jeder andere deutsche Fürst. Er änderte das böhmische Landrecht aus eigener Machtvollkommenheit ab, um das Volk zum Respekt vor seiner Obrigkeit zu führen. Der Kaiser bestätigte Wallensteins Rechtsverfassung. Im September 1627 erhielt er das piastische Fürstentum Sagan – und im Jänner 1628 Mecklenburg.

Wallenstein hatte zunächst mit dem Gedanken einer Entthronung Christians IV. von Dänemark gespielt. Dann aber richteten sich seine Interessen auf das blühende und vom Krieg noch wenig hergenommene Mecklenburg. Es war sehr absichtsvoll, wenn er dem Kaiser gegenüber damals stark die schwedische Gefahr betonte.

Schon am 29. Dezember 1627 kann der päpstliche Nuntius Carlo Caraffa berichten, daß Wallenstein mit dem Versprechen der Verleihung eines reichsunmittelbaren Gebietes zum wirklichen freien Reichsfürsten ernannt wurde. Im Hofzeremoniell stellt sich das so dar, daß Wallenstein bei einer geheimen Audienz in camera vom Kaiser aufgefordert wurde, in dessen Gegenwart sein Haupt zu bedecken. Wallenstein weigerte sich gemäß Zeremoniell zweimal, dies zu tun, und bedeckte sich erst nach einer dritten Aufforderung durch den Kaiser. Eine ähnliche Zeremonie gab es in der Öffentlichkeit, als Wallenstein beim Essen dem Kaiser – ein Vorrecht freier Fürsten – das Handtuch reichte und dabei neuerdings vom Kaiser aufgefordert wurde, sein Haupt zu bedecken.

Ein weiteres Vorspiel für die neue Würde war die Verleihung des Titels eines „General-Obristen-Feldhauptmanns, wie auch des Ozeanischen und Baltischen Meeres Generalen“ am 8. Jänner 1628. Dann begannen schon bald die Verhandlungen für die Transferierung Mecklenburgs in den Wallensteinischen Besitz. Es wurde ihm regelrecht verkauft, ein Kaufbrief wurde ausgestellt. Wallenstein hatte natürlich längst bezahlt, denn Mecklenburg war nur eine Ablöse kaiserlicher Schulden an ihn. Am 26. Jänner 1628 wurde der Kaufvertrag unterzeichnet. Die Herzöge Adolf Friedrich und Johann Albrecht von den Linien Mecklenburg-Schwerin und Mecklenburg-Güstrow wurden als Reichsfeinde am 1. Februar ihrer Güter für verlustig erklärt.

Mecklenburg wurde für Wallenstein zu einer großartigen Geldquelle, besonders deshalb, weil es das beherrschende Hinterland der reichen Hansestädte war. Lübeck, Wismar, Rostock, Stralsund, Greifswald, Stettin – sie alle bekamen jetzt die Daumenschrauben zu spüren. Das Rezept war einfach und immer gleich wirksam: entweder Garnison oder Kontribution. Alle Städte wählten die zweite Möglichkeit, sich zu salvieren, denn die erste hätte die Bürger dem Schrecken einer zügellosen Soldateska ausgeliefert.

Zwischenfälle gab es nur, wenn das für Wallensteins Kassen bestimmte Geld bei irgendeinem Unterführer hängenblieb. Da reagierte dann der „General des Ozeanischen und Baltischen Meeres“ sofort: es fielen harte Worte, und es rollten auch mitunter Köpfe. In Geldsachen verstand Wallenstein keinen Spaß.

Der Sieg der kaiserlichen Armee in Norddeutschland war zwar nicht allein das Werk Wallensteins gewesen. Doch erschien eben der Friedländer allein in der Glorie des Siegers. Das Ereignis wurde in Prag mit prunkvollen Festlichkeiten begangen. Auf offenem Markte wurden im Beisein des Hofes, des Hofstaates und einer großen Menschenmenge die Gefangenen und die erbeuteten Fahnen und Standarten vorgeführt.

Der Herzog von Friedland, der erbliche Herzog von Sagan, der Reichsfürst von Mecklenburg, hatte den Gipfel seiner Laufbahn erklommen. Er tat nun alles, um in seinem Auftreten bisherige Gepflogenheiten fürstlicher Machtentfaltung weit in den Schatten zu stellen.

Güstrow wurde seine neue, mecklenburgische Residenz neben Sagan, Prag, Gitschin und Friedland. Auch in Güstrow wurde nun ein eigener Hofstaat aufgebaut. Aus den Kontobüchern entnehmen wir die Lieferungen: tausend Ellen lichtblaues Tuch aus England und hundert Paar rote Strümpfe für die Livreen der Dienerschaft in den Wallenstein-Farben Blau und Rot. Dazu Damasttischwäsche, Teppiche, Gobelins, Goldledertapeten aus Amsterdam, für dreißigtausend Reichstaler Tischsilber von einem genuesischen Silberhändler, natürlich mit dem eingeprägten Wappen Wallensteins auf jedem Stück. Sesselmacher, Tapezierer, Schneider werden aus allen Richtungen nach Güstrow geholt. Wallenstein kümmert sich dabei um alle Einzelheiten, seine Briefe sind voll von Anweisungen, genauen Instruktionen, Bestellungen, Anfragen über Stoffqualitäten usw.

„Ich tue es aber nicht des Nutzens, sondern der Reputation wegen" – diesen Satz eines Briefes, der sich auf das Schlagen eigener Münzen bezieht, könnte man über die ganze Betriebsamkeit setzen.

Im September 1629 berichtet der sächsische Rat Lebzelter über den Hofstaat des neuen Reichsfürsten: „Der Herzog von Friedland hat zu Halberstadt sechsundvierzig Heerwagen zu sechs Pferden, sechsundvierzig Kaleschen zu vier Pferden, sieben Leibwagen zu sechs Pferden, in Summa fünfhundertundzwei Pferde und dazu hundertzwanzig Reitpferde, zwölf Maultiere und zwölf Sänftenpferde." Dazu gibt es sieben oberste Hofämter, Obersthofmeister, Kanzler, Oberkämmerer, drei Kammerherren, einen Kapitän der Leibgarde mit hundertzehn Pferden, neunzehn untere Beamte, sechzehn Hofdiener, Edelknaben, Kammerheizer, Apotheker, zwölf Musikanten, fünfzehn Köche und Silbermeister.

Zu den Leidenschaften, die als Beweger der Geschichte auftreten und die bestehenden Ordnungen umzudrehen suchen, gehört auch der Neid. Er ist es, der Wallenstein stürzte, nicht nur seine Maßlosigkeit, die wieder den Neid maßlos werden ließ. Wallenstein war allen, die am Wiener Hof und im Reich etwas zu sagen hatten, schon zu groß, zu mächtig. Sie suchten nach Handhaben, nach kleinen und großen Gründen, um ihm zu schaden. Selbst Nadelstiche verschmähten sie nicht. Von Maximilian von Bayern bis Gustav Adolf, von den Spaniern bis zu den Holländern, von Wien bis Rom reichte die Front gegen Wallenstein.

Alle Gegner, sogar die Protestanten, hatten ein ideales Spielfeld, ein Terrain, von dem aus sich günstig im Rücken des Friedländers und über seinen Kopf hinweg operieren ließ: den Wiener Hof.

Hier war schon seit Jahren „die bayrische Faktion", wie sie Wallenstein nannte, tätig – und sie war jetzt tätiger denn je. Ging es doch allmählich um die Haut der deutschen Fürsten, Katholiken wie Protestanten, denen dieser Usurpator schon viel zu mächtig war. Als jetzt Wallenstein zur Einleitung von Friedensverhandlungen mit Dänemark drängte – man versteht, daß er für seine Mecklenburger Herrschaft den Frieden wollte –, erhielt die Kriegspartei in Wien mächtigen Zulauf. Aber auch die protestantische Partei wurde gefördert, sobald dies Wallenstein schaden konnte. Ein Abgesandter der Stadt Stralsund, eines Pfahles im Fleische Mecklenburgs, wurde huldvollst behandelt und der Stadt die Einlogierung kaiserlicher Truppen erspart, um „also in allerhöchstgedachter Ihrer kaiserlichen Majestät Treue und Devotion zu verbleiben". Das war genau zu dem Zeitpunkt, an dem Wallenstein Anstalten traf, die Stadt zu belagern.

Wallenstein war von dieser kaiserlichen Willensäußerung gar nicht unterrichtet worden. Erst reichlich spät kam ein gewundenes Schreiben des Kaisers, in dem ihm vorgestellt wurde, alle Städte des Reiches würden bei einer Belagerung Stralsunds „in eine äußerst gefährliche Desperation geraten" und er möge darüber „reiflich nachdenken".

Gleichzeitig beginnt man den durchaus berechtigten Klagen über die Armee Wallensteins mehr Gehör zu schenken, diesen Klagen über die riesige Zahl der Truppen, die von den Ländern erhalten werden müssen, über die Exzesse der Soldateska, die schlechtere Behandlung der katholischen gegenüber der „ketzerischen" Bevölkerung. Collalto wurde mit einer kaiserlichen Instruktion am 14. Juni 1628 nach München zu Maximilian gesandt, in der alles das drinstand, fast wörtlich von den bekannten Kapuzinerrelationen abgeschrieben, daß der General-Herzog die Hand nach der Kaiserkrone ausstrecke. Der Kaiser aber strebe die Krone für seinen Sohn „nur auf ordentlichem Wege" an. Natürlich mißfalle ihm Wallensteins Art, sich zu geben (suo modo di trattar). Man müsse diesem jedoch manches nachsehen, da er der Christenheit gute Dienste leistete. Seine Majestät werde ihn ermahnen, sich künftig mehr Bescheidenheit und Diskretion aufzuerlegen. „Man werde aber ebenso auf seine Aktionen ein fleißiges Augenmerk richten, und falls sich zeigen sollte, daß er nach exorbitanten Dingen

Wallenstein mit Schärpe, die Rechte zieht das Schwert (Lithographie von A. Petter nach einem Gemälde von Anthonis van Dyck)

strebe oder dergleichen anderen versprochen habe, so werde man dagegen beizeiten ein geeignetes und wirksames Mittel anwenden müssen."

Wenige Wochen seit Prag hatten also genügt, um zwischen den Kaiser und seinen Feldherrn einen Keil zu treiben. Dabei hatte sich die Wallenstein feindlich gesinnte Partei doch nicht so sehr auf Collalto stützen können, mit dem der Friedländer wieder ein erträgliches Verhältnis gefunden hatte. Denn in der Angelegenheit Stralsund schreibt ihm Collalto: „Mit Stralsund ist es nicht nötig, Umstände zu machen. Akkomodiert es sich beizeiten, dann mag man es mit Nachsicht behandeln; bleibt es aber widerspenstig, dann gebe man ihm einen Denkzettel, der anderen zur Warnung dienen möge." Hier wurde also Wallensteins Standpunkt in der Stralsunder Frage unterstützt.

In einer persönlichen Aussprache mit Maximilian von Bayern am 3. Juli trug Collalto den Standpunkt des Kaisers zu allen „Lamentationen" wider den General-Herzog vor. In einem Bericht darüber erweist er sich wieder loyal gegenüber Wallenstein, als er über dessen „exorbitante" Pläne in der Frage der Reichsnachfolge sagt: „Bis zur Stunde hätten Eure Majestät solche Gedanken bei dem Herzoge von Friedland noch nicht entdeckt; derselbe sei auch nicht in Kenntnis, daß man beschlossen habe, wenn es nottue, rasch dagegen einzuschreiten, wozu die Mittel leicht zu haben seien."

Maximilian äußerte sich in diesem Gespräch diplomatisch, „er selbst sei mit dem Herzoge von Friedland vollkommen zufrieden und stehe mit diesem fortwährend in guter Korrespondenz". Anders stehe es allerdings mit den übrigen Fürsten und ihren „Lamentationen", weil sie glaubten, daß sie die Schäden, die sie durch Wallensteins Truppen erlitten, nicht verdient hätten. Auch hätte er in den Diskursen der anderen Fürsten die Meinung gehört, der Herzog von Friedland hätte die Absicht, „durch die Restriktion der Quartiere der Liga dieselbe zu sprengen".

Das war ein handfester Vorwurf, der nicht zum ersten Male geäußert wurde. Wallenstein, dem es galt, war inzwischen am 7. Juli vor Stralsund eingetroffen und hatte dort, fast in Reichweite der feindlichen Kanonen, seine Zelte aufgeschlagen. Diese Stadt sollte den Wendepunkt seiner Laufbahn bezeichnen.

Der Mensch

Das Bild des Menschen Wallenstein löst sich aus den reichen geschichtlichen Quellen nur schwer heraus. Allzusehr war er in den Hader der „Faktionen“ in diesem furchtbarsten aller europäischen Kriege, der im Ausmaß der Zerstörungen auch heute noch nicht seinesgleichen hat, verstrickt. Die Stimmen von Wallensteins haßerfüllten Gegnern überwiegen zu sehr. Eine riesige Flugschriftenliteratur hat sich nach seinem spektakulären Ende der Gestalt bemächtigt. Legenden wurden um sie gebildet, die für oder gegen Wallenstein sprachen. Auch sein gewaltsames Ende hat Schatten auf ihn geworfen, weil man bei dieser Tat, die so sehr nach Mord schmeckte, aber die Vollziehung eines Urteils sein sollte, eine Rechtfertigung nur in einer Belastung und Verteufelung des Opfers finden konnte. Auch das war ein Mittel, um blutige Hände reinzuwaschen.

Zahlreich und von allen Seiten bezeugt sind seine schlechten Eigenschaften. Seine Habgier, sein Machthunger etwa sind fast sprichwörtlich. Für die Krone Böhmens, die er nie erreichte, war er bereit, Wortbrüche und Gewalttaten zu begehen und seinen Kaiser zu verraten. Sein finanzielles Organisationstalent paarte sich bei ihm mit betrügerischen Machinationen und Spekulationen, die er entweder deckte oder selbst beging. Seine Armee benützte er durch die Androhung von Pressionen vor allem gegen Reichsstädte. Von Prag bis zu den Hansestädten, von Köln bis Breslau war keine Stadt vor ihm sicher.

Sehr viel von dem im Namen des Kaisers und für die kaiserliche Armee eingetriebenen Geld zweigte Wallenstein für seine persönlichen Bedürfnisse ab. Denn sein Repräsentationstrieb, seine Prunksucht kannten keine Grenzen. Er wollte überall mit dem Besten auftrumpfen, er wollte jeden Reichsfürsten in den Schatten stellen. Nichts war ihm zu teuer, zu seiner größeren Ehre und zur Vermehrung seines Besitzes wurde er zum rücksichtslosen Ausbeuter und Plünderer deutscher Länder.

Am auffallendsten war der Luxus, den er mit Pferden trieb. In schöne Pferde war er verliebt. Möglichst viele von ihnen zu sammeln und mit sich herumzuführen, ohne jeden praktischen Zweck, war seine Leidenschaft. Nur schwer trennte er sich von den Tieren, von denen er oft mehr als ein halbes Tausend besaß. Einmal versetzte er den Herrschaftshauptmann der Stadt Friedland in Schrecken, als dieser in Erfahrung brachte, Wallenstein sei von Gitschin aus mit siebenhundert Leibpferden („pferdt uff sein leib“) aufgebrochen und auf dem Wege nach Friedland. Wo sollten die vielen Pferde untergebracht und verpflegt werden? Es waren alles Tiere edelster Rasse, und wenn nur zwei Fohlen zugrunde gingen, konnte der Generalissimus in einen seiner gefürchteten Zornesausbrüche verfallen. Seine ganze Liebe gehörte seinem Mustergestüt Smrkowitz bei Gitschin. Einmal schreibt er über einen Pferdekauf: „Sie kosten, was sie wollen, ich will's gern zahlen, sie müssen aber groß sein.“ Es waren diesmal Rassepferde aus Spanien. Ein anderes Mal zahlte er für zwei Hengste den Riesenbetrag von zweitausend Gulden. Ottavio Piccolomini, ein besonders geschickter Pferdeeinkäufer, kaufte in Italien für seinen General einmal um zehntausend Reichstaler Pferde ein.

Im persönlichen Umgang war er oft hochfahrend und grob, seinen Untergebenen gegenüber maßlos in seiner Launenhaftigkeit und in seinem Zorn. Einen Adjutanten, der den Lärm- und Störungsempfindlichen geweckt hatte, um ihm einen kaiserlichen Brief zu übergeben, brachte er an den Galgen. Gegen einen anderen Offizier, der ihn mit einem Rapport störte, als er gerade Bauten besichtigte, zückte er den Degen. Daraufhin setzte sich der Offizier zur Wehr. Da verwahrte Wallenstein seine Waffe und sagte anerkennend: „Das ist eine tapfere Bestie!“ und schenkte dem Mann hundert Taler.

Daß Wallenstein für Dienstfertigkeit und Devotion ein Organ hatte, zeigt eine Anekdote, die Schiller erzählt. Wallenstein habe in der Armee befohlen, daß keine anderen als rote Feldbinden getragen werden sollten. Daraufhin riß sich ein eilfertiger Rittmeister seine goldene Feldbinde herunter und trat sie mit Füßen. Wallenstein, der davon erfuhr, beförderte ihn auf der Stelle zum Obersten. Gehorsam schmeichelte ihm, Ungehorsam und Widersetzlichkeit, wie überhaupt jede Störung seiner geheiligten Person, brachten ihn in maßlose Wut. Er wollte nur

Kreaturen unter sich, er wollte sich als Herrgott über sie. Auf die kleinsten Verletzungen seiner Kreise reagierte er maßlos.

Seine Person erweckt darum oft Schrecken. Wenn er, lang und hager von Gestalt, durch die Lagergassen geht, erstirbt jeder Laut, und Furcht verbreitet sich. Sein Gesicht ist immer ernst, grübelnd, seine Blicke stechen. „Er lachte niemals, und den Verführungen der Sinne widerstand die Kälte seines Blutes. Immer geschäftig und von großen Entwürfen bewegt, entsagte er allen leeren Zerstreuungen, wodurch andere das kostbare Leben vergeuden“ (Schiller). Er ist also kein „Genießer“. Wenn er gerne Wein trinkt – italienischen oder Veltliner schätzt er –, so tut er es mäßig und weil ihm der Wein von den Ärzten gestattet wurde. Natürlich werden keine Kosten gescheut, um ihn mit den besten Weinen Europas zu beliefern.

In seiner Kleidung gibt er sich voll vornehmer Eleganz. Er trägt einen Reiterrock aus Elenleder, ein weißes Wams, Mantel und Hose in Rot, den Halskragen nach spanischer Art gekräuselt, den Hut schmückt eine rote Feder. Er ist empfindlich gegen jeden Lärm, besonders Wagengerassel ist ihm zuwider. Die Soldaten dürfen ihn nicht anblicken, wenn er zwischen den Strohhütten und Zelten umhergeht, im späteren Alter wegen seines Podagraleidens auf einen indischen Rohrstock gestützt. Abergläubische Gemüter schlagen ein Kreuz, wenn sie ihn so in der Dämmerung oder des Nachts umherschleichen sehen. Sie halten ihn für hieb-, stich- und kugelfest und mit dem Teufel oder zumindest mit den Sternen und Geistern im Bunde.

In seinem politischen Handeln ist er als der größte Zögerer in die Geschichte eingegangen. Vorsichtig tastet er immer erst die Situation ab, scheut er vor Taten und Entscheidungen zurück, hält er hin, läßt er alles unbestimmt, bevor er sich klar entscheidet. So großartig seine Pläne und Entwürfe sind, so kleinlich ist er oft, wenn es gilt, sie ins Werk zu setzen.

Starken Widerständen weicht er gerne aus. In manchen Augenblicken aber ermannt er sich doch zu ungeheurer Entschlußkraft, wird er entschieden, stürmt er vor, besonders dann, wenn sein grenzenloser Ehrgeiz geweckt ist und er den Erfolg greifbar sieht. So hat er den Mansfeld bei der Dessauer Brücke geschlagen. In solchen Augenblicken ist aber wieder die Gefahr für ihn gegeben, maßlos zu werden, maßlos in Worten und in Taten, in seinen Forderungen und in seiner Rache.

Gegen Ende seines Lebens allerdings wird er immer ratloser und entschlußloser, erschöpft er sich in kleinlichen Intrigen, ohne die Kraft zum Handeln zu finden. Und am Ende gibt er das jämmerliche Schauspiel eines Möchtegernverräters, ohne den Mut zum eigentlichen Verrat aufzubringen. Nur mehr zu Lüge, Verstellung und Intrige fähig, bedenkt er nicht, daß auch andere lügen und sich verstellen können, und geht daher blindlings in das Netz, das seine Feinde ausgeworfen haben.

Freundschaft, echte Empfindungen, Dankbarkeit kennt er kaum. Spröde, kalt und kontaktarm geht er durch das Leben, er meidet Festmahle und Zechgelage. Daß er menschlicher Empfindungen fähig sein könnte, ist angesichts seiner eisigen Unnahbarkeit nicht vorstellbar.

Dennoch, wir besitzen Briefe, die Wallenstein 1623 aus dem Feldzug gegen Bethlen an den Schwiegervater Harrach richtete, die von Wärme und Liebe für seine junge Frau Isabella Katharina zeugen. Er hatte sie in Prag in bester Obhut zurückgelassen, aber Sicherheit konnte dieses Land, in dem immer wieder der Aufruhr schwelte, nicht bieten. Zahllose Stellen zeugen hier für Wallensteins liebende Fürsorge, wenn er etwa Harrach bittet, bei Gefahr für ein Ausweichquartier in Oberösterreich zu sorgen, und sich in dringenden Briefen wiederholt um den Fortgang der Angelegenheit erkundigt. „Sag zu hunderttausend Malen meinem Herrn Dank, daß Er mein Weib von Prag hat retirieren machen", schreibt er am 6. November 1623, „bin wohl der größten Sorge überhebt."

Das ist ein anderer Wallenstein, wie man ihn nur selten beobachten kann. Den innersten Wallenstein umgibt ein Panzer von Kälte und Gefühllosigkeit. Dieser Wallenstein ist aufbrausend, feindselig, dabei ichbesessen, maßlos ehrgeizig, bedenkenlos, wo es um seine Persönlichkeit und um seine Wünsche geht. Da gelten Recht und Moral nichts, zügellos und rücksichtslos setzt er sich über alles hinweg. Religiöse Bedenken hat er nie gekannt, die Tabus der Zeit ignoriert er, ganz Machiavellist und Machtpolitiker. Schwer verübelt wurde ihm, daß er auch die Personen des eigenen kaiserlichen Lagers mit Kränkungen und ehrverletzenden Äußerungen nicht verschont, daß er besonders den Hofleuten gegenüber jede diplomatische Verbindlichkeit oder Reverenz vermissen läßt. So setzt er dadurch seine Gunst bei Hof immer wieder aufs Spiel.

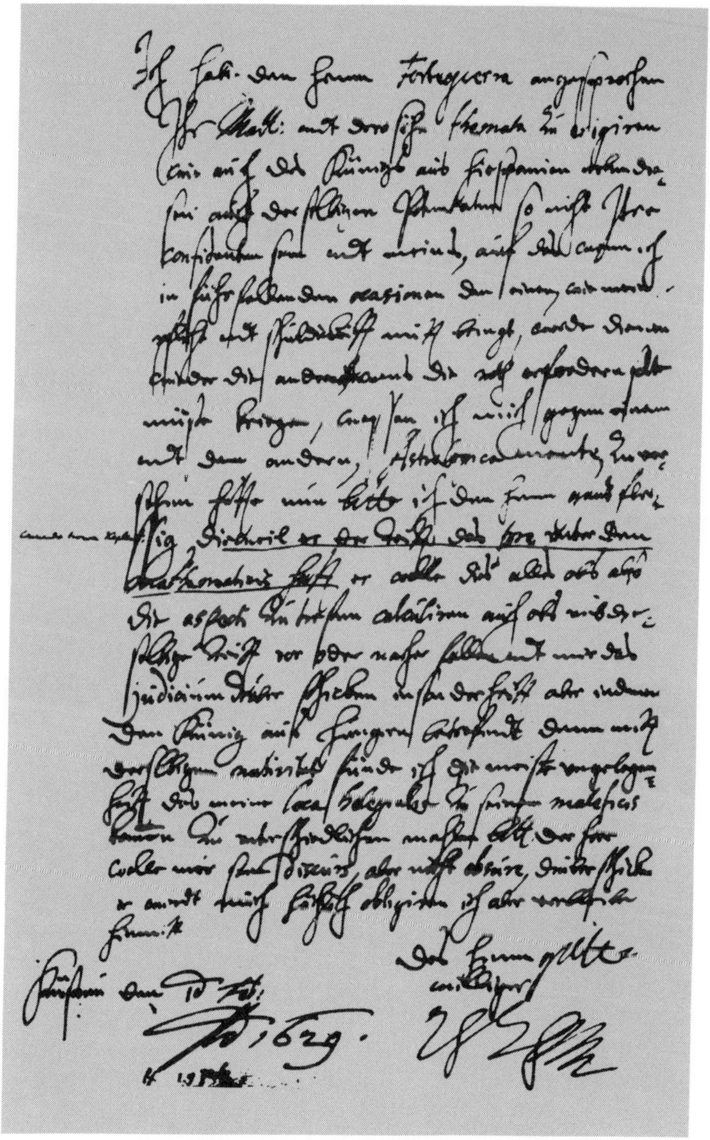

Wallensteins Handschrift. Brief vom 1. Februar 1629 aus Güstrow, in dem er den Mathematiker und Astronomen Johannes Kepler um astrologischen Ratschlag bittet

Aber was andere über ihn denken und sagen könnten, daraus macht er sich nichts. Je älter er wird, desto mehr wird er auch zum Menschenverächter. Deutlicher konnte er diese Einstellung gar nicht aussprechen als in seiner „Devisa“, seinem Wahlspruch: „Invita invidia“ (allem Neid zum Trotz). Er ließ diese Worte sogar auf seine Münzen prägen. Daß er sich allzu unbekümmert an sie hielt, sollte später sein Verhängnis werden.

Seine Zornesausbrüche sind gefürchtet. Dann hält er seine Worte nicht im Zaum, maßlos beschimpft er Freunde und Gegner und schadet sich dadurch mitunter, aber auch dann, wenn er in guter Laune allzusehr seine kühnen Pläne auspackt. Großsprechereien ist er dann nicht abgeneigt. Dagegen hält er sich im Briefverkehr meist vorsichtig zurück.

Ganz wenige sind es, mit denen er vertrauten Umgang pflegt: sein Astrolog Giovanni Baptista Seni, gebürtig aus Padua, von dem er nie erfahren hat, daß er ein bestechliches Subjekt war, der Wallensteins Entschlüsse durch entsprechende Horoskope beeinflussen sollte und den Feldherrn über seine Pläne aushorchte; dann der Schwager Tertschka und seine kluge Mutter; endlich der Schwiegervater Harrach. Alle anderen standen tief unter ihm. Soldaten waren ihm Menschenmaterial. Er kannte keine menschlichen Gefühle für sie. Für Pferde hatte er mehr Verständnis.

In der Auffassung von Wallenstein als einem großen Feldherrn und Heerführer liegt eine Verkennung seiner Fähigkeiten und seiner historischen Rolle. Kaiser Franz Joseph hat ihm in der Aula des Heeresgeschichtlichen Museums in Wien eine Marmorstatue errichten lassen, denn sein Name war immerhin mit alten Traditionen österreichischer Regimenter und der Geschichte der österreichischen Armee verbunden. Es war dies nach Jahrhunderten eine späte Geste eines Habsburgers, wie sie der immer wieder geübten Vornehmheit dieses Geschlechtes entsprang und in der jeder Makel des Verrates gelöscht und vergessen war. Aber zum großen Feldherrn hat sie ihn deswegen nicht gemacht. Wallensteins Stärke auf militärischem Gebiet lag bei der Heeresorganisation, bei seinem Geschick, Truppen in jeder Menge auf die Bühne des Geschehens zu zaubern, aber weniger, um mit ihnen Schlachten zu schlagen, als Machtpolitik zu treiben. Im Finanzieren war er unübertrefflich.

Die Mittel, deren er sich bediente, zeugen für seine Skrupellosigkeit.

Ein großer Truppenführer war Wallenstein also nicht. Sein ständiges Zögern und Ausweichen, wenn es gegen den Feind ging, brachte seine Generäle an den Rand der Verzweiflung. Immer wieder wich er der offenen Feldschlacht aus, suchte er Verhandlungen, zog er sich zurück. Er liebte die Reduit der Winterquartiere. Sie ihm streitig zu machen, erboste ihn sehr.

Die einzige unter den großen Schlachten dieses Krieges, die er schlug, Lützen, hat er nicht gewonnen. Nur in einigen kleineren Schlachten und Gefechten, bei Dessau, Steinau, Wolgast, war er erfolgreich. Er hielt – hier Napoleon sehr unähnlich – überhaupt nicht viel von siegreichen Entscheidungen auf dem Schlachtfeld. Auch mit zehn Victorias, sagte er einmal, sei nichts gewonnen.

Er fürchtete, ein so mühselig aufgestelltes Machtinstrument wie die Armee in offener Feldschlacht wieder zu verlieren. Er hielt mehr davon, sie als ständige Drohung zu benützen, um dadurch auf unblutige Weise politische Siege zu erzwingen. So war auch die Armee für den „Möglichkeitsmenschen“ Wallenstein nur eine Möglichkeit, ein As im politischen Spiel. Er wußte darum, daß seine Macht, sein persönliches Ansehen in seiner Armee lagen und daß eine verlorene Bataille für ihn verheerend sein konnte. Die bisweilen sehr offen ausgedrückte Meinung, er sei kein guter Feldherr, hatte sich von Wien aus bis in sein Lager verbreitet. Es begann schon mit dem Sieg an der Dessauer Brücke, den sich mit einigem Recht Aldringen zuschrieb. Wallensteins spätere Feldzüge sind durch ein Zaudern, Zögern, Ausweichen, durch oft ungeschicktes Manövrieren gekennzeichnet, das von ihm immer wieder bemäntelt und gerechtfertigt wird. Den Vorwürfen über seine Verzögerungstaktiken, die vom „Faulenzer“ bis zur Verdächtigung der Rebellion reichen, setzt er schweigende Verachtung entgegen.

Gekränkter Stolz, verletzter Ehrgeiz, Furcht vor dem Verlust der Macht, des Einflusses, des Ansehens durch die Intrigen am Wiener Hofe – alles das läßt die Schale seiner Schuld sinken, weil es ihn geradezu in das Lager der Feinde des Kaisers hineintrieb. Aber erscheint nicht auch sein Friedenswille als starkes, immer wiederkehrendes Motiv, sein Wille, dem Lande einen Religionsfrieden zu geben, dadurch aber diesem darniederliegenden Reich zu nützen, es wieder aus seiner Zerrissenheit zu erheben? Daneben muß man Wallensteins unbezweifelbares Streben stellen, dieses Reich von den eingedrungenen fremden Mächten – Schweden, Frankreich, Holland, Dänemark, Spanien, die Türkei – wieder zu befreien. Allein dadurch schon geriet er in Konflikt mit seinem Kaiser, der das Engagement Spaniens in Deutschland zuzeiten geradezu wünschte. Man darf Wallenstein deshalb aber nicht, wie es mehrmals geschehen ist, zum nationalen „Reichspolitiker" machen, der als einziger gegen Fürsten und Kaiser das Interesse des Reichs vertreten hätte. Denn der gegen ihn erhobene Vorwurf, einer der großen Verwüster dieses Reiches zu sein, ist nicht zu entkräften.

Ohne Zweifel stand am Beginn von Wallensteins Verratsgedanken der gekränkte Ehrgeiz des abgesetzten Generals, stand die Rachsucht des tiefgetroffenen Feldherrn. Die weiteren Schritte in seinem Verrat haben aber die Umstände herbeigezwungen, von protestantischer Seite vor allem der Drang, Wallenstein eindeutig festzulegen. Das Streben nach der böhmischen Krone und nach dem deutschen Reichsfrieden, beides Ziele, deren Erreichung ihn zum Mächtigsten in ganz Deutschland gemacht hätten, trieben ihn ebenso dem Verrat in die Arme. Aber dieser Verrat war eher ein Spiel mit Möglichkeiten, war das politische Konzept einer ins Unendliche drängenden Seele (Ricarda Huch). Er gedieh nicht über vage Pläne und Verhandlungen hinaus zur entscheidenden Tat. Er war nicht zielbewußt, planvoll; Verrat wurde irgendwie um seiner selbst willen getrieben. In seiner Ziellosigkeit erscheint er als reine Negation der Ordnungen, als frevelhaftes Spiel mit Ländern, Kronen, Titeln, mit den Tabus der Zeit, auch mit den sakrosankten Normen und Einrichtungen des Glaubens.

Dieser Wallenstein macht vor nichts mehr halt. Er will das Chaos, die Nacht. Wenn dann in dieser apokalyptischen Zeit alles um ihn versunken und zerstört ist, dann hat er nur mehr sich selbst, die schreckliche und geliebte Einsamkeit seines Ich.

Die Liebe zur Nemesis als letzte, tiefste und unterbewußte Triebfeder des Verrats wird nur von den Erfahrungen unserer Zeit her begreifbar, nicht der damaligen. Wallensteins Verrat stand jenseits ihres Erfahrungsbereiches. Das macht die Beurteilung des Verrats so schwierig, das macht anderseits die ganze

Faszination dieses potentiellen Verräters Wallenstein aus, der allein durch den Nimbus des Verräters schon wirkte, ohne es noch ganz und restlos zu sein.

Zu der Problematik von Wallensteins Verrat gehört auch, daß man ihn für keine der großen politischen Fronten seiner Zeit festlegen kann. Allein die Tatsache seines Verrats läßt ihn als Haupt und Held der Gegenreformation ungeeignet erscheinen, macht ihn als kaiserlichen Feldherrn fragwürdig, noch mehr vielleicht als den Organisator kaiserlicher Macht, als Vollzugsorgan des Restitutionsedikts. Den toleranten Friedensfürsten hat er sehr oft gespielt, seine Friedenssehnsucht war zuzeiten echt, aber beides tat er in Hinblick auf seine reichsfürstliche Rolle und auf den ruhigen Genuß seiner Güter, zu dem er nie gekommen ist. Seine großen, phantastischen Pläne vollends lassen sich nicht irgendeiner der Ordnungen, die die Zeit setzte, einfügen. Es sollten eben hier neue Ordnungen gesetzt werden, die ihn zum Mittelpunkt hatten. Dazu war ihm der Friede recht, war ihm ein Mittel, um frevelhaft an das Unantastbare seiner Zeit zu rühren und wie ein Usurpator – hier Napoleon am ähnlichsten – nach Kronen zu greifen: Böhmen, vielleicht Dänemark, vielleicht sogar das Reich. Letzte und geheimste Wünsche dieses ehrgeizigen Menschen kann man nur ahnen. Die Kapuzinerrelation war nicht das einzige Zeugnis dafür, daß solche Ahnungen ausgesprochen und weitergetragen wurden. So sah Wallenstein seinen Frieden. Aber es kann auch ein gewisses Ruhebedürfnis mitgespielt haben, wenn er in der letzten Zeit seines Lebens immer häufiger vom Frieden sprach.

Es mag ihm auch immer stärker die Einsicht gekommen sein, daß dieses unglückliche deutsche Reich nur durch einen Frieden zu retten und in ihm zu organisieren sei. Darin war er ein Meister, und sein zuzeiten blühendes Herzogtum Friedland legte dafür Zeugnis ab. Aber am meisten Gewicht hatte bei ihm die Überlegung, daß ein Friede und ein befriedetes Reich ihm ganz große Chancen in seiner reichsfürstlichen Laufbahn gegeben hätten. Darum war der Krieg nie sein eigentliches Element.

Das unterscheidet ihn von irgendeinem der italienischen Condottieri, einem Gattamelata oder einem Colleoni, die doch in ihrem Wollen und Handeln als Vollblutsoldaten nur dem Augenblick und der Situation untertan waren. Wallenstein hatte auch den besseren Start dadurch, daß er als Millionär in das Kriegsgeschäft einstieg und seine überragende Rolle als Generalissimus für die eigene politische Macht wie für die eigene Tasche weidlich ausnützen konnte. Sein Ziel war, ein mächtiger Reichsfürst zu werden wie Maximilian von Bayern, vielleicht sogar mehr, wenn es das Geschick erlaubt, ein Geschick, das letztlich von der Konstellation der Sterne bestimmt wird. Er hat nicht alle Wünsche geoffenbart, die er hegte, wenn er auch bisweilen redseliger war, als ihm guttat. Aber die Fürsten, die katholischen wie die protestantischen, witterten instinktiv in ihm eine ganz große Gefahr für ihre eigene Stellung und Macht. Dieser irgendwie ungreifbare, grenzenlose Wallenstein war ihnen unheimlich.

Für die Beurteilung seines Charakters durch die katholische Partei, der ja doch seine ganze Kraft gehörte, sieht man von dem verräterischen Zaudern, seinen Verhandlungen mit dem Feind und der Apathie seiner letzten Zeit ab, lag die Schwierigkeit darin, daß er es nicht so mit Religion und Kirche hielt, wie man es sich dort vorstellte. In seinem persönlichen Leben war er, von seiner Jugendzeit abgesehen, alles andere als ein eifriger Kirchengänger. In seinem Heer hielt er es noch viel schlimmer. Er duldete dort keine religiösen Eiferer – Schiller hat hier in „Wallensteins Lager" die Stimmung glänzend getroffen. Die Armee durfte unter diesem Feldherrn niemals den Charakter eines Kreuzzugheeres gegen die Ketzer erhalten – saßen doch genug von ihnen auf hohen Offiziersposten.

Geradezu sprichwörtlich war Wallensteins Haß gegen die Jesuiten, vielleicht hervorgerufen durch die Feindschaft Pater Lamormains, des Beichtvaters Kaiser Ferdinands. Es spielte dabei keine Rolle, daß der Orden selbst nicht immer Wallenstein als Gegner sah. Allmählich aber verhärteten sich die Fronten zwischen dem Feldherrn und dem Orden, besonders als bekannt wurde, wie sehr Wallenstein zum Sprecher eines Religionsfriedens, aber nicht im Sinne des Restitutionsedikts, geworden war.

Schon frühzeitig ist es der Politiker Wallenstein, der gegen den Rekatholisierungseifer der Jesuiten Stellung nimmt. Bald nach der Schlacht bei Dessau erhält er Nachrichten aus Böhmen, die von Protestantenverfolgungen berichten. Er sagt darauf unwillig: „Bitt auch, man höre auf, in Böhmen so schrecklich wegen der Lutherischen zu prozedieren ... Wenn's übel ausgeht: Jesuiter finden ein anderes Kollegium, der Kaiser aber kein anderes Land." Wenig später sagt er unter Anspielung auf den Bauernaufstand in Oberösterreich: „... von den Jesuiten laßt Euch nicht bei der Nase führen, denn Ihr seht, was sie für Händel jetzt im Lande ob der Enns angerichtet haben. In summa: es geht überall so zu, wo sie einwurzeln." Von da an gibt es eine Fülle von feindseligen Äußerungen. Wallenstein konnte seinen Widerwillen kaum zurückhalten, wenn er nur ein Ordenskleid der Jesuiten sah. Ständig sprach er von einer jesuitischen Kamarilla in Wien und ließ sich bei den Verhandlungen in Heidersdorf 1633 wohl zu den schärfsten Ausfällen gegen diese, wie er sagte, „heftigsten Friedensstörer" hinreißen.

Es ist begreiflich, daß als Antwort die Attacken der katholischen Kreise gegen Wallenstein immer stärker wurden, je problematischer sein Verhältnis zum Kaiser sich gestaltete. Um die Jahreswende 1633 auf 1634 wurde ein Flugblatt im Druck verbreitet, eine Straf- und Mahnpredigt des Schutzengels des habsburgischen Hauses und seiner Länder. Durch dieses Flugblatt sollte für einen Bruch des Kaisers mit Wallenstein Stimmung gemacht werden, wobei man die empfindlichste Seite Ferdinands, seine innige Religiosität, zu treffen hoffte. Wallenstein wird in dieser Schrift als rachsüchtig und für den Kirchenbann reif bezeichnet, als Rasender, sinnlos Wütender, Stolzer, der nicht Gottes Ruhm, sondern nur den seinen sucht, der im Feldlager Prediger und Ketzer duldet, der Zauberer und Weissager herbeiruft und Krieg und Frieden nach der Stellung der Gestirne mißt, der den ihm anvertrauten Krieg vernachlässigt und einen törichten Frieden wünscht; der die Länder aussaugt, der die Kurfürsten und alle Gutgesinnten zugrunde richtet, um einen für die Kirche Gottes und das Haus Österreich verderblichen Frieden auszuhandeln. Dieses Flugblatt malte damals schon mit den Farben der Wahrheit. Denn Wallenstein steckte gerade tief in seinem verräterischen Handel.

Gustav Adolf

Fast schon sah sich Wallenstein vor einem großartigen Ziel: Herr der Ostsee zu werden. Noch fehlten ihm die wichtigsten Häfen an der deutschen Ostseeküste, noch fehlte Dänemark selbst.

Wallenstein belagerte zunächst Stralsund. Auch hier schienen sich die Erfolge des Friedländers fortzusetzen: man trat in Verhandlungen ein. Stralsund sollte den Truppen Wallensteins Durchzug gewähren, Kontribution zahlen und alle Verbindungen mit den Reichsfeinden aufgeben. Aber die Verhandlungen zerschlugen sich, als ein neuer Faktor auf den Plan trat: der König von Schweden.

Man hat in diesem Gustav Adolf vielleicht zu sehr den Gegenspieler Wallensteins gesehen. Der Friedländer selbst akzeptierte ihn in dem Augenblick als Partner, als er die ersten Fäden seines Verrates spann. Als es soweit war, hätte er mit diesem König, dem er sehr unähnlich gewesen ist, unter Umständen Deutschland auf Kosten des Kaisers geteilt. Wallenstein brachte ihm gewisse Sympathien entgegen, und Gustav Adolf erwiderte sie auch. Aber die Divergenz dieser beiden Persönlichkeiten hätte wohl keinen dauernden Frieden zwischen ihnen zugelassen.

Dieser 1594 geborene Gustav II. Adolf aus dem Hause Wasa und Enkel des Gustav Wasa war um elf Jahre jünger als Wallenstein. Seine Karriere begann er als erfolgreicher Machtpolitiker: in drei glücklichen Kriegen besiegte er nacheinander die Dänen, die Russen und die Polen. Schweden wurde so durch ihn – um Karelien, Ingermanland und Livland erweitert – zur Großmacht des Nordens. Man will es diesem Gustav Adolf daher nicht recht glauben, als er jetzt in den deutschen Krieg eingreift, daß hier noch etwas anderes als Machtpolitik im Spiele sei.

Seine tiefe protestantische Frömmigkeit hat jedoch sein Handeln ebenso bestimmt wie die katholische Frömmigkeit

Gustav II. Adolf, König von Schweden von 1611 bis 1632
(Stich von Matthäus Merian)

Kaiser Ferdinands Beschlüsse. Beiden war ihr Glaube mehr als ein bloßes Instrument der Politik. Wenn jemals politische Entscheidungen aus religiösen Rücksichten getroffen wurden, so geschah dies durch Gustav II. Adolf und Ferdinand II.

Der Wille des schwedischen Königs, den protestantischen Glauben in Deutschland vor dem Untergang zu retten, war eine echte Triebfeder seines Handelns. Dazu gesellten sich machtpolitische Motive, die nahelagen: Die Sorge um das Anwachsen der Macht des Kaisers in Deutschland, das in letzter Konsequenz zu einem Bruch der Reichsverfassung führen mußte; schließlich die Befürchtung, Dänemark könnte von den Truppen des Kaisers und der Liga ganz überrannt werden und damit Schweden selbst in unmittelbare Gefahr geraten.

Das alles trug zu dem vom schwedischen Reichstag gebilligten Entschluß des Königs bei, mit einer Invasionsarmee in Deutschland einzugreifen. Damit wurde er zum Idol des Protestantismus. Die Glorie eines Helden erhielt er aber erst durch seinen ritterlichen Schlachtentod bei Lützen. Wo er in Deutschland mit seiner wohltuend disziplinierten Armee auftrat, genoß er die Verehrung breiter Volksschichten, erschien er ihnen als Befreier, als Retter evangelischer Religionsfreiheit. Er selbst war ängstlich bedacht, diesen Nimbus, der nicht gespielt, sondern seine Herzensangelegenheit war, zu wahren: durch die strenge Zucht in seinem Heere, durch ein geordnetes Verpflegungswesen, das aber bisweilen, besonders vor Nürnberg, versagte, durch Aufrichtigkeit, Zielbewußtsein und organisatorisches Geschick. Als Politiker ist Gustav Adolf klug und maßvoll, meidet er Winkelzüge, als Stratege ist er begabter als Wallenstein, als Mensch herzlich und gewinnend, stets auf menschenfreundliche Lösungen bedacht, und den Verwüstungen des Krieges sucht er nach besten Kräften zu steuern.

Ganz offen legte er in seiner Politik die Karten auf den Tisch. In einem Gespräch mit dem Gesandten des Kurfürsten von Brandenburg, Wilmerstorff, zu Beginn seines Eingreifens in den deutschen Krieg sagte er: „Ich kann nicht wiederum zurück, iacta est alea, transivimus Rubiconem. Ich suche bei diesem Werke nicht meinen Vorteil, gar keinen Gewinn als die Sicherheit meines Reiches, sonst habe ich nichts davon als Unkosten, Mühe, Arbeit und Gefahr an Leib und Leben." In der Überzeugung, daß ohne sein Eingreifen die evangelische Religion im Reiche ganz ausgerottet werde, setzt er dem mißtrauischen Kurfürsten das Messer an die Kehle: „Denn das sage ich Euch klar voraus: ich will von keiner Neutralität nichts wissen noch hören. Seine Liebden muß Freund oder Feind sein. Wenn ich an Ihre Grenzen komme, müssen Sie sich kalt oder warm erklären. Hier streitet Gott mit dem Teufel. Will Seine Liebden es mit Gott halten, wohl, so trete Sie zu mir, will Liebden es aber lieber mit dem Teufel halten, so muß sie fürwahr mit mir fechten; tertium non dabitur, des seid gewiß."

Das war nicht die Sprache, die den deutschen Fürsten genehm war. Auch den evangelischen unter ihnen begann allmählich vor diesem Retter und Befreier zu grauen, genauso wie vor Wallenstein. Nur das Volk dachte anders über ihn, es vergötterte seinen Gustav Adolf als Vorkämpfer protestantischer Freiheit.

Gustav Adolf tritt nun zum ersten Male dem Friedländer entgegen. Dieser war am 7. Juli 1628 vor Stralsund eingetroffen. Sein Anerbieten an die Stadt, die Belagerung aufzuheben, sobald diese eine kaiserliche Garnison von ihm annehme, wurde abgelehnt, denn schon lagen dänische Truppen in der Stadt.

Als Wallenstein davon erfuhr, gebrauchte er harte Worte über die „Bösewichte", die „von Tag zu Tag mehr Sukkurs bekommen werden". Stralsund hatte aber darüber hinaus mehr getan: es hatte eine Allianz mit Schweden geschlossen. Dazu hatten auch die Berichte von Flüchtlingen beigetragen, die von den Greueltaten der Wallensteinischen Soldaten erzählten. Mit Hilfe von dänischen und schwedischen Hilfstruppen wehrten die Stralsunder die kaiserlichen Angriffe ab, die seit 7. Juli mit einer Beschießung der Stadt begonnen hatten.

Am Tag darauf ließ Wallenstein gegen die Befestigungen Sturm laufen. Es war vergeblich. Der „General des Ozeanischen und Baltischen Meeres" scheiterte, weil er nicht ein Segel zur Verfügung hatte. Die Stralsunder hatten den Vorteil eines Nachschubes an Menschen und Material von der See her.

Unter diesen Umständen war es ein Erfolg, als Wallenstein einige Außenwerke erobern konnte und die Stralsunder in Unterhandlungen traten. Gleichzeitig schickten sie jedoch Eilboten an Gustav Adolf, um den schwedischen Sukkurs zu forcieren.

Dennoch wurde zunächst eine Unterwerfung Stralsunds vereinbart: es sollte eine Besatzung aufnehmen, die auf den Kaiser, den Herzog und die Stadt vereidigt war, eine durch diesen dreifachen Eid sozusagen „gezähmte" Besatzung. Wallenstein berichtete darüber nach Wien etwas voreilig, da die Bürgerschaft den vom Stadtrat ausgehandelten Vereinbarungen dann nicht zustimmte.

Wallenstein war über diesen unvermuteten Widerstand empört, denn Stralsund war tatsächlich der Schlußstein zu jenem Ostseereich, das er für seinen Kaiser – oder schon für sich? – zu erreichen hoffte. Er bezichtigte die Stadt des Verrates am Reich, er tat damals angeblich den berühmten Schwur, sie zu nehmen, und sei sie mit Ketten an den Himmel geschmiedet. Seine Hartnäckigkeit hatte aber ihre Gründe nicht geradezu in der Reichspolitik, sondern in den landesfürstlichen Interessen des neu erhobenen Herzogs von Mecklenburg.

Als solcher hatte Wallenstein soeben seinen ersten nicht kriegerischen, sondern diplomatischen Erfolg errungen: er war zu einem Ausgleich mit dem benachbarten Kurfürsten von Brandenburg gelangt. Wallenstein hatte den Anspruch Brandenburgs auf Pommern bestätigt und dafür einen Verzicht des Brandenburgers auf Jägerndorf eingehandelt. Jetzt hatte Wallenstein den Rücken frei.

„Ich will mit den Stralsundern unterhandeln", schreibt Wallenstein damals an den General von Arnim, aber „wenn ich ihnen einen Schlag beibringen kann, so will ich es nicht unterlassen, denn sie sind Schelme."

Noch einmal verhandelt Wallenstein mit Stralsund. Er verlangt keine Besatzung mehr, es soll nur eine Garnison herzoglich mecklenburgischer (und nicht kaiserlicher) Truppen aufgenommen werden. Und schon schwankt die Bürgerschaft. In Verhandlungen erklärt sie sich zunächst bereit, eine kleine Garnison des Herzogs anzunehmen. Denn ein Teil der Bürgerschaft hatte noch eine alte Reichsanhänglichkeit bewahrt, während ein anderer Teil mit der aufkommenden schwedischen Ostseemacht sympathisierte.

Da erschien die dänische Flotte mit zweihundert Schiffen vor Rügen. Truppen Gustav Adolfs waren bereits unterwegs. Jetzt gab Wallenstein auf. Am 25. Juli verließ er das Lager von Stralsund. Nach Wien berichtete er, daß „der Feind sich mit seiner meisten Macht zu Meer bei Stralsund und um Rügen erzeigt" habe und daß er die Belagerung abbreche, um die Armee für den Fall eines feindlichen Angriffs beweglich zu erhalten.

Tatsächlich kreuzte die dänische Flotte mit über hundert Fahrzeugen vor der Küste, und von Schweden kam die Nachricht, dort seien sieben Regimenter eingeschifft worden.

In den nächsten Tagen räumten die kaiserlichen Truppen,

von den begeisterten Stralsundern beobachtet, die Schanzen. Wallenstein hatte sich grollend nach Güstrow zurückgezogen, der neuen Hauptstadt seines Herzogtums.

Man setzt hier, mit der aufgehobenen Belagerung Stralsunds, eine Wende des Krieges an oder zumindest eine entscheidende Scheitelhöhe in der Laufbahn Wallensteins. Er selbst hat diesem Verzicht auf die Ostseestadt nicht diese Bedeutung beigemessen, denn sonst hätte er noch ganz andere Kräfte gegen Stralsund eingesetzt, die er ja zur Verfügung hatte. Auch die Behinderung des Zuschubs von Soldaten der Liga durch Kurfürst Maximilian war nicht entscheidend. Es war vielmehr seine Art, wie oft schon, so auch hier, einer größeren Kriegshandlung auszuweichen, wenn er auf zuviel Widerstand stieß. Er mußte auch seine Kräfte bewahren, als sich jetzt von der Ostsee her immer stärker der Aufmarsch des Feindes bemerkbar machte.

Mecklenburg

In Güstrow hatte Wallenstein inzwischen wieder Verhandlungen mit Brandenburg aufgenommen, und er dachte nun an eine Verbindung der beiden Herrscherfamilien. Der Wunsch, sich mit alten Dynastien zu verbinden, traf sich hier mit seinem Familiensinn. Mit seiner zweiten Gemahlin Isabella Katharina von Harrach führte er seit 1624 eine glückliche Ehe. Am 22. November 1627 gebar sie ihm einen Sohn. Doch Wallensteins Hoffnung, so Begründer einer Dynastie zu werden, wurde durch den frühen Tod dieses Sohnes enttäuscht.

Das hielt ihn jedoch nicht ab, ständig auf die Festigung seiner Herrschaft als Reichsfürst bedacht zu sein. Dazu diente auch die Anordnung der freien Ausübung der Augsburger Konfession, denn es sollte in seinem Lande keine Religionskämpfe geben. Außerdem wollte er auf seine zum Großteil protestantischen Offiziere Rücksicht nehmen. Auch bemühte er sich um die reichsunabhängige Gerichtsbarkeit des Landes, wie er sie in Friedland erreicht hatte. Daneben liefen seine Bestrebungen, für seine eigenen Zwecke soviel als möglich aus dem Land herauszupressen. Denn die Armee brauchte Geld und immer wieder Geld. Ebenso wichtig aber war der persönliche Aufwand. Hinter keinem Reichsfürsten wollte er hier zurückstehen. Neben dem Lagerhofstaat unterhielt er jetzt vier Hofhaltungen: in Güstrow, Sagan, Gitschin und Prag. Die Mittel hiefür hatte jeweils das unterworfene Land, in diesem Falle Mecklenburg, zu stellen.

Stralsund war nun für Wallenstein kein Kriegsziel mehr. Dagegen gelang es ihm, einen Angriff des Dänenkönigs, der Usedom erobert hatte und sich auf dem Festland ausbreitete, bei Wolgast am 2. September 1628 abzuschlagen. Die Stadt fiel in die Hände der Kaiserlichen, und der dänische König konnte sich zunächst auf das Schloß retten. In der Nacht noch war er gezwungen, auf seine Schiffe zu fliehen, denn am Morgen war auch das Schloß in der Hand der Kaiserlichen.

Selbst Maximilian von Bayern mußte sich herbeilassen, Wallenstein zu seinem Erfolg zu gratulieren, während er schon eine Botschaft nach Wien vorbereitet hatte mit der radikalen Forderung, dem Friedländer „das Schwert . . . aus der Hand zu nehmen, ihn von der Armee abzuschaffen und diese zu vermindern". Nach Wolgast wurde diese Forderung fallengelassen.

Der Kaiser sah nun den richtigen Augenblick gekommen, um mit Christian von Dänemark Frieden zu schließen. Wallenstein und Tilly sollten die Verhandlungen führen, die im Jänner 1629 begannen.

Wallenstein hatte inzwischen seine Stellung in Mecklenburg durch umsichtige Maßnahmen noch gestärkt. Rostock mußte eine Garnison dulden, beide Teile Pommerns waren völlig in der Hand des Generals, und die Stände Mecklenburgs wurden mit riesigen Kontributionen belegt.

Der Unterstützung Gustav Adolfs sicher, stellte Christian IV. Friedensbedingungen, die im Munde des mehrmals Geschlagenen und angesichts der Machtballung Wallensteins in Mecklenburg nur Erstaunen erregen konnten. Christian verlangte nichts weniger als die Wiederherstellung des alten Besitzstandes in Niedersachsen, den Ersatz aller Kriegsschäden, die durch die Truppen Wallensteins und der Liga angerichtet worden waren, und einen Beistandspakt im Falle eines Angriffs auf Dänemark. Demgegenüber verlangte der Sieger die Abtretung von Schleswig, Dithmarschen und von ganz Jütland, den Ersatz der Kriegskosten und die Schließung des Sundes für alle Feinde des Kaisers.

Es war schwer, hier eine Mitte zu finden. Der Kaiser ermäßigte seine Forderungen auf die Abtretung aller den Dänen gehörigen norddeutschen Stifte und eine Kriegsentschädigung von fünf Millionen Talern. Erstaunlicherweise war es nun gerade Wallenstein, der zum Frieden trieb, um einen Trumpf gegen die Liga in die Hand zu bekommen. Er trat dafür ein, daß vom Dänenkönig weder Gebietsabtretungen noch Schadenersatz verlangt werden sollten, und bevollmächtigte seinen Verhandlungsvertreter in dieser Richtung. „Gibt man dem König wiederum Jütland, Holstein und Schleswig, so ist Friede", schrieb er nach Wien, „und wenn nicht, so mache man sich keine Gedanken darauf." In diesem Falle stellte Wallenstein dem Kaiser vor, daß er eine kostspielige Armee Jahre hindurch erhalten müsse. Auch wies er auf die Möglichkeit einer schwedischen Hilfe für die Dänen hin.

Die Milde Wallensteins erklärt sich daraus, daß er sich in Norddeutschland arrangieren und gleichzeitig gegen die Liga sich in einem friedlichen Dänemark eine Rückendeckung verschaffen wollte. Er handelte also schon ganz als Reichsfürst, nicht mehr als Unterhändler des Kaisers.

Am 7. Juni 1629 schloß er im Verein mit Tilly mit den Dänen Frieden. Christian behielt darin alle seine Länder, mußte aber die norddeutschen Stifte herausgeben. Auf Kriegsentschädigungen verzichteten beide Seiten. Der Kaiser bestätigte diesen Frieden. Die Furcht vor dem Eingreifen Schwedens bewog ihn wohl dazu.

Dieser Friede war das Werk Wallensteins. Er wußte zu gut, daß die Herrschaft Mecklenburgs nur durch einen solchen Frieden erhalten werden konnte. Obendrein hatte er über die Liga, die diesen Frieden mit allen Mitteln zu hintertreiben versucht hatte, einen Triumph davongetragen.

Man sollte annehmen, daß der Sieg von Wolgast Wallensteins Wiener Reputation und Stellung gestärkt hätte. Dem war aber nicht so. Ferdinands Sohn sollte demnächst zum deutschen König gewählt werden, und das war nur durch Zugeständnisse an die deutschen Fürsten möglich. Das am hartnäckigsten verlangte Zugeständnis war die Reduktion der Armee Wallensteins. Kurbayern sprach es unverhüllt aus: Ohne Heeresreduktion keine Sukzession im Heiligen Römischen Reich. Das war die Gelegenheit, um den Kaiser auf Kosten Wallensteins, der gerade seine mecklenburgische Beute sichern wollte und nur mit Hilfe der kaiserlichen Armee dazu imstande war, zu erpressen.

Wenige Wochen nach Wolgast empfing also Wallenstein ein kaiserliches Schreiben, in dem klipp und klar stand, „daß durch solche übermäßige Kriegsverfassung nit allein der vorgesetzte Friedenszweck oder auch die Stabilisierung Unserer kaiserlichen Hoheit und Unseres Hauses Sekurität nicht erhalten, sondern Uns alles schwerer gemacht und diese Unsere allzustarke Armada bei Freunden und Feinden in eine hochschädliche Diffidenz geraten möchte". Um zu einem Wahltag zu gelangen, bliebe kein anderes Mittel, als die Truppen in Schwaben, Franken, am Rhein, in Thüringen und in der Lausitz abzudanken. Wallenstein solle nur so viel Truppen behalten, als „zu Besetzung der Seekanten und gegen den König von Dänemark vonnöten“, alles in allem fünftausend Mann zu Fuß und dreitausend Pferde – für Wallenstein gleichbedeutend mit einer allgemeinen Entmachtung.

Wallenstein fügte sich ins Unvermeidliche. Doch der Preis wurde vergeblich gezahlt, denn die Wahl Ferdinands wurde damit nicht erkauft; sie konnte erst nach dem Tode des Friedländers stattfinden. Inzwischen waren auch Umstände eingetreten, die das Fortbestehen einer starken kaiserlichen Armee wieder notwendig machten.

Denn es ging Ferdinand nun darum, die Früchte seines Sieges auf religiösem und machtpolitischem Gebiet in Deutschland einzubringen. Das Ergebnis dieser Bestrebungen wurde das sogenannte Restitutionsedikt, das der Kaiser am 6. März 1629 unterzeichnete. Es sollte die religiöse Lage und den Besitz wiederherstellen, der im Jahre 1555 bestanden hatte. Alles, was seither an Klöstern und geistlichen Stiftungen in protestantische Hände übergegangen war, sollte zurückgestellt werden. Schon eingangs betont das Dokument den Charakter kaiserlicher Machtvollkommenheit in der Auslegung des Augsburger Religionsfriedens. Der Kaiser ist der oberste Schiedsrichter, er steht über den streitenden Parteien. Gleichzeitig aber war der Kaiser als Haupt der Gegenreformation hier Richter in eigener Sache.

Die Wiederherstellung des alten Zustandes durch das Edikt hatte einen umfangreichen Besitzwechsel in ganz Deutschland zur Folge. Alle protestantischen Reichsstände hatten das geistliche Gut den kaiserlichen Kommissarien unverzüglich herauszugeben. Daß dadurch zahlreiche fürstliche Familien um ihr Einkommen gebracht wurden, wiegt weniger schwer als die Vergewaltigung religiöser Überzeugungen zahlreicher Menschen, die im Territorialgebiet des geistlichen und säkularisierten Besitzes wohnten. Denn der Kaiser bestand ausdrücklich auf dem Gegenreformationsrecht. Die Gegenreformation konnte somit auch in Norddeutschland wirksam werden. Eingeschlossen in die Restitution waren natürlich alle reichsunmittelbaren Herrschaften und Stände, die es mit dem König von Dänemark gehalten hatten.

Der Kaiser ernannte zur Durchführung des Ediktes eine

Anzahl von Kommisssären, die nach allen der Kirche entfremdeten Gütern fahnden sollten, wobei sie gerne der Waffenhilfe kaiserlicher und der Ligatruppen versichert wurden. Unter den konfiszierten Bistümern befanden sich unter anderen Augsburg, Magdeburg, Bremen, Minden, Verden, Halberstadt und Ratzeburg. Was die Kurfürsten von Sachsen und Brandenburg jedoch in ihren Besitz gebracht hatten, wurde geschont – ihre Freundschaft wollte der Kaiser nicht aufs Spiel setzen. Insgesamt handelte es sich um zwölf Bistümer und über fünfhundert Abteien.

Wallenstein hatte inzwischen auf die Bistümer Halberstadt und Magdeburg ein Auge geworfen, die ebenfalls unter das Restitutionsedikt fielen. Er schlug dem Kaiser vor, dieser möge die Stifte für seinen zweiten Sohn Leopold Wilhelm in Besitz nehmen. Dabei verfolgte Wallenstein wieder seine eigensüchtigen Ziele: er wollte die großen Einkünfte dieser Stifte der Armee sichern. Der Kaiser war einverstanden, und man leitete die nötigen Schritte ein. Verhältnismäßig reibungslos ging die Inbesitznahme von Halberstadt vor sich, das eben vakant geworden war. Es wurde Erzherzog Leopold Wilhelm überantwortet. Damit war das Bistum nach neunzigjähriger protestantischer Herrschaft wieder in katholischen Händen. Daß Erzherzog Leopold Wilhelm, der schon 1625 die Bistümer Passau und Straßburg erhalten hatte und jetzt Magdeburg und Halberstadt dazu erhielt, später noch Stift Hersfeld und Olmütz, als „Bischof“ gar keine Weihen hatte – er war ja immerhin erst fünfzehn Jahre alt –, störte damals niemanden.

Nicht so einfach war die Sache mit Magdeburg, das von einem Hohenzollern verwaltet wurde, der für die Dänen Partei ergriffen hatte. Über Vorschlag des Kaisers ernannte der Papst ebenfalls Leopold Wilhelm zum Oberhaupt des Erzbistums, das Wallenstein inzwischen nach allen Regeln seiner oft geübten Kunst weidlich ausgeplündert hatte. Nun verlangte er sogar von der Stadt die Erhaltung eines seiner Regimenter.

Das aber schlug die Magdeburger Bürgerschaft ab. Gleichzeitig rüstete sie zur Verteidigung der Stadt. Ende März schon verfügte Wallenstein die Blockade Magdeburgs. Die Magdeburger Bürger schickten eine Deputation an den Kaiser und boten Wallenstein Unterhandlungen an. Der Kaiser war der Stadt geneigt, weil er nicht noch mehr zur Mißstimmung gegen Wallensteins Truppen beitragen wollte. Er richtete eine entsprechende Botschaft an Wallenstein.

Noch ehe diese Botschaft eintraf, empfing Wallenstein die Abgesandten der Stadt in seinem Hauptquartier in Wollmirstedt. Er fuhr sie grob an und bestand auf einer Besatzung: „Ich muß die Garnison haben“, rief er, „ich komme doch hinein, soviel ist gewiß.“ Dazu verlangte er die Köpfe zweier Magdeburger, die sich an einem Ausfall der bewaffneten Bürger gegen die Blockadetruppen beteiligt hatten. „Und wo ich die beiden Köpfe nicht bekomme, soll es noch zweitausend Köpfe kosten. Das ist meine Meinung.“ Das war keine leere Drohung.

Denn dann begab sich Wallenstein nach Halberstadt, und es stand zu erwarten, daß er nun die Belagerung Magdeburgs beginnen würde. Doch kam es plötzlich zu einer Einigung in Form eines Waffenstillstands zwischen den Blockadetruppen und der Stadt, als die Hansestädte heftig für Magdeburg Partei nahmen. Wallenstein erwies sich – wieder besorgt um seinen mecklenburgischen Besitz – sofort als nachgiebig. Außerdem war es inzwischen mit der Liga zu steigenden Zerwürfnissen gekommen.

Auch hier war es wieder politische Klugheit, die Wallensteins Haltung konziliant machte. So übermütig oft seine Sprache war, mit dem Kopf durch die Wand wollte der Herzog von Friedland und Mecklenburg nie. Immer im rechten Augenblick kam der Zauderer in ihm zum Vorschein, besonders nach den schlimmen Erfahrungen vor Stralsund.

Ursprünglich hatte also Wallenstein die Zahlung von zweihunderttausend Talern verlangt. Jetzt verzichtete dieser sonst als so geldgierig verschriene Vampir auf jede Zahlung – wahrlich nicht aus humanen Motiven oder etwa aus Rücksicht auf die Bevölkerung der Stadt Magdeburg. Mit gespieltem Edelmut versicherte er: „Nun wohlan, da wir sehen, daß sowohl die Stadt Magdeburg als sämtliche Hansestädte in Devotion zu beharren bedacht sind, so wollen wir ihnen die ganze Summe aus Gnade erlassen, damit man sehe, daß wir den Krieg nicht wegen Geldes führen.“ Dann fügte er mit deutlicher Kritik an dem kaiserlichen Edikt hinzu: „Wir vernehmen, die Hansestädte bilden sich ein, man wolle das kaiserliche Edikt wegen der Reformation der Religion exequieren (durchführen); das meinen wir aber durchaus nicht; das Edikt kann nicht Bestand haben, und wir versprechen den Hansestädten, daß ihnen nicht das geringste deswegen zugemutet werden soll, denn man kann den Religionsfrieden nicht also über einen Haufen schmeißen."

Das waren ganz neue Töne, die man bisher nicht von ihm vernommen hatte. Spekulierte er mit dieser harten Kritik am Edikt schon auf die Zustimmung der protestantischen Partei? Gingen seine Zerwürfnisse mit der Liga so weit, daß er sich beim Feind Rückendeckung schaffen wollte? Für den Kaiser, dessen ganzes Sinnen und Trachten dem Vollzug des Ediktes galt, mußten diese Worte verletzend klingen. Vielleicht fühlte sich Wallenstein hier schon als eine eigene politische Kraft zwischen der Liga, dem Kaiser und den Protestanten? Aus dem Februar 1630 kennen wir eine Äußerung von ihm, der Status des Reiches sei so gefährdet wie noch nie. „Die Katholischen haben Angst vor der Monarchie, die anderen wegen der Restitution der geistlichen Güter. Die Erbitterung ist so groß, daß sie alle sagen, der Schwed' soll nur kommen; kann er nicht helfen, so wollen wir gern mit ihm präzipitieren (herabstürzen)."

Der solche Worte führte, war nicht der bedingungslose Handlanger des Kaisers und der Gegenreformation. Hier sprach vielmehr ein Reichsfürst, der seine eigene Politik in Deutschland machen wollte. So war der Hieb gegen den Kaiser und gegen die Liga gemeint, der aus diesen Worten sprach.

Ähnlich äußerte sich auch Wallenstein im November des gleichen Jahres gegenüber dem Gesandten des Kurfürsten von Sachsen, dem er versicherte, er habe an dem Restitutionsedikt keinen Gefallen. Zu seiner Durchführung werde er die unter seinem Kommando stehende Armee nie gebrauchen lassen. Seine Absicht sei einzig, die Reputation des Kaisers zu erhalten, das Reich zu schützen und gegen alle ausländischen Feinde zu verteidigen. Er frage dabei wenig danach, was der Fürst von Eggenberg, Pater Lamormain und andere ihresgleichen für Meinungen hätten. Auch wies er darauf hin, daß er in seinem Heere keinen Unterschied des Glaubens mache.

Das Echo auf solche „reichsfürstliche" Äußerungen war, zumindest beim Kurfürsten von Sachsen, ein vermehrtes Mißtrauen. Auch auf den Brandenburger, der unter steigenden Kontributionen Wallensteins ebenso seufzte wie der Sachse, machten diese schönen Worte keinen Eindruck, mochten sie auch einen noch so feindseligen Ton gegen die Liga offenbaren. Der wetterwendische und launische Wallenstein stellte in der Politik keine feste Größe dar, auf die man bauen konnte.

Der Vampir

Wallenstein hatte längst erkannt, wie sehr die Religion nur ein Aushängeschild im Kampf um die Macht war, in Deutschland und in Europa. In seinem Heer gab es keine Gegenreformation, Evangelische und Katholiken wurden ohne Unterschied in die höchsten Ämter befördert. Auch dieser Umstand machte ihn der Gegenreformation und dem Wiener Hof verdächtig. Die Gegnerschaft der Liga und der Reichsfürsten hatte freilich auch sehr materielle Gründe. Denn der riesige Apparat der immer mehr anschwellenden Armee Wallensteins war zu einer Pestbeule im Körper des Reiches geworden.

Wieder wuchs die Erbitterung gegen Wallenstein in allen Teilen Deutschlands wie eine Lawine an. Wo die Soldaten Wallensteins gehaust hatten, da wüteten Hunger und Seuchen. Kontributionen, Plünderungen bis in das kleinste Dorf, Brandschatzungen, sinnlose Zerstörungen waren an der Tagesordnung. Wie ein fressendes Gift wälzte sich diese Armee durch Deutschland, verbrannte Erde hinter sich lassend. In einer Klageschrift aus Pommern heißt es, „daß die Reiter und Soldaten aus den Garnisonen täglich ausritten und liefen, die Dörfer fast alle Nacht spolierten (raubten) und plünderten, den Bauern ihre Wagen, Pflüge und andere zum Ackerbau gehörige Instrumenta entweder wegführten oder mutwillig verbrannten, die Leute prügelten oder verwundeten, also daß dieselbigen bisweilen wohl gar ums Leben kämen; die Häuser, woraus die armen Leute mit solchen Prügeln und anderm barbarischem Procedieren vertrieben, niederreißen und das Hausgerät zerschlügen und verbrannten. Es wäre auch endlich mit Sengen und Brennen dahin geraten, daß ganze Zimmer gleichsam zum Lustfeuer gebraucht worden. Beim Spolieren und Plündern würden allerhand neue Carnificinae (Folterungen) und Torturen vorkommen, um zu erfahren, ob einer oder anderer etwas vergraben, indem Etlichen härene Stricke um die Hände gebunden und zusammengedreht, andere unter den Fußsohlen

gemartert, anderen brennende Lunten auf die Hände gesetzt worden, welche letzte Invention von einem Kornet an einer adeligen Dame des guten Geschlechtes versucht worden. Was für abscheuliche Sünd und Schand mit Jungfrauen und Weiber-schänden, auch Notzucht verübt worden, war nicht alles zu erzählen . . ."

Zuerst waren es fünfzigtausend Mann. Von Jahr zu Jahr wurden es mehr, da sich die Ausgeplünderten und Besitzlosen der Macht auszuliefern begannen, die sie um alles gebracht hatte. Die Desperados, die dieser riesenhafte Vampir geschaffen hatte, gaben sich nun in seine Hand. Bald hatte dieses Heer mit seinem Troß einhundertfünfzigtausend Mann. Tausende von Offizieren, die bettelarm begonnen hatten, bereicherten sich in dieser Armee, wurden zu vermögenden Herren, die in ihren Beuteln oft Tausende von Gulden mit sich schleppten. Der Luxus dieser kleinen Herren stieg ins Maßlose – aber sie eiferten nur der Spitze nach, diesem geschäftstüchtigsten aller militärischen Führer, die Europa hervorgebracht hatte.

Hans de Witte hieß der Bankier, den sich Wallenstein hielt. Seine Machenschaften zur Verschlechterung des Münzgeldes, die den Wert des Guldens bis auf ein Zehntel herabdrückten,

Kampf zwischen Bauern und einem Söldnertrupp. Aus Radierung aus den „Misères de la guerre" von Jacques Callot (1633)

gehen auf das Konto dieses raubritterartigen Finanzmannes, dessen Rolle erst durch neuere Forschungen aufgedeckt wurde.

De Witte stammte aus Flandern, war Kalviner und begann seine geschäftliche Laufbahn in einem Hofhandelshaus in Prag. Im Münzkonsortium war er auf Wallenstein getroffen, dessen Schicksal er wurde. Die Finanzierung der Heeresaufstellung von 1625 ist schon de Wittes Werk. Die Quellen aller Geldmittel waren die Kontributionen, wie die vornehme Umschreibung von Ausplünderungen lautete. Der Kaiser wollte den Krieg. Durch Wallensteins Armee sollte er ihn haben, aber ohne Geld gab es keine Armee. Das Geld aber besorgte de Witte.

De Witte gab Kredite an den Kaiser. Die Geldbeträge entstammten seinem Vermögen oder Krediten bei seinen Geschäftspartnern, unter anderen reichen Prager Handelsjuden. Das Geld erhielt natürlich Wallenstein. Der ständige Geldstrom konnte aber durch bloße Darlehen oder aber durch inflationistische Maßnahmen des Münzkonsortiums nicht mehr aufrechterhalten werden. Man mußte auf neue Wege sinnen. Wallenstein verlangte also das Recht auf Steuern und Kontributionen in den besetzten und unbesetzten Gebieten. Der Weg, hier zu Geld zu kommen, war wohl sicher, aber sehr langsam. De

Witte verkürzte ihn: er streckte auch Geld vor, das noch nicht greifbar war, er zahlte „Antizipationen“ auf die Kontributionen. Er streckte die Steuern ganzer Länder, reicher Städte vor – und Wallenstein trieb dann die Gelder ein. So floß der Geldstrom munter weiter.

Zunächst war das reiche Böhmen das Opfer einer furchtbaren Steuerschraube. De Witte antizipierte Summen von schwindelnder Höhe, Wallenstein trieb sie rücksichtslos und erpresserisch ein. Dabei konnte er seine böhmischen Gegner Martinitz, Slawata und den Kardinal Dietrichstein, „das kleine, verhurte Kardinalerle“, wie er sich vornehm ausdrückte, gehörig in die Zange nehmen. Er meinte dabei, daß „die Kerls“ die Zukunft nicht bedenken sollten, sondern nur die Gegenwart, und daß sie doch, wenn der Kaiser verliert, ebenso „verloren seind“. Der Kaiser deckte alle diese Erpressungen. Es blieb ihm nichts anderes übrig.

Auch das nächst Böhmen reichste unter den habsburgischen Erblanden, Schlesien, mußte bis zum finanziellen Ruin ausbluten. Hier erpreßte Wallenstein den Breslauer Fürstentag: er ließ ihn wissen, wenn das versprochene Geld nicht rechtzeitig für de Witte käme, so wäre eine „Executio manu militari“ zu befürchten, und zwar in Form einer Einquartierung über den Winter. Daraufhin flossen die geforderten Geldströme.

Ende April 1629 kam es aber zu einer Krise. Eine Summe von sechshunderttausend Reichstalern als Kontribution für das Jahr 1628 wurde fällig. De Witte hatte das Geld längst „antizipiert“ und ausgezahlt und war jetzt selbst in Geldschwierigkeiten geraten. Er hatte Geld für Wechsel nehmen müssen, die mit zwölf Prozent verzinst waren. Darum mußte er jetzt die schlesischen Gelder haben. „Wann diese Gelder nit anders einkommen oder mir andere Anweisung geben wird, ist mir unmöglich mein Credit ferner zu erhalten“, schreibt er hilfeheischend an Wallenstein. Dieser muß helfen, sonst bricht de Witte und damit das ganze Finanzgebäude Wallensteins zusammen.

Wallenstein, der gerade in Güstrow residiert, will de Witte helfen. Er hat vor, von seiner mecklenburgischen Garnison Soldaten als „Steuereintreiber“ nach Schlesien zu senden. Dagegen erhebt Wien Einspruch. Der darüber empörte Wallenstein befiehlt nun den einheimischen schlesischen Truppen, insbesondere dem gefürchteten Regiment Liechtenstein, überall dort Quartiere zu nehmen, wo die Kontributionen bisher nicht eingebracht wurden. Auch das wird von Wien aus verhindert. Wallenstein ist schwer erbost über diese Durchkreuzung seiner Befehle. Anderseits drängt ihn de Witte. Da findet der Friedländer den Ausweg, die Schlesier statt zu Bargeldzahlungen zu Sachlieferungen anzuhalten. Auf seine Anordnung verfrachten sie auf der Oder Getreide und führen es nach Pommern, wo es gut verkauft wird.

Aber das alles ist zuwenig. Da wendet sich Wallenstein an den Kaiser. Durch seinen Vetter Max von Waldstein wird er in Wien vorstellig, daß diese Gelder ja nicht de Wittes Gelder wären, sondern Gelder der kaiserlichen Armee und daß das Abschneiden der Geldquellen einem Selbstmord der kaiserlichen Sache gleichkäme.

Doch die schlesischen Stände haben in dem Grafen Karl Hannibal Dohna einen gewaltigen Fürsprecher beim Wiener Hofe. Aus dem durch die Kriegszüge schwer getroffenen Land läßt sich auch nichts mehr herauspressen. So kommt de Witte nicht zu seinen Geldern. Es ist Ende März 1630, und er steht schon vor seinem Ruin. Auch Wallenstein kann ihm da nicht mehr helfen.

Aber es gibt noch andere Opfer von Erpressungen. Ein typischer Fall ist Wallensteins Vorgehen gegen die reiche Stadt Nürnberg. Durch ihren bevollmächtigten Gesandten hat sie in Verhandlungen mit Wallenstein in Gitschin erreicht, daß sie vom 1. Juni 1628 bis zum 1. Juni 1629 „unbelegt und unperturbiert" gelassen werden solle. Hunderttausend Gulden Kontribution sind der Preis dafür, die in zwei Raten bei de Witte erlegt werden sollen. Die Zustimmung des Kaisers hat man mit der Begründung, daß das Geld „zu Ihrer Kaiserlichen Majestät Kriegsnotdürften gebraucht" würde, in der Tasche.

Nürnberg konnte aber den ersten Zahlungstermin nicht einhalten. Daraufhin rückten fünf Kompanien zu Pferd unter Oberst Collalto in die Stadt ein. Als das Geld dann sehr rasch erlegt wurde, zogen sie wieder ab. Der zweite Zahlungstermin wurde wieder nicht eingehalten. Sofort war Collalto mit seinen Soldaten in Nürnberg, jedoch mit dem Wunsch, das Geld für sich zu kassieren und zu verwenden. Nur der Hofkriegsrat Gerhard von Questenberg, ein Parteigänger Wallensteins, sollte einen Teil als Schweigegeld erhalten.

Natürlich war das de Wittes Geld, das er längst erlegt hatte. Er schlug Alarm bei Wallenstein. Dieser reagierte prompt durch einen Verweis an Collalto. Der Nürnberger Gesandte durfte das Geld nur an de Witte auszahlen. Damit aber nicht der blamierte Collalto seinen Zorn an den Nürnbergern auslasse, wurde er angewiesen, sich ihrer anzunehmen und gegen jedermann zu schützen, „auf daß sie niemand molestiert". Collalto mußte sich fügen.

Wohin verschwand das Geld? Nur in der kaiserlichen Armee? Hier zwei Zeitungsnachrichten:

Prag, vom 13. April 1630: „Dato ist der Herzog von Friedland mit stattlichem Adel und achthundert Pferde stark allher gekommen, dem warten viele Grafen, Freiherrn und Obristen auf, hält stärkere Hofhaltung als ein Erzherzog . . ."

Prag, vom 27. April 1630: „Der Herzog von Friedland soll sich in drei Wochen in Karlsbad aufhalten, hernach nach Memmingen begeben und daselbst den Kurfürstentag von Regensburg erwarten. Man sagt, daß alle Tage auf Ihre Fürstliche Gnaden Hofstaat tausend Gulden aufgehen . . ."

Wallensteins Eintritt in Memmingen mit fünfhundert Mann Gefolge und allen seinen Leibpferden überwältigte durch seinen Prunk die Zeitgenossen. Der Fürst Hohenlohe, ein Augenzeuge, schätzte daraufhin Wallensteins Jahresaufwand auf zweihunderttausend Reichstaler. Dieser Einzug wurde dann zum Gespräch der Regensburger Tagung und half nicht wenig dazu, die Stimmung gegen den Generalissimus aufzureizen.

Der Chronist Kosmus von Simmern berichtet 1628/29 aus Güstrow, der mecklenburgischen Residenz Wallensteins: „Ist eine solche Hofhaltung, derogleichen bei jetzigen, auch vorigen Römischen Kaisern nicht gesehen, vorhanden, daß man sich darüber nicht genugsam wundert, da ihm an die siebzig Grafen, Freiherrn und von Adel, über alle Maßen stattlich gekleidet, aufwarten; item hundert Leibschützen und vierundzwanzig Trabanten, Köche, Küchenmeister, Stallmeister und Futterschneider, gehen alle in güldernen Ketten und werden täglich zwei freie Fürstentafeln gehalten, dazu dann alle Tage vierundzwanzig Scheffel auf Brot und Semmeln muß hergeschafft werden. Außer Futter werden gehalten hundertsiebzig Hauptpferde, item hundertvierzig Klepper, hundertsechzig Kutschpferde, wie auch fünfzig Maulesel. Die Speisen werden alle in großen silbernen Schüsseln – mit gekochtem Essen und Konfekt – zu Tisch getragen, und alles wird sehr sauber, strenge und ordentlich gehalten."

Neben der neuen Residenz wurden natürlich die alten nicht vernachlässigt. Prag und Friedland, dazu das jeweilige Feldlager, jetzt gerade in Memmingen. Ein Teil der riesigen Beträge wurde auch für die glänzende Ausstattung der Residenzstadt Gitschin verwendet. Nicht ganz zweihundert Bürgerhäuser hatte sie vor Wallenstein, fünfhundert sollten nach seinem Willen dazugebaut werden, mit Ziegeldächern, steinernen Giebeln und Laubengängen. Bis zu fünftausend Bauleute waren ständig beschäftigt. Vom Kaiser kam das Privileg zur Errichtung einer Hochschule, auch der Plan zur Errichtung eines Bistums wurde erwogen. Gitschin sollte der geistige Mittelpunkt Böhmens werden.

Die Hofhaltung Wallensteins dort bestand aus fast neunhundert Personen und über tausend Pferden, dazu fünfzig prächtig gekleideten Trabanten und Kammerherren. Tuch und Seidenschnüre für die Livreen kamen aus England, die Fertigung hatte ein französischer Schneider über. Die Zahl der mit feinstem rotem Leder ausgepolsterten Kutschen, der goldenen Ketten und Gnadenpfennige, der gemalten Wappen, der gestickten Fahnen ist heute nicht mehr zu ermitteln.

Das alles gehörte zur „Feldausrüstung" der kaiserlichen Armee und zur höheren Glorie Wallensteins. De Witte zahlte das Geld aus, der Generalissimus erpreßte es und ließ es an de Witte zurückfließen, und zahlreiche Wagenbauer, Wagner, Tischler, Schmiede, Goldschmiede, Maler, Schlosser, Sattler wurden reiche Leute. Dafür verödeten anderswo ganze Landstriche, verhungerten die Bauern in ihren zerstörten und geplünderten Dörfern, jagten die Wolfsrudel über die unbebauten Felder, gingen die Städte in Flammen auf.

Der Bauherr Wallenstein aber verwirklichte eines seiner Riesenprojekte nach dem andern. Die Klosterbauten für die Augustiner in Bösig und Weißwasser wurden durch den riesigen Palastbau auf der Kleinseite in Prag am Fuße der königlichen Burg auf dem Hradschin weit in den Schatten gestellt. Die Ausführung des Baues begann schon im Sommer 1623, nach den Plänen der italienischen Architekten Andreas Spezza (Italiano) und G. Marini. Wallensteins junge Gattin sollte hier ein

Das Palais Waldstein (Wallenstein) in Prag wurde 1624 bis 1630 von G. Pieronni, A. Spezza und N. Segregondi erbaut. (Aquarell von Rudolf von Alt, 1874)

standesgemäßes Heim erhalten. Im Jahre 1630 war der Bau beendet, ein repräsentatives Beispiel der Barockbaukunst in Böhmen. Man zeigt dort heute noch Wallensteins Arbeitszimmer, die Badegrotte, das astrologische Kabinett und das Spielzimmer. Daß der Generalissimus auf der Saaldecke des Hauptgebäudes in einem Fresko sich selbst habe abbilden lassen, wird bezweifelt.

In seinem Wappen führte Wallenstein den friedländischen Engel, den Adler von Sagan, seit 1629 den Stierkopf von Mecklenburg und den Greif von Rostock. In nichts wollte er den Fürsten nachstehen. Er erließ Edikte, ließ Münzen schlagen, kümmerte sich um Kleinigkeiten der Verwaltung, am meisten in seinem Lieblingsherzogtum Friedland. Dort wurden Eisenhämmer und Waffenfabriken angelegt, die seit der Hussitenzeit stillgelegten Bergwerke wieder in Betrieb genommen und in der Nähe Schmelzhütten errichtet. Die Züchtung des Maulbeerbaumes wurde gefördert und Seidenwebereien geschaffen.

Überall regiert Wallenstein als „ein Herzog und Fürst des Heiligen Römischen Reiches, im Namen des Allerhöchsten". Er hat einen Hofstaat, der sich nur mit dem des Kaisers vergleichen läßt, und ein großspurigeres Auftreten als jeder Kurfürst. Wenn er auf Reisen geht, müssen am Zielort mehr als sechshundert Pferde bereitgehalten werden. Er reist mit sechsundvierzig Herrenwagen, die von je sechs Pferden gezogen werden. In seinem Gefolge sind Obersthofmeister, Kanzler, mehrere Kammerherren und Truchsessen, vier Jesuiten, Edelknaben, Kammerdiener, Lakaien, fünfzehn Köche – zusammen zweihundertfünfundzwanzig Personen. Dazu kommen noch zahlreiche Handwerker und eine Leibkompanie von hundert Kroaten. Die Verpflegung dieses Hofstaates wird jeweils mit allen Mitteln an Ort und Stelle zusammengeraubt.

In einer Zeitungsnachricht aus Prag vom 12. Jänner 1630 lesen wir: „Dieser Tage ist des Herzogs von Friedland neu gemachtes (Silber), auch das Bruchsilber, in Begleitung von fünfundsiebzig Dragonern auf sechs Wagen hiedurch nach seiner Herrschaft Gitschin passiert. Er hat den Kurfürsten von Sachsen auf der Jagd besuchen wollen, so ihm aber abgeschlagen worden und er nach Dresden doch nur mit hundert Pferden beschieden. Gestern ist ein kaiserlicher Kurier hiedurch passiert, bringt gedachten von Friedland Ordinanz, daß er alsbald ein Regiment zu Roß und Fuß gegen Ungarn schicken solle . . ."

Oder über die kaiserliche Armee aus Frankfurt vom 18. Jänner: „Es zeucht immer ein Haufen Volk nach dem andern durchs Frankenland, treiben mit Plündern, ja sogar Brennen großen Mutwillen, obwohl Kaiserliche Commisari bei ihnen, lassen sie doch nit strafen, marschieren gar stark aufs Württemberger Land, und obwohl die Sag gegangen, selber Herzog wolle keinem Quartier geben, vernimmt man doch, daß etlich tausend Soldaten hin und wieder in selbige Ämter gelegt worden." Das war die Kehrseite der Medaille.

Alles das sahen die Fürsten, die protestantischen – Wallensteins natürliche Feinde – ebenso wie die Katholiken, zu deren Feind er sich gemacht hatte. Sein Mißerfolg vor Stralsund war ihrer aller Freude gewesen. Aber mit umso größerer Besorgnis mußten sie bemerken, daß Wallensteins Armee dennoch ständig anwuchs, daß seine Rüstungen weitergingen, obwohl alle Feinde aus dem Feld geschlagen waren, daß die Plünderungen

Reiterbildnis von Wallenstein, im Hintergrund die Belagerung einer Stadt (Stich von Matthäus Merian)

und Kontributionen anhielten, daß sich der hochfahrende Ton und die ständigen Drohungen gegen die Fürsten nicht mäßigten. Wie lange durften und konnten sie das alles noch ertragen?

Die erste Absetzung

Die Zahl der Feinde dieses Arms der kaiserlichen Gewalt wuchs von Tag zu Tag an. Auch in der Kirche, vor allem bei den Jesuiten, traten Gegner einer Machtvergrößerung des Kaisers auf. Darüber hinaus verschwor sich alles gegen Wallenstein, was der kaiserlichen Macht und ihrer Stärkung im Wege war. Die Hetze gegen Wallenstein wurde allmählich europäisch. Ihr diplomatisches Haupt wurde Kardinal Richelieu. Er hatte schon lange seine Fäden in die Niederlande, nach England und in die Türkei ausgestreckt. Jetzt wandte er sich nach Rom und suchte Papst Urban VIII. gegen Wallenstein zu mobilisieren. Einer der Berichte Richelieus spricht von Österreich als einer „Bestia mit vielen Köpfen", von denen die abgeschnittenen immer nachwachsen.

Die Lage der Kurie war angesichts des Bündnisses einer katholischen Macht, nämlich Frankreichs, mit dem ketzerischen Schweden zur Bekämpfung des katholischen und gegenreformatorischen Kaisers und der Liga schwierig. Urban VIII. wählte daher den Weg ständiger Friedensvermittlungen – und er wäre so ein potentieller Verbündeter Wallensteins geworden. Doch die Motive des Papstes waren ganz andere, sie lagen in der Berufung zum „gemeinsamen Vater der Christenheit". Die Ansicht Rankes, der Papst habe dem Bündnis zwischen Frankreich und Schweden zugestimmt, zeugt für eine rein machtpolitische Einschätzung seiner Rolle und ist objektiv unrichtig. Denn in Rom wußte man sehr gut, daß die deutsche Gegenreformation mit dem Kaiser stand und fiel und daß das Restitutionsedikt – wenn überhaupt – nur mit der kaiserlichen Macht durchzuführen war.

Im allgemeinen aber neigte die Kurie, tragisch in die Auseinandersetzungen Europas hineingestellt, mehr der Liga und Maximilian zu. Man kannte Wallensteins Einstellung gegen die Jesuiten nur zu gut. Natürlich spielte bei der Gegnerschaft katholischer Kreise Wallensteins Toleranz auch eine Rolle. In seinem Heer dienten protestantische Fürstensöhne, Hans Georg von Arnim, sein bedeutendster General, war Protestant. Vor allem wurden protestantische Landschaften von Wallensteins Armee milder behandelt als katholische, woraus wieder seine Gegnerschaft zur Liga hervorging. War diese Armee Wallensteins wirklich ein Instrument zur Verbreitung des rechten Glaubens? „Weiß doch niemand, an wen *der* glaubt" – diese Klage des Kapuziners in Schillers „Wallensteins Lager" ist wahrlich der Geschichte abgelauscht. Aber Wallenstein war nicht der einzige, der den Religionskrieg zu einem nackten Machtkampf werden ließ.

Im Mai 1629 trafen die Gesandten der Liga, die in Heidelberg getagt hatte, in Wien ein. Sie verlangten dort vom Kaiser, daß alle Besitzungen der Fürsten der Liga von nun ab von Einquartierungen verschont bleiben, die Truppen der Liga von den Kaiserlichen nicht verdrängt und aus ihren Quartieren vertrieben werden sollten und daß alle Werbungen Wallensteins einzustellen seien.

Der Kaiser verwies in seiner Antwort auf die Gefahren, die dem Reiche von auswärts drohten. Auch benötige er die Truppen zur Durchführung des Restitutionsediktes. Den militärischen Kräften der Liga sicherte er das Unterbleiben jeder Belästigung zu. Praktisch blieben also alle Forderungen der Liga unerfüllt, und die Gesandtschaft mußte unverrichteter Dinge zurückkehren. Daraufhin sanken die Beziehungen des Kaisers zur Liga auf einen Tiefpunkt.

Besondere Empörung löste jedoch bei der Liga die Nachricht aus, daß die geringen Zugeständnisse des Kaisers auch nicht eingehalten wurden. Es blieb alles beim alten. Die kaiserlichen Truppen vertrieben weiterhin Soldaten der Liga aus ihren Quartieren und hoben in katholischen Gegenden, als wären sie Feindesland, weiterhin Kontributionen ein.

Deshalb beschwerten sich die vier katholischen Kurfürsten im Oktober abermals beim Kaiser. Sie wiesen nun darauf hin, welch böses Blut die Absetzung der Herzöge von Mecklenburg und ihre Ablösung durch Wallenstein gemacht habe. Das Eingreifen des alten Feindes Schweden und sein Bund mit der Hanse sei eine direkte Folge des mecklenburgischen Handels. Sie schlugen nichts weniger vor als eine Wiedereinsetzung der früheren Herzöge von Mecklenburg. Natürlich zielte es gegen den Reichsfürsten Wallenstein, wenn dem Kaiser vorgeschlagen wurde, er solle die „mecklenburgische Sache auf mildere Wege richten“.

Der Kaiser war wieder in größter Verlegenheit. Wallenstein und seine Armeen hatte die kaiserliche Macht zu einer Höhe geführt, wie sie seit den Staufern nicht mehr erreicht worden war. Ohne den Herzog von Friedland waren sie und ihre Erhaltung nicht denkbar. Der Repräsentant eines der ältesten Herrschergeschlechter Europas hatte sich diesem Usurpator rettungslos ausgeliefert. Die Ehre und Macht der Kirche, das Restitutionsedikt, die Gegenreformation – sie alle standen und fielen mit Wallenstein.

Dieser Ferdinand, ein einziger Gegensatz zu dem unerhört komplexen Wallenstein, einfach, gradlinig, fast starrsinnig in seiner redlichen Gläubigkeit, war einem Dämon ausgeliefert, von dem er nicht mehr loskam. Ferdinand, der seine Aufgabe kirchlich-religiös, als eine irdische Verwirklichung der „civitas dei“ sah, wurde von diesem tellurischen Menschen Wallenstein fortwährend in den schmutzigen Sumpf irdischen, allzu irdischen Geschehens hineingezogen, mußte mit seinem reinen Ehrenschild die sündhaften Greuel einer sogenannten kaiserlichen Armee decken.

Alfred Döblin hat nicht unrecht, wenn er diesen Kaiser in seinem Wallensteinroman als einen Leidenden zeichnet, hineingezogen in das unredliche Spiel der skrupellosen Machtmenschen Maximilian von Bayern, Wallenstein, Richelieu und Gustav Adolf. Ferdinands Haltung gegenüber Wallenstein bei der Regensburger Tagung ist auch als eine Flucht vor diesen Mächten zu verstehen. Er gab Wallenstein schließlich als die bedrängendste dieser Mächte von sich, wie ein Mystiker,ein asketischer Weltverächter Irdisches von sich abtut – und sich damit der irdischen Gewalt begibt. Auf dieser Erde und in dieser Zeit zählte aber nur die nackte Gewalt. Zu dem Rückzug in die Idee des Reiches, in das religiöse Ideal, in den Gottesstaat war es zu spät. Von dieser Welt, in der Irdisches mit allzu irdischen Mitteln ausgehandelt wird, wurde Ferdinand erst recht nicht losgesprochen, als die blutige Tat von Eger geschah.

Jetzt aber konnte er nicht mehr zurück. Mit der Preisgabe Wallensteins wäre seine Macht, aber auch die Durchführung des Restitutionsediktes, einer Herzens- und Gesinnungsangelegenheit des Kaisers, zusammengebrochen. Doch eine offene Feindschaft mit der Liga? Sie hätte die Einigung der katholischen und protestantischen Fürsten gegen den Kaiser zur Folge, ein Bündnis, dem Frankreich und Schweden seine Hilfe nicht versagt hätten. Das aber bedeutete den Zusammenbruch des Reiches, vielleicht sogar den Sturz der Dynastie. Vor diesem Schicksal konnte ihn immer nur Wallenstein retten.

Eben dieser Wallenstein war es ja, der einen Habsburger, einen deutschen Kaiser zum wirklichen Herrn Deutschlands gemacht hatte. Umgekehrt brauchte auch Wallenstein den Kaiser. Wurde ihm die kaiserliche Hand entzogen, so fiel seine Herrschaft in Mecklenburg wie ein Kartenhaus zusammen. Wallensteins Parole konnte darum nicht allein die Beibehaltung der Macht sein. Er mußte auch seinen Kaiser an diese Macht fesseln. Er brauchte den Nimbus der Kaiserkrone. Die Liga, und in ihr Maximilian, sah daher für sich nur die einzige Chance: Wallenstein vom Kaiser zu trennen. So drängten die Kurfürsten nun offen auf Wallensteins Entlassung.

In dieser Stimmung trat im Juli 1630 in Regensburg der Kurfürstentag zusammen. Sachsen und Brandenburg schickten Gesandte, die anderen Kurfürsten erschienen persönlich, ebenso der Kaiser mit seiner Familie. Auch die Gesandten Englands, Frankreichs, Spaniens und des Vatikans waren anwesend. Der Sturz Wallensteins war ein Anliegen Europas. Er war es wert, daß hier in Regensburg eine einzigartige Schlacht der Diplomatie geschlagen wurde.

Maximilian von Bayern als Wortführer und diplomatischer Kopf der Liga suchte von Anfang an die Führung an sich zu reißen. Seine offene Absicht war, vom Kaiser die Entlassung Wallensteins zu erzwingen. Er stand dabei im engsten Bund mit Richelieu. Dieser, seit kurzem unumschränkter Leiter der französischen Politik, trat jetzt immer aktiver in Deutschland auf. Seine Bemühungen um Maximilian lagen schon einige Zeit zurück. Er unternahm alles, um Bayern gegen den Kaiser aufzuwiegeln, für Frankreich zu gewinnen und gleichzeitig Wallenstein zu stürzen. Nur dadurch konnte die kaiserliche Macht entscheidend geschwächt werden. Er riet daher, man solle „wegen Wallensteins Plünderungen einen gewaltigen Lärm machen und dem Kaiser das Gewissen rühren", denn er wußte genau, wo der Habsburger zu packen war.

Der Kaiser überraschte zunächst die Fürsten mit dem Projekt einer neuen Organisation des kaiserlichen Heeres. Kontributionen, Einquartierungen, Durchzüge – das alles sollte nun planvoll erfolgen. Ferdinand parierte hier auf die Klagen der Fürsten gegen die Armee, er zielte darauf hin, dieser Armee eine noch festere Grundlage als bisher zu geben. Damit stieß der Kaiser auf den leidenschaftlichen Widerspruch der Fürsten, die mit Recht von dieser Befestigung der kaiserlichen Macht eine neue Gefährdung der reichsfürstlichen Gewalt erwarteten.

Die Antwort des kurfürstlichen Kollegiums auf den kaiserlichen Vorschlag war die Forderung nach der Absetzung Wallensteins. Es waren Katholiken und Protestanten, die sich auf diese Forderung geeinigt hatten. Der Beifall der ausländischen Mächte war ihnen sicher. Nur Spanien trat gegen die Forderung auf, und der Brandenburger verhielt sich aus Angst vor Wallenstein – er hatte Mecklenburg im Rücken – neutral. Fast ganz Europa hatte sich also gegen den Friedländer verschworen, sein Wortführer war Maximilian, die Rückendeckung bot Frankreich.

Am 16. Juli stellten die Kurfürsten den förmlichen Antrag, das kaiserliche Heer nunmehr streng innerhalb der Reichssatzungen zu halten und Wallenstein zu entlassen, weil „an dem Haupt alles gelegen sei". Nur ein Mann, der das Vertrauen der Reichsstände genieße, könne die kaiserliche Armee führen. Wallenstein habe das Vertrauen nicht.

Der Kaiser wich zunächst aus. Er sagte zu, alle Exzesse der Armee abzustellen, ihre Stärke vom Fürstentag abhängig zu machen – aber er hatte dies alles schon sehr oft zugesagt und immer wieder sein Wort gebrochen. An dieses kaiserliche Wort glaubte niemand mehr.

Der Kurfürstentag wies darum die Antwort des Kaisers als völlig unzureichend zurück. Ferdinand wurde nun von allen Seiten bearbeitet. Seine Räte haben wohl kaum zugunsten Wallensteins votiert, mit Ausnahme etwa Eggenbergs oder Questenbergs. Pater Lamormain aber hatte sein Stichwort erhalten.

Das stärkste Gewicht unter den Stimmen, die jetzt gegen Wallenstein beim Kaiser laut wurden, lag bei der römischen Kurie. Auf dem Wege über den kaiserlichen Beichtvater Lamormain kam der Einfluß des Papstes zur Geltung. Am Hof des

Kaisers war dieser Giuliemo Lamormain aus Luxemburg, Jesuit und seit 1624 Beichtvater Ferdinands, der eigentliche politische Kopf und zugleich der schärfste Gegner Wallensteins. Ferdinand folgte seinem Beichtvater mit der Unbedingtheit des Gläubigen gegenüber der kirchlichen Autorität. Lamormain wieder sah kein anderes Ziel vor sich als die Kirche, seinen Orden und die Gegenreformation. Der Wunsch Roms war ihm Befehl. Der Papst wünschte in diesem Augenblick nichts weniger als eine Entzweiung zwischen dem Kaiser, der Liga und dem katholischen Frankreich. Noch einmal sah Urban VIII. die Chance eines Friedens zwischen den katholischen Mächten. War dieser Zankapfel Wallenstein aus dem Wege geschafft, so ging die Rechnung Roms auf, so konnte nichts mehr die Einigung der katholischen Mächte im Zeichen der Gegenreformation verhindern. Daß nur die Spanier Wallenstein die Treue hielten, hatte seinen durchsichtigen Grund: Frankreich.

Es war eine europäische Entscheidung, die hier Ferdinand abgerungen wurde. Die Causa Wallenstein war die Angelegenheit eines ganzen Kontinents. Der Kaiser, der sich der Bedeutung dieses für ihn persönlich so schweren Entschlusses bewußt war, wählte für seine Bekanntgabe das Forum des ganzen Fürstenkollegiums, das er am 13. August 1630 zu sich lud. Hier teilte er die Entlassung Wallensteins mit. Die Zahl der kaiserlichen Truppen sollte von über hunderttausend Mann auf nur neununddreißigtausend Mann herabgesetzt werden, und sogar diese sollten teilweise aus Regimentern der Liga bestehen. Der Kaiser hatte also nicht nur auf Wallenstein, sondern auch auf sein Machtinstrument Verzicht geleistet. Maximilian – und im Hintergrund Richelieu – konnten triumphieren.

Mit Wallenstein stürzte aber die kaiserliche Macht selbst. Die deutschen Fürsten waren die ersten Gewinner aus diesem Sturz, die zweiten und entscheidenden waren die außerdeutschen Mächte, denen nun ein geschwächtes Reich gegenüberstand. Regensburg war geradezu eine Aufforderung an sie, vor allem an Schweden und Frankreich, sich nun mehr denn je in Deutschland zu engagieren. Das hatte Ferdinand nicht gesehen, vor allem bezüglich Schwedens erlag er einem Trugschluß, das kleine auf Usedom gelandete schwedische Heer erschien ihm als eine unbedeutende Störung.

Ferdinand wollte seinen General in Ehren entlassen. Er

schickte seine Räte Johann von Werdenberg und Gerhard von Questenberg zu seinem Feldherrn in das Hauptquartier nach Memmingen, um ihm den bitteren Entschluß mitteilen zu lassen. Sie hatten den Auftrag, die Absetzung dem General so schonend wie möglich mitzuteilen. Wallenstein möge seine Entlassung ohne jede Bedingung annehmen. Fast klingt da eine Furcht des römisch-deutschen Kaisers vor dem Zorn des Feldherrn durch.

Die gleiche Furcht haben wohl die Abgesandten selbst nicht empfunden. Es waren Wallensteins Freunde – und es war wohl ein Augurenlächeln, das hier getauscht wurde. Denn Wallenstein war schon durch Zwischenträger informiert worden, er wußte bereits, was gegen ihn beschlossen war. Auch jetzt überwiegt die Klugheit des Politikers. Was nützt ihm ein Aufbäumen gegen den kaiserlichen Entschluß? Er kann nicht gegen den Kaiser und die Fürsten zugleich kämpfen. Er muß sich zähneknirschend fügen. Wie sehr er innerlich verletzt, empört ist, darf die Welt nicht erfahren.

So legte er sich seine Pose zurecht, als die kaiserlichen Abgesandten in der Reichsstadt Memmingen erschienen. Höflichkeit war nie seine Stärke. Dennoch empfing er die kaiserlichen Abgesandten mit ausgesuchter Courtoisie. Ehe sie ihre Botschaft beenden konnten, unterbrach er sie mit der Versicherung, er habe sein Schicksal bereits in den Sternen gelesen. Dann sagte er: „Der Kurfürst von Bayern dominiert über den Kaiser, daher kann ich diesem keine Schuld beimessen. Leid tut es mir nur, daß sich Seine Majestät meiner so wenig angenommen, ich will aber Gehorsam leisten." An den Hofkriegsratspräsidenten Collalto schrieb er am 23. August sehr gemäßigt: „Was man in Regensburg concludiert hat, ist mir im Grund meiner Seele lieb, dieweil ich dadurch aus einem großen Labyrinth kommen werde." Questenberg hatte er sogar erwidert, er hätte gar keine liebere Nachricht erhalten können. „Ich danke Gott dafür, aus der Schlinge entschlüpft zu sein."

Wie er in Wahrheit über die Tat von Regensburg dachte, hat man später erfahren. In diesem Augenblick seines Lebens begann sich in ihm jener Entschluß vorzubereiten, der zu seinem Ende führte: der Verrat an seinem kaiserlichen Herrn. Die Verpflichtung gegenüber Ferdinand hatte er damit als eine Last, der er längst überdrüssig war, abgeworfen. Jetzt war er nur mehr Reichsfürst mit der Verpflichtung, seine unabhängige, fürstliche Politik im Reiche zu betreiben, wie er sie verstand: nicht als Mehrer des Reiches, sondern als einer seiner Mächtigen, wie der Bayer, Sachse oder Brandenburger, als Freibeuter in der Liquidationsmasse des Heiligen Römischen Reiches. Zumindest wie einer, der es dem gehaßten Maximilian von Bayern gleichtun wollte; gleichberechtigt auch mit dem sächsischen, dem brandenburgischen Kurfürsten, den Verbündeten von morgen, zu denen er als Gleicher zu Gleichen stoßen wollte. Vielleicht ließ sich mit ihnen eine Reichspolitik gegen den Kaiser treiben? Das war keineswegs Verrat, das verhieß eher die Möglichkeit, das Reich um des Reiches Willen gegen den Kaiser auszuspielen. Natürliche Gegner – oder doch vielleicht Verbündete? – waren auch die fremden Mächte: Spanien, Frankreich, Schweden, Dänemark. Man konnte sie im politischen Spiel eventuell gegeneinander gebrauchen, man konnte sich aber auch ihrer versichern, wie es Maximilian zeitweise mit Frankreich tat.

Eine unmittelbare Folge von Wallensteins Sturz war der Ruin seines Finanzmanns de Witte. „Über alle Maßen bestürzt", überreicht er dem Feldherrn sofort nach der Absetzung eine Aufstellung über noch ausstehende Kontributionen und Gelder aus Böhmen, den Stiften Magdeburg und Halberstadt, aus Mecklenburg, der friedländischen Kammer in Gitschin und so weiter. Den fettesten Posten bildet Schlesien mit einhundertachtzigtausend Gulden nicht bezahlter Kontributionen. Wer wird sie jetzt eintreiben?

Die Seifenblase war geplatzt. De Witte stand vor dem Nichts. Wallenstein konnte gar nichts mehr tun, er war abgesetzt. Natürlich sperrte ihm de Witte nun auch die Gelder, die er dem Friedländer persönlich ausgezahlt hatte: zwanzigtausend Taler Monatsgehalt, für den Hofstaat und persönliche Bedürfnisse Wallensteins bestimmt. Diese verständliche Maßnahme de Wittes empfand sein ehemaliger Herr als Kränkung, Treulosigkeit, Verrat. Doch konnte er ihm nicht mehr befehlen, nicht einmal mehr drohen.

So schrieb Wallenstein an de Witte beruhigend und vertröstend. Natürlich unterschied er jetzt streng zwischen den Geldern, die für kaiserliche Rechnung, und denen, die für ihn persönlich ausgelegt worden waren. Aber auch da konnte er nur vertrösten, denn er stand bei de Witte gewaltig in der Kreide. Daß ihm sein Bankier das Monatsgehalt nicht mehr zahle, nehme er „nicht ohne besondere Befremdung", denn es wäre „wider den getroffenen Accord". Warum solches Mißtrauen? Was für ein Grund liege hier vor? Er selbst wisse keinen. Natürlich wußte er ihn.

Dieser Brief machte auf de Witte keinen Eindruck. Hatte dieser Rettungsanker versagt, so gab es noch einen anderen: den Kaiser. Er schrieb an ihn, erinnerte an seine Verdienste – und klagte Wallenstein an. Nur durch sein „inständiges und unausgesetztes Urgieren" hätte er sich bestimmen lassen, Riesensummen vorzustrecken. Bedenken hätte er dabei nicht gehabt, denn Wallenstein hätte ihm dafür die Kontributionen in Böhmen, Schlesien, den Reichsstiften und Städten zugesagt. Nun sei es damit zu Ende, er stünde vor der Frankfurter Herbstmesse und könne seine Gläubiger nicht bezahlen.

Natürlich mußte er verschweigen, daß Wallenstein sich vergeblich bemüht hatte, die schlesischen Kontributionen hereinzubekommen, weil der Kaiser selbst auf Grund der Intervention Dohnas diese Bemühungen hintertrieben hatte. Hier begann sich ja schon die neue, den Fürsten freundliche kaiserliche Politik abzuzeichnen. Ihr Opfer war neben Wallenstein auch de Witte. Dieser sah seine Lage klar und bat, an jeder finanziellen Hilfe von seiten des Kaisers zweifelnd, um Schutz seiner Person vor der Rache der betrogenen Gläubiger. In Prag, wo er zu bleiben gedenke, sollen ihm die böhmischen Statthalter Schutz gewähren. Das Schreiben endete ein, wie er sich zuletzt bezeichnete, „betrübt und ganz bekümmerter Mann".

In der Nacht zum 11. September 1630 wurde de Witte zum Selbstmörder. Er stürzte sich in den Brunnen seines Hauses in Prag. Schon Tage vorher hatte dieser ungekrönte Herrscher seiner Zeit, durch dessen Hände die Gelder des ganzen Reiches flossen, um in einem sinnlosen Krieg verheizt zu werden, Zeichen geistiger Störungen gezeigt, sinnlose Anordnungen erlassen, war ziel- und planlos durch die Räume seines Hauses geirrt, ein Gespenst seiner selbst – und seines Herrn und Meisters Wallenstein.

Ein Bericht an den Kaiser spricht davon, Johann de Witte sei „wegen eines besorgenden Falliments in eine solche Melancholey geraten, daß er, wie man vermuten will, aus Unsinnigkeit sich selbsten in den Brunnen in seinem Haus . . . gestürzt und darüber Todes verfahren“.

Wallenstein war noch immer über die Streichung seines Monatsgehaltes so tief verletzt, daß ihn der Tod de Wittes kalt ließ. Vergessen war alles das, was er de Witte in glücklicheren Tagen verdankt hatte, nicht vergessen aber die Beträge, die ihm sein Bankier, angeblich oder wirklich, noch schuldete. Aber er mußte wie die anderen Gläubiger warten. Als die Konkursverhandlungen nach zehn Jahren abgeschlossen wurden, war Wallenstein schon lange tot. Doch wirkte sich seine Ermordung in Eger auf die Konkursverhandlung insofern aus, als jetzt aus dem Gläubiger Wallenstein ein Schuldner wurde. So wenigstens sah es die Liquidationskommission, die Wallensteins Hinterlassenschaft abhandelte.

Nach außen hin gelassen, zog sich Wallenstein in seine Lieblingsresidenz nach Gitschin zurück. Während er dort glänzend Hof hielt, war in Regensburg das Fell des Bären geteilt worden.

Die Schwäche des Kaisers offenbarte sich aber augenblicklich. Die Kurfürsten hatten als Nachfolger Wallensteins Maximilian von Bayern vorgeschlagen. Für die kaiserliche Macht bedeutete das, daß hier der Teufel mit dem Beelzebub ausgetrieben wurde. Die Räte des Kaisers schlugen daher vor, dem Bayern nur mit geminderten Rechten den Oberbefehl zu überlassen. Er sollte weder ein Recht auf Ernennung seiner Offiziere noch auf Werbungen haben. Außerdem sollten das kaiserliche und das Heer der Liga unter einem gemeinsamen Oberbefehl vereint werden. Natürlich opponierte Maximilian heftig gegen dieses Projekt.

Man verhandelte mehrere Wochen hindurch. Endlich einigte man sich auf eine Reduzierung der kaiserlichen Armee auf vierzigtausend und der Armee der Liga auf zwanzigtausend Mann. Den Oberbefehl sollte nicht Maximilian, sondern Tilly, der fügsame General, erhalten. Der Unterhalt der Armee auf Reichskosten war ein Zugeständnis der Fürsten. Ihre Einigung mit dem Kaiser stand im Schatten einer Schreckensnachricht: König Gustav Adolf von Schweden war im Juli in Stralsund gelandet.

Die schwedische Karte war der nächste Trumpf, den Richelieu in Regensburg ausspielte. Der erste war der Sturz Wallensteins gewesen. In Regensburg hatte Frankreich dem Hause

Habsburg wohl die schwerste Niederlage in diesem europäischen Krieg zugefügt, ohne auch nur einen Soldaten einzusetzen.

Ferdinand war in Deutschland isoliert. Die Wahl seines Sohnes zum deutschen König konnte er unter diesen Umständen nicht durchsetzen. Der Krieg ging nach dem Willen Frankreichs weiter, aber mit veränderten Fronten. Nicht mehr ein katholisches Deutschland sollte ein protestantisches Deutschland mit jeweils ausländischer Unterstützung bekriegen, nein, katholische Fürsten sollten, mit protestantischen Fürsten verbündet, mit Unterstützung Frankreichs und Schwedens, das Haus Habsburg zu Fall bringen. Die Hauptlast des Krieges war hiebei Gustav Adolf zugedacht, für den dieser Feldzug trotz allem noch immer den Anstrich eines Religionskrieges hatte. Es ist dies nur einer der grotesken Widersprüche, in die sich die Politik der Zeit verwickelte.

Einer Einigung der katholischen und evangelischen Fürsten stand das Restitutionsedikt entgegen, jenes wenige Jahre alte und doch so erschreckend überholte Relikt eines Glaubenskampfes, der schon längst kein Glaubenskampf mehr war. Es stand der neuen französischen Politik im Wege, es war anderseits das letzte Band, das die katholischen Fürsten der Liga an den Kaiser fesselte. An diesem Edikt scheiterte vorläufig die französische Politik.

Erfolgreich war sie nur in Schweden. Gustav Adolf wurde durch reiche Subsidien gewonnen. Den protestantischen Fürsten sollte durch ihn der Rücken gestärkt werden, die Liga gedachte Richelieu neutral zu halten. Nur den Kaiser allein sollte der Schlag der Schweden treffen. Das Restitutionsedikt fiel bei diesen Verhandlungen völlig unter den Tisch, denn Gustav Adolfs Ziel war die Herstellung der alten Verhältnisse bei einem gleichzeitigen Neutralitätsanbot an die Liga. Von Ludwig XIII. von Frankreich verlangte er jährlich dreihunderttausend Taler Unterstützung. Als einziger in diesem europäischen Konzert kalt berechnender Larven der Macht war Gustav Adolf seinem Ziel treu geblieben, den evangelischen Glauben in Deutschland zu retten. Aber dieses religiöse Ziel barg Aspirationen der Macht in sich, hinter denen nicht zuletzt Gustav Adolf selbst stand.

Der Abschluß seines endgültigen Vertrages mit Frankreich

am 23 .Jänner 1631 zu Bärwald leitete einen neuen Abschnitt des Krieges ein. Gustav Adolf hat Frankreich, die katholische Macht, darin ausdrücklich verpflichtet, für die „Restitution der Unterdrückten", also für das protestantische Ziel in Deutschland, zu wirken, für den Pfalzgrafen, gegen Bayern und gegen die Liga. Die Politik Richelieus, eines Kardinals der Kirche, die den Protestantismus als Ketzerei verdammte und mit gegenreformatorischer Leidenschaft verfolgte, wurde hier auf eine Unterstützung eben dieser Ketzer festgelegt. Ein katholisches Land, das in den blutigen Hugenottenkriegen der Ketzerei im eigenen Land begegnet war, hatte sich damit ohne religiöse Rücksichten der reinen Machtpolitik in die Arme geworfen.

Der Gewinner war Gustav Adolf. Durch diesen diplomatischen Sieg hatte er auch Frankreichs ursprünglichen Plan, die Fürsten gegen den Kaiser zu einigen, endgültig zerstört. Es blieb den Franzosen nur die Hoffnung auf die protestantischen Fürsten, die durch das Auftreten Gustav Adolfs gewaltigen Auftrieb erhielten. Die Liga allerdings war durch diese Frontveränderung an die Seite des Kaisers zurückgezwungen worden.

Sachsen und Brandenburg, bekannt durch ihre Schaukelpolitik, schwankten noch, während von den katholischen Fürsten der Verzicht auf das Restitutionsedikt nicht zu erwarten war. Ein solcher Verzicht hätte sogar eine vollständige Einigung der gesamten deutschen Fürsten gegen Schweden und Frankreich bedeuten können. Aber der Zankapfel dieses Ediktes wirkte zerstörend und lähmend. So sollte der neue Kampf wieder in Deutschland und auf Kosten Deutschlands ausgetragen werden.

Breitenfeld

Am 5. Juli 1630 war Gustav Adolf mit dreizehntausend Mann auf der Insel Usedom gelandet. Der Kampf um die Entlassung Wallensteins war zu diesem Zeitpunkt noch nicht entschieden. Daher geschah nichts gegen den neuen Feind.

Die kaiserlichen Truppen waren in ganz Deutschland verstreut, der Generalissimus wartete in Memmingen auf seine Absetzung, die Fürsten der Liga waren intensiv mit dem Kaiser beschäftigt. Aber auch das protestantische Lager war in sich noch keineswegs einig.

Dessenungeachtet setzte Gustav Adolf sein Unternehmen fort. Am 19. Juli schiffte er sich in Stettin ein. Mit dem Herzog von Pommern schloß er ein Bündnis ab, das ihn seinem Herrschaftstraum, beide Küsten der Ostsee zu beherrschen, noch näher brachte.

Von Stettin aus führte Gustav Adolf den Krieg weiter. Bei Anklam und Wolgast drängte er die ehemals Wallensteinischen Truppen zurück und begann zugleich, den Herzog aus seiner mecklenburgischen Herrschaft zu vertreiben. Nach dem Fall der Stadt Ribnitz hielt Gustav Adolf seinen Einzug in Mecklenburg. Dort rief er die Bewohner dazu auf, alle Anhänger Wallensteins zu erschlagen. So ging, während Wallenstein abgesetzt wurde, zugleich eines seiner Herzogtümer verloren. Die kurzlebige Herrschaft des „Generals des Ozeanischen und Baltischen Meeres“ verschwand klanglos im Orkus der Geschichte.

Bei Greifenhagen griff nun Gustav Adolf die Kaiserlichen an. Da sie der sorgenden Hand des verehrten Generalissimus bereits entzogen waren, litten die kaiserlichen Soldaten unter größter Not. Die halbverhungerten und zerlumpten Truppen wurden von den Schweden mühelos zurückgedrängt. Ihre Flucht gestaltete sich zu einer Tragödie für die betroffenen Länder. Da den Schweden nichts überlassen werden sollte, wurden Plünderungen in größtem Umfang durchgeführt. In vielen Fällen wurden die Städte und Ortschaften auch noch angezündet, damit den nachrückenden Schweden nur mehr rauchende Trümmer blieben. Dagegen gingen die Schweden, die vielfach als Befreier begrüßt wurden, sehr diszipliniert vor, achteten fremdes Eigentum und bezahlten alles, was sie in Anspruch nahmen. Erst nach dem Tode Gustav Adolfs sollte dies anders werden.

Die kaiserlichen Truppen riefen nun Tilly um Hilfe an. Dieser, in hohem Alter noch einmal zum Oberbefehl berufen, trat mit Unlust sein Amt wieder an. Zudem stand Maximilian, sein Herr, in Neutralitätsverhandlungen mit Schweden. Die Niederlagen der kaiserlichen Truppen wurden daher auf die leichte Schulter genommen.

Die Verhandlungen zogen sich durch Monate hin. Tilly war in sie, die dem Kaiser und Reich gegenüber einen verräterischen Charakter hatten, nicht eingeweiht. Er nahm seine neue Stellung als Befehlshaber der kaiserlichen Truppen ernst. Von Maximilian nicht gehindert, rückte er nach Halberstadt vor. Von dort brach er im Jänner 1631 auf, um sich mit den kaiserlichen Truppen gegen die Schweden zu vereinen.

Der elende Zustand der kaiserlichen Truppen hinderte nun Tilly, sich energisch gegen die Schweden zu wenden. Zudem war Brandenburg, das sich zunächst neutral verhalten hatte, gerade dabei, vom Reich abzufallen. Gustav Adolf nützte die Gelegenheit des Stillstands Tillys, um Wallensteins Fürstentum endgültig zu erobern. Ein Ort nach dem anderen fiel in seine Hand.

Inzwischen belagerte und eroberte Tilly Magdeburg und verschaffte so dem Schwedenkönig eine neue Atempause. Sie wurde mit der Opferung Magdeburgs, das am 10. Mai 1631 in Flammen aufging, erkauft.

Die Einnahme Magdeburgs durch Tilly gehört zu den schrecklichsten Szenerien im Pandämonium dieses Krieges. „Da ist nichts als Morden, Brennen, Plündern, Peinigen, Prügeln gewesen", berichtet der Magdeburger Ratsherr Otto von Guericke, später berühmt als Physiker und Erfinder der Luftpumpe. „Insonderheit hat ein jeder von den Feinden nach vieler und großer Beute gefragt. Unter welcher währenden Wüterei, dann und da diese so herrliche Stadt, die gleichsam eine Fürstin im ganzen Lande war, in voller brennender Glut und in

Eine Reiterschlacht im Dreißigjährigen Krieg
(Ölgemälde von Peter Snayers, 1650)

solchem Jammer und unaussprechlicher Not und Herzeleid gestanden, sind mit gräulichem ängstlichen Mord- und Zetergeschrei viel tausend unschuldige Menschen, Weiber und Kinder kläglich ermordet und auf vielerlei Weise erbärmlich hingerichtet worden, so daß es mit Worten nicht genugsam kann beschrieben und mit Tränen beweint werden." Die von den Kaiserlichen und Tilly nicht in diesem Umfang beabsichtigte Zerstörung Magdeburgs durch den Brand wurde für diese selbst zum größten Nachteil, denn die Stadt fiel als Operationsstutzpunkt Tillys aus. Es war von ihr nach der Katastrophe mit Ausnahme des Doms fast nichts übrig.

Am 17. September 1631 schlug Gustav Adolf den General Tilly bei Breitenfeld nächst Leipzig vernichtend. Magdeburg war gerächt.

Die Schweden verdankten ihren Sieg der strategischen Überlegenheit ihrer Kürassiere und Dragoner, die leichter gerüstet und daher viel wendiger als die kaiserlichen Truppen waren und so in den Feind einbrechen konnten. Auch die schwedische leichte Artillerie, die aus kleinen, mühelos transportablen Geschützen bestand, war durch ihre Beweglichkeit überlegen. Die Infanterie stellte Gustav Adolf nur sechs Mann tief auf und zerlegte die großen Massen in kleine Abteilungen. Die Kaiserlichen setzten ihm die tiefen Quadrate ihrer Bataillone entgegen, in denen die schwedische Artillerie furchtbar hauste. Die schwedischen Soldaten waren auf schnelles Vorgehen und schnelles Feuern gedrillt. Durch dieses nahe Pelotonfeuer wurden insbesondere die Wallonenregimenter Tillys dezimiert.

Die Schweden waren nun für Jahrzehnte Deutschlands Schicksal. Das Mißtrauen der Fürsten, auch der protestantischen, wandte sich nun nicht mehr gegen Wallenstein und den Kaiser, sondern gegen diesen neuen Herrn, der wie ein Missionar der lutherischen Lehre unter sie getreten war und der ihnen mit einem Schlag viel zu mächtig wurde. War da nicht Wallenstein das kleinere Übel gewesen? In der Masse des protestantischen Volkes aber hatte Gustav Adolf die Herzen gewonnen; inmitten all der Qualen, die dieser Krieg den einfachen Menschen besonders des flachen Landes bereitete, sah man im Schwedenkönig einen Erlöser, einen Friedensbringer. Aber auch dieses Bild Gustav Adolfs sollte mit anderen Illusionen, an die man sich in dieser qualvollen Zeit hielt, untergehen.

Die Breitenfelder Niederlage schlug in Süddeutschland wie eine Bombe ein. Weite Landstriche waren dort bisher vom Kriege verschont geblieben. Nun fraßen sich die Armeen des Feindes aus dem Norden immer näher an reiche und blühende Landschaften heran und bedrohten sie mit derselben Verwüstung, die die norddeutschen Landschaften heimgesucht hatte.

Für das protestantische Deutschland bedeutete die Wende durch Breitenfeld eine Genugtuung und die reelle Hoffnung, den Krieg günstig entscheiden zu können. „Alles, was seit einem Jahrzehnt geschehen war", urteilt Ranke, „war die Wirkung der Schlacht am Weißen Berge. Breitenfeld war, wenn wir so sagen dürfen, die Antwort darauf."

Wenn man auf katholischer Seite einen Sündenbock für die Niederlage suchte, so war Maximilian von Bayern dafür bestens geeignet. Er war der Antreiber zum Sturz Wallensteins gewesen. Mit dem Generalissimus hatte das kaiserliche Heer das Kriegsglück verlassen. Hier aber war mit ihm zusammen das

Heer der Liga unter Tilly geschlagen worden. Wallenstein war gerechtfertigt. Breitenfeld war ihm sicher nicht nur deswegen lieb, weil Maximilian die volle Last der Niederlage zu tragen hatte. Daß der Kaiser dadurch ebenso in äußerste Bedrängnis geriet, stärkte die Stellung des Friedländers ungemein, nicht nur durch die moralische Rechtfertigung.

Zunächst zergingen die Reichspläne des Kaisers buchstäblich in Nichts. Was jetzt in Nord- und Mitteldeutschland geschah, wirkte auf die Katholiken wie ein Hohn auf das Restitutionsedikt: überall flohen die Repräsentanten der katholischen Restitution, und der Besitz ging wieder in protestantische Hände über. Nach Mecklenburg kehrten die alten Herzöge zurück. Der Erzbischof von Mainz mußte flüchten. Gustav Adolf, so hieß es, wolle sich zum Römischen König krönen lassen. Zwei Kurstimmen, die von Sachsen und Brandenburg, deren Herrscher nun nach langem Schwanken zu ihm gestoßen waren, hatte er bereits in der Tasche. Dazu kam die Stimme des vertriebenen Kurpfälzers.

Ob Gustav Adolf das alles wirklich wollte, ist fraglich. Jetzt, nach Breitenfeld, wollte er aber keinesfalls den Frieden, sondern die Fortsetzung des Krieges. Ganz Deutschland mußte in seine Hand fallen, dann erst ging es der Gegenreformation verloren. Schon hatte dieser einzige Ideologe unter den Streitern dieses Krieges seine Geistlichen nach Deutschland geschickt, die sich um die Wiederherstellung des evangelischen Glaubens bemühten. Es ging Gustav Adolf um mehr als um die Macht allein, daher war er Kompromissen nicht zugänglich. Eine neue Friedensaktion, die der Landgraf von Darmstadt unternahm und die der Kaiser – er hätte das Restitutionsedikt geopfert! – unterstützte, wies Gustav Adolf von sich, dem es nun nicht mehr um die „Ostseekante“ ging, sondern um das Ganze, das Reich.

Fest gewillt, den Krieg fortzusetzen, stand der Schwedenkönig vor der Wahl, sich gegen die Liga oder gegen die kaiserlichen Erblande zu wenden. Ferdinand hatte in Böhmen und Mähren nur armselige Trümmer seiner Armeen stehen. Der Weg ins Herz Habsburgs hätte Gustav Adolf der Kaiserwürde nähergebracht. Aber er entschied sich für die Gegenden am Main und Rhein, durch die reichen Bistümer, aber wohl auch durch die Nähe der französischen Hilfe angelockt. Den Kampf in Böhmen überließ er dem Kurfürsten von Sachsen, er selbst wandte sich mit dem Schwedenheer gegen Westen. Im Rücken war er durch eine feste Allianz mit Sachsen, Brandenburg und Mecklenburg gesichert. Im Ganzen standen ihm achtundsechzigtausend Mann zur Verfügung, ein beachtlicher Heerhaufen, der sich noch im September in Bewegung setzte.

Ende September 1631 waren die Schweden in Erfurt, Würzburg wurde am 4. Oktober genommen. Hier fielen den Schweden große Reichtümer in die Hände, die der Bischof im Stich lassen mußte. Gustav Adolf taufte das Bistum in ein „Herzogtum Franken" um, als dessen Herrn er sich selbst einsetzte. Die geistlichen Besitzungen rund um Würzburg wurden rücksichtslos eingezogen, wobei Gustav Adolf mit großzügigen Geschenken an seine Offiziere Wallenstein nicht nachstand.

Tilly hatte nach seiner Niederlage sein Heer bei Halberstadt gesammelt und versuchte nun mit dreißigtausend Mann Würzburg zu entsetzen. Gustav Adolf zog ihm mit nur sechstausend Mann entgegen, überfiel Tillys Heer bei Nachtzeit und schlug es in die Flucht. Dann wandte sich der König gegen Mainz, dessen Kurfürst geflohen war, während die Stadt nur mehr von spanischen Truppen verteidigt wurde. Das Heer der Liga hingegen löste sich in alle Winde auf. In Mainz, das bald genommen war, konnten die Schweden in aller Ruhe überwintern. Hier führte Gustav Adolf Verhandlungen mit dem Ziel, die Liga zu neutralisieren. Er hätte dann nur mehr einen nennenswerten Feind gehabt: den Kaiser.

Im Dezember unterrichtete Maximilian von Bayern den Kaiser pflichtgemäß, aber spät, von den Unterhandlungen, die er mit Frankreich und Schweden führte, um die Liga neutral zu halten. Gustav Adolf verlangte als Preis neben Mainz und Würzburg auch die Stifte von Fulda und Bamberg.

Die Verhandlungen mit der Liga zogen sich bis in den März 1632 hin. Die Berichte über sie zeigten Ferdinand die ganze Gefahr. Sie wurde nicht gedämpft durch die Bereitschaft Maximilians, sich angesichts der maßlosen schwedischen Forderungen ganz in die Arme des Kaisers zu werfen. Was brachte er schon ein, außer Fragmenten und Trümmern eines einstmals stolzen Ligaheeres?

Einen kleinen Lichtblick gab es allerdings: die Bedrohung Habsburgs aus dem Osten löste sich bald nach dem Tode Gábor

Bethlens von Siebenbürgen am 15. November 1629 in Nichts auf. Sein Nachfolger wurde 1630 Georg Rákóczy, zwar Kalvinist, aber auf ein friedliches Einvernehmen mit dem Kaiser bedacht. Zu Kaschau schloß er 1631 eine Art von Nichtangriffspakt mit dem Kaiser. Auch der Sultan erkannte Rákóczy als Fürsten an. Damit hatte Ferdinand den Rücken frei. Aber was war das schon gegen die europäische Verschwörung, die sich in Deutschland gegen ihn bildete?

Da ändert sich abermals die Szene, ein neuer Auftritt in der Tragödie um Deutschland beginnt. Denn Wallenstein hat sein Stichwort erhalten.

Das zweite Generalat

In diesem Augenblick höchster Bedrängnis war es für den Kaiser selbstverständlich, sich Wallensteins wieder zu erinnern, der ihn durch großzügige Hilfe schon einmal aus einer ähnlichen prekären Situation herausgeführt hatte.

Dieser saß, noch immer zutiefst verletzt und Rache brütend, in Böhmen, nun ebenso wie der Kaiser durch die Schweden in seinen letzten Besitztümern bedroht. „Seinem unersättlichen Durst nach Größe und Macht war der Undank des Kaisers willkommen", charakterisiert ihn Schiller in dieser Situation, „der seinen Schuldbrief zu zerreißen und jeder Pflicht gegen den Urheber seines Glückes zu entbinden schien. Entsündigt und gerechtfertigt erschienen ihm jetzt die Entwürfe seiner Ehrsucht im Gewand einer rechtmäßigen Wiedervergeltung. In eben dem Maß, als sein äußerer Wirkungskreis sich verengte, erweiterte sich die Welt seiner Hoffnungen, und seine schwärmende Einbildungskraft verlor sich in unbegrenzten Entwürfen, die in jedem anderen Kopf als dem seinigen nur der Wahnsinn erzeugen kann."

Aber auch als kühler Rechner taxierte Wallenstein die neue Lage, die durch den Siegeszug Gustav Adolfs entstanden war. Was band ihn noch an den Kaiser? Daß er selbst schon längst mit den Schweden Verhandlungen angeknüpft hatte, daß er also seit 1631 am Kaiser Verrat übte, davon wußte nur ein kleiner Kreis. Der Wiener Hof ahnte nichts.

Im Zeichen dieses Tuns, nicht etwa in einer offenen Feldschlacht, vollzieht sich die erste Konfrontation zwischen Gustav Adolf und Wallenstein. Sie treten einander also zunächst nicht als Gegner gegenüber. Wir dürfen mit Ricarda Huch annehmen, daß Wallenstein den Schwedenkönig insgeheim achtete und fürchtete. Ihm war sicher klar, daß ihm Gustav Adolf als Feldherr überlegen war. Dagegen hielt er wohl von seiner eigenen diplomatischen Kunst mehr. Wie wäre es also, wenn er diese Macht umwarb und umgarnte?

Auf Wallenstein hatte es immerhin schon im November 1630 Eindruck gemacht, als ihm damals Gustav Adolf zu seiner Absetzung kondoliert hatte. Aber erst Monate später benützte Wallenstein den böhmischen Exulanten Jaroslav Sezyma Rašin, um zum Schwedenkönig Verbindungen anzuknüpfen und diesen von seiner feindlichen Haltung gegenüber dem Kaiser in Kenntnis zu setzen.

Rašin hat über diese Verhandlungen im Jahre 1635 einen in der historischen Wahrheit allerdings umstrittenen Bericht geliefert. Er erhielt darnach am 17. Mai 1631 von Tertschka die Aufforderung, zum Grafen Thurn zu reisen und durch ihn den König von Schweden wissen zu lassen, Wallenstein „könnte dem König viele gute Dienste tun“. Das sollte mehr oder weniger unter der Hand und nicht so gesagt werden, als ob es direkt vom Friedländer käme.

Bald konnte diese Mitteilung dem schwedischen König von Thurn und Rašin direkt vorgetragen werden. „Darüber sich der König anfänglich sehr verwundert und dem fast nicht Glauben habe geben wollen. Endlich aber gesagt: er vernehme sehr gern, daß der Fürst resigniert hätte, es wäre sein Glück . . .“ Zu mehr kommt es einstweilen noch nicht, aber das Eis ist gebrochen.

Wallenstein hatte bei diesen Verhandlungen ein konkretes Ziel vor sich: er suchte nun mit Hilfe Schwedens das zu erreichen, was ihm der in seinen Augen treubrüchige Kaiser niemals geben würde: die Königskrone von Böhmen. War er nicht unter einem „königlichen Stern“ geboren? Die Astrologen versicherten es ihm. Aber diese Krone war nur gegen das Haus Österreich zu gewinnen.

Am 18. Juni 1631 schickte daher Wallenstein durch Rašin Botschaft an Gustav Adolf. Hier versicherte er, er werde das Angebot des Kaisers, das bereits an ihn ergangen war, nicht annehmen. Dann fügte er hinzu: „Ich gebe dem König meine Resolution und versichere dem König mündlich durch Euch, daß, wann ich meine Zeit sehen werde, ich von dem Kaiser ganz abfallen und zu ihm fallen will.“ Der König solle ihm Truppen nach Böhmen schicken, er selbst wolle die böhmischen und schlesischen Truppen für sich gewinnen. Dazu gab Wallenstein dem König noch strategische Ratschläge: der König solle Dömitz, Rostock und Wismar erobern, die kaiserliche Besatzung auf sich vereidigen und alle Offiziere, die schwedische Dienste ausschlagen würden, „bei den Köpfen nehmen“.

Gustav Adolf war von diesem Angebot Wallensteins tief beeindruckt. Bot sich ihm hier doch der größte und erfolgreichste Heerführer, Politiker und Landesfürst Deutschlands zur Hilfe an! Er versicherte Wallenstein, er wolle ihm gegen den Kaiser beistehen. Wenn Gott ihm Glück verleihe, wolle er dem Herzog die verlangten Truppen nach Böhmen senden.

Wallenstein entwickelte nun vor dem schwedischen Unterhändler durch Rašin – es war schon nach der Niederlage von Breitenfeld – folgenden Plan: Er wolle Offiziere der kaiserlichen Armee an sich ziehen (wobei er auf den Glanz des Namens Wallenstein baute!) und dann den Kaiser aus Wien verjagen, während Gustav Adolf sich Tillys annehmen sollte. „Zu Wien fürchtet sich alles“, versicherte Wallenstein, „daß sie nicht wissen, was sie tun sollen; der Kaiser schreibt mir zu und bittet, ich solle das Generalat wieder auf mich nehmen. Allhier zu Prag gehen sie auch zu mir, um meinen Rat zu bitten. Ich wollte ihnen schon einen Rat geben, aber wenn die Schelme von diesem Rat wüßten, würden sie nicht zu mir kommen. Ich will es ihnen bald geben, denn jetzt ist es Zeit; ich will, daß das Haus Österreich und der König von Spanien von Grund aus verderbt werden.“

Über den König von Frankreich äußerte sich Wallenstein bei dieser Gelegenheit, man solle ihm gute Worte geben, aber ihm nicht zuviel trauen. Er riet Gustav Adolf, dieser „soll überall werben lassen und sich stärken“, damit er seiner Feinde mächtig sei und sie mit der Wurzel ausrotten könne. Denn „eine Weide, wenn sie nicht mit der Wurzel ausgerissen wird, sprießt wieder aus“. Er selbst werde Böhmen, Mähren und Österreich einnehmen, einen ansehnlichen Anhang daselbst finden und dann auch die innerösterreichischen Länder Kärnten und Krain gewinnen. „In Summa werde man mit Bewunderung sehen, was er dem König für Dienste leisten werde, und dieser werde wohl mit ihm content (zufrieden) sein. Jetzo begehre er nichts vom König, bis alles geschehen sei. Dann werde er sich schon mit dem König vergleichen.“ Nochmals mahnte er Gustav Adolf, mit dem Kaiser keinen Frieden zu schließen.

Rašin kehrte mit dieser Botschaft zu Gustav Adolf zurück. Am 9. Oktober ließ ihm der König mitteilen, er habe noch einen starken Feind vor sich und könne ihm so viel Volk nicht nach Böhmen schicken. Aber er wolle Wallenstein drei Regimenter, etwa fünfzehnhundert Mann, schicken.

Der darob enttäuschte Wallenstein unternahm daraufhin keine weiteren Schritte. „Das hat den Fürsten hoch verdrossen", berichtet Rašin, „und gesagt: weil der König nicht will, da doch die Sachsen so weit kommen, so muß es anders gehen." In diesem Augenblick wußte er schon, wie sehr sich in Wien die Stimmung zu seinen Gunsten gewandelt hatte. Er begann wieder auf den Kaiser zu setzen.

Anläßlich der Niederlage der Liga bei Breitenfeld äußerte sich Wallenstein auch über Tilly, seinen unebenbürtigen Mitstreiter in der Liga, dieser sei um alle Reputation gekommen. Und dann fuhr er in seiner großsprecherischen Art fort: „Wenn das mir passierte, ich nähme mir selbst das Leben; aber es ist gut für uns."

Es war gut für ihn. Er ließ es sich in seiner Warte- und Lauerstellung bestens gehen. Ein Agent des Kurfürsten Johann Georg berichtet über Wallenstein aus Prag im August 1631: „Ihre Fürstliche Gnaden, der Herzog von Friedland, befinden sich samt seiner Gemahlin und Fräulein Tochter zu Prag und logieren in ihrem neuen Palatium, so gleichwohl bei weitem noch nicht gar ausgebaut. Sie halten fast wie zuvor einen ziemlich starken und ansehnlichen Hof, haben noch etliche vornehme Grafen und Herrn, so deroselben aufwarten, wie auch fünfzig Trabanten und werden täglich vier Tafeln gespeist; halten auch bei hundertsechzig Pferde und zahlen das Hofgesinde alle Quartal richtig aus. Ihre Fürstliche Gnaden lassen sich gemeiniglich gar böhmisch speisen; die Offiziere werden gar wohl und ansehnlich traktiert . . ."

Diesem Mann nun, der beim Kaiser selbst nie in Ungnade gefallen war und sein unverändertes Vertrauen genoß, bot der Hofkriegsrat Questenberg im Oktober das Oberkommando unter der früheren Bedingung an. Ferdinand hatte dabei den Beifall Spaniens, das als einziges Land aus Anlaß der Absetzung zu Wallenstein gestanden hatte. Schon im Mai 1631 hatten die Spanier die Wiederherstellung des friedländischen Generalats gefordert. Was aber beide Seiten nicht erwartet hatten, geschah: der eben von Gustav Adolf enttäuschte Wallenstein schlug das Anerbieten des Kaisers aus.

Im Dezember versuchte Hanns Ulrich von Eggenberg neuerlich, den Friedländer zur Übernahme des Generalats zu überreden. Eggenberg war damals der einflußreichste Ratgeber Ferdinands. Am 10. Dezember kam er mit Wallenstein in Znaim zusammen. Er hatte den kaiserlichen Auftrag, Wallenstein „durch dienliche Mittel und persuasiones" (Überzeugungen, hier wohl als Überredungskunst zu verstehen) zur Übernahme des Oberkommandos zu veranlassen. Eggenberg hatte große Mühe, denn Wallenstein war ein zäher Verhandler. Er sagte dem Abgesandten des Kaisers alle Kränkungen, die er durch seine Absetzung erfahren hatte, noch einmal ins Gesicht, beklagte sich über den Undank, den seine Taten geerntet, spielte den Gekränkten, unschuldig Verfolgten. Es war ihm eine Lust, immer wieder in der alten, nie verheilten Wunde zu bohren, die sein ganzes Sinnen und Trachten bestimmte, seit er sie empfangen hatte.

Die Verhandlungen Wallensteins mit den Schweden waren inzwischen weitergegangen, da sich neue Aussichten geboten hatten. Man hatte sich dabei der Vermittlung der Gräfin Tertschka, der Mutter von Wallensteins Schwager Adam Tertschka, bedient. Gustav Adolf erhöhte seinen Preis. Er versprach zuletzt, Wallenstein in Mecklenburg zu belassen und in Böhmen zum Vizekönig zu machen. Wallenstein seinerseits versicherte, er wolle in Böhmen gegen den Kaiser fünfzehntausend Mann aufstellen.

Aus neueren Forschungen wissen wir, daß diese über die Gräfin laufenden Verhandlungen durch ihre Unvorsichtigkeit zur Kenntnis des Wiener Hofes kamen. Dort hatte man aber nicht mehr die Möglichkeit, Wallenstein daraufhin fallenzulassen. Man war auf ihn angewiesen und verhandelte weiter mit ihm. Wallenstein anderseits, der ebenfalls von dem Verrat seiner Geheimverhandlungen an den Wiener Hof erfahren hatte, suchte sich nun selbst von jedem Verdacht dadurch zu reinigen, daß er am Ende doch das Angebot des Kaisers annahm.

Die Empörung der böhmischen Emigranten über Wallenstein war entsprechend groß, denn dieser König in spe wäre ihr großer Trumpf gewesen, durch ihn, den ehemals als Verräter Geschmähten, hätten sie sich Rückkehr und Güter erkaufen können. Rašin gibt hier eine Äußerung von Tertschkas Mutter wieder, Wallenstein hätte sich vermessen, „er wolle dem Kaiser nit mehr dienen, jetzo krieche er wie ein Krebs wiederum zurück. Sie sehe es sehr ungern, daß das, was er mit dem König von Schweden angefangen, zurückgehe." Auch auf schwedischer Seite bedauerte man diesen Rückzug des Fürsten von Friedland.

Doch im Herbst dieses Jahres war Wallenstein mehr und mehr davon überzeugt, er könne mit den Schweden zu keiner Übereinkunft gelangen. Im kaiserlichen Lager winkten ihm größere Erfolge. Natürlich bestärkten ihn die Indiskretionen bei den Verhandlungen in seinem Entschluß. Am 15. Dezember sagte er dem Eggenberger in Znaim zu, das Generalat wieder zu übernehmen.

In einer Zusammenkunft am 30. November im Schloß Kaunitz teilte Wallenstein dem General Arnim, der 1629 in Frieden aus dem kaiserlichen Heer geschieden war und schwedische Dienste genommen hatte, ohne sich dabei mit Wallenstein zu überwerfen, mit, er müsse das ihm vom Kaiser gebotene Kommando nunmehr annehmen. Er wolle aber „in guter Affektion" gegen Gustav Adolf fortfahren – „alles dahin richten und dirigieren, daß der Kaiser mit seinem ganzen Hause schmerzlich sehen und empfinden solle, daß er einen Kavalier affrontiert habe". Gustav Adolf solle davon wissen, damit er, „wenn er erführe, daß Wallenstein wieder auf des Kaisers Seite getreten sei, nicht meine, er hätte darum sein Gemüt geändert und, dadurch offendiert, die Kabalen entdecken möchte".

Das ist aber noch nicht alles. Wallenstein breitet dem schwedischen König eine ganze politische Speisekarte aus: das Restitutionsedikt soll aufgehoben werden – es stand längst nur mehr auf dem Papier –, die kirchenpolitischen Zustände Deutschlands auf den Vorkriegsstand gebracht werden, Böhmen soll ein Wahlkönigtum werden – man könnte ja dann auch einen Fürsten von Friedland wählen! –, und die Pfalz soll zurückgegeben werden. Natürlich sollen in Böhmen und auch anderswo die vertriebenen Adeligen protestantischen Glaubens ihre Güter zurückerhalten.

Dieser Doppelzüngigkeit ist nichts mehr hinzuzufügen. Ein tief verletzter, rachsüchtiger Wallenstein kehrt – man muß wohl sagen, zum Schein – in das kaiserliche Lager zurück. Auf wie lange? Am 18. Jänner 1632 war es soweit. Das Zugeständnis des Kaisers an Wallenstein war enorm: Ferdinand sagt die Aufhebung des Restitutionsediktes zu. Denn nur dadurch konnte Wallenstein die Sache des Kaisers mit einiger Aussicht auf Erfolg führen.

Wallenstein hat damals seiner Entscheidung für den Kaiser und gegen den König von Schweden eine drastische Begründung gegeben: „Es könnten doch zwei Hennen auf einem Mist sich nicht vertragen." Der Ausspruch zeigt, wie sehr sich Wallenstein als das Zünglein an der Waage fühlte. Kein Wunder, wenn er bald alles Maß verlor.

Wallenstein ließ sich das Kommando zunächst auf drei Monate übertragen. Er erhielt den uneingeschränkten Oberbefehl in Österreich und Deutschland, das Recht, Offiziere zu ernennen, als Ersatz für Mecklenburg und als Pfand bis zu seiner Rückeroberung das Herzogtum Groß-Glogau und die Vollmacht für Friedensverhandlungen. Angeblich soll ihm auch ein Kurfürstentum – Sachsen oder Brandenburg – vom Kaiser in Aussicht gestellt worden sein.

Wallenstein wieder Generalissimus – auf diese Nachricht hin eilten aus allen Gegenden und Richtungen die alten Haudegen, denen der Name Wallenstein alles bedeutete, unter seine Fahnen. Dabei wirkte auch der großzügig versprochene Sold und die unter Wallenstein bekannt lockere Disziplin, die dem Soldaten erlaubte, auf Kosten der Zivilbevölkerung sehr gut zu leben, und endlich der Mythos von dem siegreichen Feldherrn Wallenstein.

Die ganzen österreichischen Erblande wurden für Wallensteins Heer ausgepreßt, Taxen und Kopfsteuern mußten von allen Ständen entrichtet werden. Spanische Hilfsgelder kamen noch hinzu, und auch Georg Rákóczy in Ungarn mußte beträchtliche Summen aufwenden. Wallenstein selbst schoß zweihunderttausend Taler von seinem Vermögen zu.

Mit diesen reichen Mitteln konnte der Friedländer sein ganzes Organisationstalent entfalten. Binnen weniger Monate hatter der Kaiser wieder seine Armee. Den Oberbefehl hatte natürlich Wallenstein vollkommen in der Hand. Nur die Ernennung der Generäle nahm der Kaiser auf seinen Vorschlag vor. Im ganzen bot Ferdinand mehr als Gustav Adolf. Als Erfolgsprämie winkten dem Friedländer der Kurhut und eine außerordentliche Entlohnung durch Konfiskationen im Reich.

Lützen

Im Frühjahr 1632 stand Wallensteins Armee in Mähren bereit. Deutschland sah neuen Zerstörungen und Verwüstungen entgegen.

Inzwischen hatte sich die militärische Lage des Kaisers weiter verschlechtert. Der mit Schweden verbündete Kurfürst von Sachsen hatte in Übereinstimmung mit Gustav Adolf den General Arnim in Böhmen einrücken lassen. Tetschen und Aussig wurden erobert. Über Leitmeritz marschierte Arnim, ohne wesentlichen Widerstand zu finden, nach Raudnitz. Am 14. November 1631 stand er vor Prag.

Wallenstein selbst war nach Znaim ausgewichen, und auch der kaiserliche Statthalter floh aus der böhmischen Hauptstadt. Diese, von allen Truppen entblößt, mußte kapitulieren.

Am 15. November zogen die sächsischen Truppen in Prag ein. Es kam zu verschiedenen Gewalttaten, aber nicht zu einer regelrechten Plünderung. Die Protestanten bemächtigten sich der Prager Kirchen, und vom Altstädter Brückenturm wurden die gebleichten Schädel der 1621 hingerichteten Aufständischen abgenommen, um endlich bestattet zu werden.

Der Kaiser zog von allen Seiten Truppen zusammen. Die Lage Arnims gestaltete sich bald mißlich, da er bei seinen Truppenwerbungen in Böhmen begreiflicherweise keinen Erfolg hatte – Wallenstein stand vor den Toren – und die Versorgungslage immer schwieriger wurde.

Wallenstein war rascher, als man gedacht hatte. Er stand im Mai 1632 plötzlich vor Prag. Es bedurfte nur einer kurzen Beschießung der Stadt, und dem Generalissimus öffneten sich die Tore.

Es war der alte Wallenstein, der hier wieder seine Krallen gezeigt hatte. Man erzählte sich allerdings, daß ihm Kapuziner, die über die protestantische Herrschaft in Prag erbost waren, die Tore öffneten. Arnim rückte, um nicht abgeschnitten zu werden, in Eilmärschen aus Böhmen ab.

Unter Gustav Adolfs Fahnen stand die Sache der Protestanten wesentlich besser. Die Schweden saßen nun in Franken und Schwaben und schickten sich an, die bayrische Grenze zu überschreiten.

Maximilian von Bayern rief um Hilfe. Er sandte Schreiben um Schreiben an den, dessen Sturz er so betrieben hatte und der nun seine einzige Rettung war, eines flehender als das andere.

Wallenstein ließ sich natürlich Zeit, um seine Rache gründlich auszukosten. Daß die Schweden sogar München eroberten, war ihm insgeheim nur recht.

Erst Ende Mai beschloß er, Maximilian zu helfen. Er lenkte seine Armee nach Westen und vereinigte sich im Juni mit den Truppen des bayrischen Fürsten, der immer wieder so hartnäkkig als Wallensteins Feind aufgetreten war. Ein Zeitgenosse berichtet über die erste Zusammenkunft der beiden in Eger, „denn jedermann war bekannt, daß der Herzog von Friedland dem Kurfürsten seine Abdankung zur Last legte und daß der Kurfürst sich dagegen einbildete, der Herzog werde es ihm nicht vergessen und nicht ungerächt lassen. Allein beider Interessen und die Erhaltung von Land und Leuten hat aus der Not eine Tugend gemacht, beide haben ihre Leidenschaft unterdrückt und sind einander freundlich entgegengekommen. Doch haben die Neugierigen vermerkt, daß der Kurfürst die Kunst, zu dissimulieren, weit besser verstanden habe als der Herzog von Friedland."

Nach dieser Vereinigung zählte die Armee Wallensteins über sechzigtausend Mann. Der Generalissimus führte sie nach Amberg, zersprengte bei Neumarkt ein schwedisches Regiment und wandte sich dann gegen die Hauptmacht Gustav Adolfs. Dieser war einer solchen Truppenmacht gegenüber unterlegen und wich daher nach Nürnberg aus. Dort schlug er in den Vorstädten ein befestigtes Lager auf.

Wallenstein sah die entscheidende Schlacht vor sich. In Neumarkt hielt er eine Musterung ab und prahlte: „Binnen vier Tagen soll sich ausweisen, wer von uns beiden, der König von Schweden oder ich, der Herr der Welt sein wird."

Doch es dauerte länger, als Wallenstein annahm. Gustav Adolf erhielt in Nürnberg kursächsische, hessische und weimarische Hilfe, so daß nun beide Heere in etwa gleicher Stärke einander gegenüberlagen, zwei Kolosse, von ganz Europa mit

Hoffnung und Bangen beobachtet. Stand die Entscheidung des ganzen Krieges bevor?

Aber Wallenstein, der bedächtige Zögerer, machte keine Anstalten, um die Schlacht zu liefern, die man von ihm erwartete. „Schlachten hat man genug geliefert“, äußerte er sich, „es ist Zeit, einmal einer anderen Methode zu folgen.“ Jetzt zeigte er sich als fast zaghafter Zauderer, als vorsichtig Abwägender, der eher bereit war, durch eine langwierige Belagerung den Gegner zu ermüden. Man erzählte sich damals eine Geschichte von einem schwedischen Rittmeister, den die Kroaten Wallensteins gefangen hatten. Der Herzog von Friedland habe ihn freigelassen, zu seiner Tafel bringen lassen und im Gespräch zu ihm gesagt, er halte den König von Schweden „für den besten und tapfersten Kavalier der Welt“ und er würde gern sehen, wenn zwischen der kaiserlichen und der königlichen Majestät ein heilsamer Friede getroffen werden könnte. Spielte er wieder mit dem Gedanken, Deutschland mit dem Schwedenkönig zu teilen?

Unter solchen seltsamen Begleiterscheinungen drohte der Krieg zu versanden. Nur die Fouragekommandos der beiden Heere lieferten einander Gefechte im Wettlauf um die immer kärglicher werdenden Vorräte des Landes. Hiebei waren Wallensteins Truppen allerdings in den größeren Schwierigkeiten, weil dem Schwedenkönig die Vorräte der Stadt Nürnberg zur Verfügung standen.

Nach etwa zwei Wochen gelang es Gustav Adolf, Verstärkungen an sich zu ziehen. Er wagte die Schlacht. Am 3. September griff er das kaiserliche Lager an, wurde aber zurückgeschlagen. „So hat sich der König bei dieser Impressa (Angriff) gewaltig die Hörner abgestoßen“, berichtet Wallenstein über die Schlacht nach Wien, „indem er allen zu verstehen gegeben, er wolle sich des Lagers bemächtigen oder kein König sein. Er hat damit sein Volk über die Maßen discouragiert (entmutigt) . . .“

Es war die erste Schlappe Gustav Adolfs in Deutschland, Wallenstein – unterhielt er noch immer geheime Verbindungen zu ihm? – hatte sie ihm zugefügt.

Der König bot Verhandlungen an. Sein Heer begann in Nürnberg immer mehr an Versorgungsschwierigkeiten zu leiden. Beide Gegner erwogen den Gedanken eines persönlichen

Zusammentreffens. „Wer hätte sich dem widersetzen wollen, worüber sie miteinander übereingekommen wären", meint Ranke mit Recht. Aber die Umstände sprachen gegen eine solche Zusammenkunft, die Gustav Adolf offiziell anbot.

Daraufhin benachrichtigte Wallenstein in korrekter Weise Maximilian von diesem Schritt, und beide beschlossen, den Kaiser zu fragen. Dieser entschied gegen Verhandlungen, denn Gustav Adolf stand im wesentlichen ungeschlagen im Feld, wenn sich auch seine Versorgungslage immer mehr verschärfte. Die Nürnberger Mühlenvorräte reichten nicht mehr zu Versorgung der schwedischen Armee aus. Von Tag zu Tag büßte sie mehr Pferde ein, die vor Hunger umfielen. Die Mannschaften wurden durch Seuchen gelichtet: über hundert Soldaten starben pro Tag. Gustav Adolfs Lage begann allmählich unhaltbar zu werden.

Aber auch wenn der Schwedenkönig nun Nürnberg aufgab, seine Macht war noch viel zu groß. Wenige Tage vor seinem Abmarsch von Nürnberg zeigte sein Heer allerdings Auflösungserscheinungen, da vor allem die deutschen Hilfstruppen, durch den Hunger getrieben, rücksichtslos zu plündern begannen – zum Entsetzen des Königs. Wallenstein hätte dies nicht so gestört. Gewissensskrupel lagen Wallenstein fern.

Am 18. September brach Gustav Adolf in Richtung auf Neustadt an der Aisch und Windheim auf. Durch Seuchen hatte er vor Nürnberg zwanzigtausend Mann verloren, in der Stadt selbst fielen zehntausend Menschen der Krankheit und dem Hunger zum Opfer.

Wallenstein, dessen Verpflegungslage nicht weniger schwierig geworden war, zog nach Bamberg. Dann gedachte er sich nach Sachsen zu wenden. Denn Arnim war von dort aus mittlerweile in Schlesien eingefallen und hatte Neisse und Oppeln besetzt. Wallenstein ließ Maximilian in Bayern zurück, das dieser gegen einen neuen Einfall Gustav Adolfs allein verteidigen sollte. Er selbst marschierte über Bayreuth nach Thüringen. Das Vogtland und der Thüringer Wald mußten unter seinen Truppen Entsetzliches leiden. Ebenso Sachsen, über das sich jetzt die Flut des kaiserlichen Heeres ergoß.

Am 18. Oktober steht Wallenstein vor Leipzig. In einem persönlichen Schreiben an den Rat fordert er die Stadt zur Übergabe auf. Am 20. Oktober dringen die kaiserlichen Truppen in die Vorstädte ein, die in Flammen aufgehen. Ein zweites Schreiben wird dem Rat übergeben, in dem Wallenstein bei Verweigerung der Übergabe damit droht, es „solle keines Menschen, ja keines Hundes verschont, sondern alles niedergemacht werden. Wie es nun Abend worden" – so erzählt ein Leipziger Tagebuch –, „hat das kaiserliche Volk angefangen, Granaten und Feuerkugeln hereinzuwerfen." Schon am nächsten Tag wird die Stadt übergeben, doch führt die Festung die Verteidigung weiter. Plünderungen und Brände waren die Folge dieses Widerstandes, der nur zwei Tage währte. Der Stadt wurde eine Kontribution von fünfzigtausend Talern auferlegt, aber das Schicksal Magdeburgs blieb ihr erspart.

Der Friedländer stieß nun gegen Torgau vor, um Arnim zu stellen, als er plötzlich die Nachricht vom Anrücken Gustav Adolfs erhielt. Sogleich drehte er um und schlug bei Weißenfels ein Lager auf.

Gustav Adolf rückte über Erfurt an Naumburg heran und überschritt die Saale, ohne daß ihn Wallenstein daran hinderte. Doch dieses Mal war der Generalissimus fest gewillt, sich mit Gustav Adolf zu messen. Seine Truppen waren stärker als die der Schweden. Überdies hatte der Astrologe Seni geweissagt, das Glück des Schwedenkönigs werde im November sinken.

Gustav Adolf blieb dann bei Naumburg stehen, um Verstärkungen abzuwarten. Wallenstein holte den Rat seiner Generäle ein, und keiner von ihnen riet ihm, den Feind in dieser vorteilhaften Stellung anzugreifen. Aber der Winter stand vor der Türe und drängte so zur Entscheidung. Überdies hatte Gustav Adolf beobachtet, daß Wallenstein Teile seines Heeres nach Köln geschickt hatte, um der Stadt zu Hilfe zu kommen. Der Schwedenkönig beschloß, diese Schwächung des Gegners zu nützen, und rückte mit seiner ganzen Macht dem Feind entgegen.

Wallenstein blieb angesichts dieser Bedrohung nicht untätig. Sofort rief der Generalissimus seinen General Gottfried Heinrich von Pappenheim, der nach Halle detachiert war, zurück.

Der schwedische König stellte am 16. November sein Heer bei Lützen in zwei Treffen auf. Sein linker Flügel stand hinter Lützen, der rechte beim sogenannten Floßgraben, die ganze Aufstellung mit der Front nach Norden.

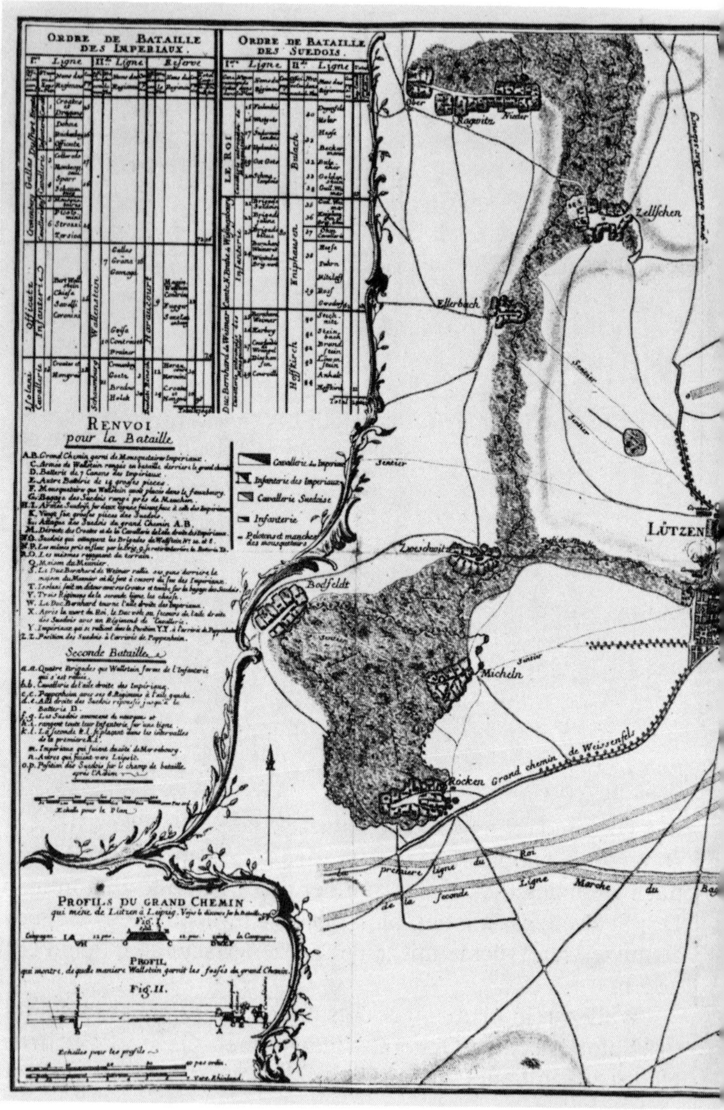

Lageplan der Schlacht bei Lützen (16. November 1632)

Discours sur la Bataille. p. 433. N.° 2.
grand Chemin
Dölen
Tronitz
Schöllen
Räpitz
le Grand Graben
Graben
Menchen
Kaya
PLAN
DE LA BATAILLE
DE
LÜTZEN
gagnée
par les Suedois
le VI Nov.bre MDCXXXII

Der linke Flügel der Kaiserlichen lehnte sich ebenfalls an den Floßgraben, der rechte befand sich nördlich von Lützen. Mitten durch die Front verlief eine Straße, der sich Wallenstein bemächtigt hatte. Noch vor Tagesanbruch saßen hier seine Musketiere in tiefen Gräben. Dreihundert Schritte dahinter stellte Wallenstein fünf Brigaden in Schlachtordnung auf, hinter Lützen auf einer Anhöhe außerdem seine Batterien, die

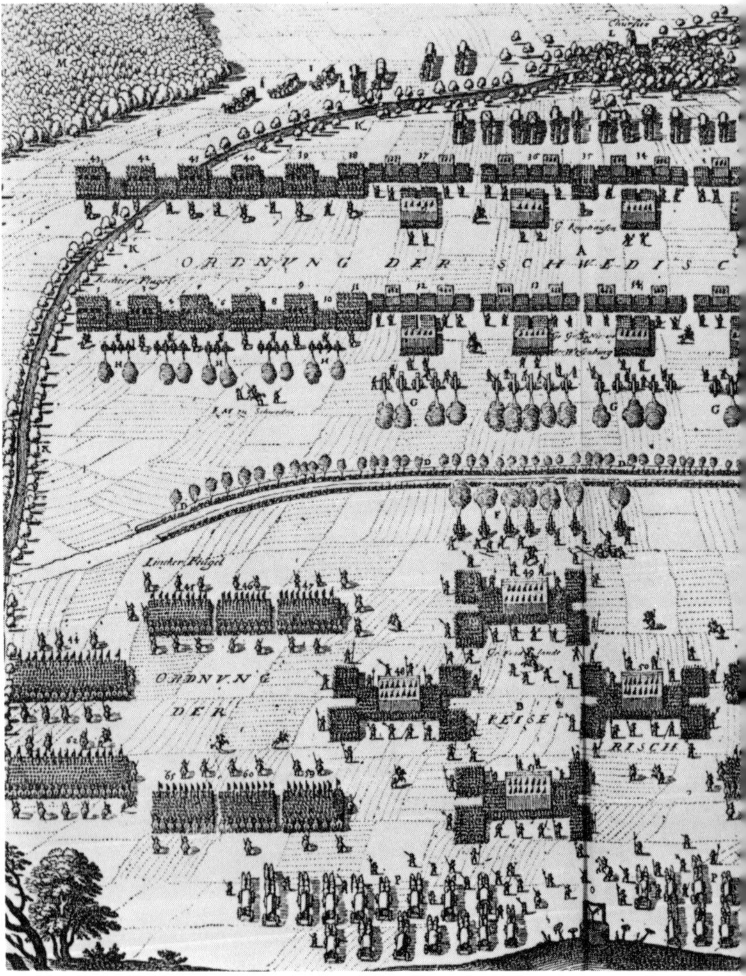

einen großen Teil der Ebene beherrschten. Reiterei deckte die Flügel. Die Aufstellung war vor Tagesanbruch abgeschlossen.

Die schwedische Reiterei des linken Flügels führte Herzog Bernhard von Weimar an, den rechten Flügel führte Gustav Adolf selbst. „Also gerüstet erwartete man die blutige Morgenröte, um einen Kampf zu beginnen, den mehr der lange Aufschub als die Wichtigkeit der möglichen Folgen, mehr die Aus-

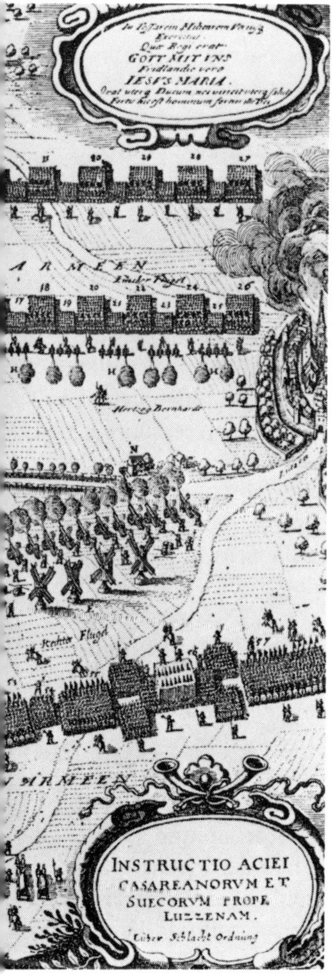

Schlachtplan von Lützen. Mit dem Kampfruf „Gott mit uns“ zogen die Schweden (im Hintergrund), mit „Jesus, Maria“ die Kaiserlichen ins Gefecht

wahl als die Anzahl der Truppen furchtbar und merkwürdig machten. Die gespannten Erwartungen Europas, die man im Lager von Nürnberg hinterging, sollten nun in den Ebenen Lützens befriedigt werden"(Schiller).

Für beide Heerführer stand alles auf dem Spiel: für Gustav Adolf die Vorherrschaft in Deutschland, für Wallenstein die Feldherrn- und Generalswürde. Nicht der Politiker, der Stratege und Schlachtenlenker Wallenstein wurde hier auf die Probe gestellt. Wird er sie bestehen? In seinem geheimen, ängstlich verborgenen Inneren wird er wohl gezweifelt haben.

Die Stärke des Heeres Wallensteins betrug sechzehntausend Mann, die der Schweden etwa neunzehntausend Mann.

Dichter Nebel lag über der Ebene, so daß Gustav Adolf daran gehindert war, schon im Morgengrauen anzugreifen. Er ließ eine feierliche Morgenandacht verrichten, ritt durch die Regimenter, sprach einzelne Leute an und ermunterte sie, jeden in seiner Sprache: schwedisch und deutsch. Sein Losungswort für diesen Tag war dasselbe wie bei Breitenfeld: „Gott mit uns!" Auf der anderen Seite hieß es: „Jesus, Maria!"

Um zehn Uhr morgens gingen die Schweden zum Angriff über. Die Kaiserlichen wehrten sich durch schweres Artilleriefeuer und dadurch, daß sie Lützen in Brand steckten und so verhinderten, von dieser Seite her eingekreist zu werden. Eine solche Aktion konnten die Schweden nur von der anderen Seite her versuchen. Hier gingen sie nun auch zum Angriff über. Der König kommandierte diesen rechten Flügel, der die Entscheidung bringen sollte. Hier war zugleich die schwerste Aufgabe dieser Schlacht zu vollbringen: der Floßgraben war zu überwinden.

Bis zwei Uhr nachmittags wurde ohne Entscheidung gekämpft. Allmählich neigte sich aber die Schale des Erfolges auf die schwedische Seite. Der König konnte den Floßgraben nehmen und zahlreiche Geschütze erbeuten.

Zwischen zwei und drei Uhr brauste aber der von Wallenstein rechtzeitig herbeigerufene Pappenheim mit acht Reiterregimentern heran, griff die Schweden sofort an und stützte so die Reihen der Kaiserlichen, die schon bedenklich ins Wanken gekommen waren. Bahnte sich eine Wendung an? Pappenheim drang ohne Rücksicht auf die eigene Person auf den Feind ein und wurde schwer verwundet. Jetzt kam seine Reiterei etwas in

Der Tod Gustav II. Adolfs in der Schlacht bei Lützen (Ölgemälde von Pieter Meulener)

Unordnung, aber infolge des wieder einfallenden Nebels konnten die Schweden die Lage nicht für sich ausnützen.

Nun stellte sich Gustav Adolf selbst an die Spitze eines Regiments, mit dem er die Pappenheimer in die Flucht zwang. Doch im dichten Nebel trennte sich der König von den Reihen der Schweden. Feindliche Musketiere umringten ihn. Er wurde am Arm verwundet. Dann gelang es ihm, wieder zu seinen Schweden zu kommen, die ihm Hilfe leisteten und sich anschickten, seine Wunde zu verbinden.

In diesem Augenblick sprengten feindliche Reiter heran, von denen einer auf den König schoß. Ein zweiter Schuß traf Gustav Adolf in den Kopf. Dazu hieb der Feind noch mit blanker Waffe auf ihn ein. Der König stürzte tot zu Boden.

Blitzschnell verbreitete sich die Kunde, daß der Schwedenkönig gefallen sei. Sogar zum Feind drang sie, so daß der sterbende Pappenheim noch davon erfuhr. Nach seinem Tod fand sich in der Tasche seines Wamses, über und über mit Blut bedeckt, der Befehl Wallensteins, zu ihm zu stoßen. Das Heeresgeschichtliche Museum in Wien verwahrt diese kostbare Erinnerung an Lützen noch heute.

Die Schweden kämpften nach dem Tod des Königs unter dem Befehl des Herzogs Bernhard von Weimar bis zum Abend weiter. Dann zogen sich die Kaiserlichen zurück, vor den Schweden, die erst am folgenden Tage das Schlachtfeld räumten. Lützen war dadurch ein entscheidender Erfolg Wallensteins, daß Gustav Adolf, sein gefährlichster Gegner in Deutschland, gefallen war.

Angesichts dieses Todes ist es müßig, den möglichen Gang der Geschichte dieses Krieges zu mutmaßen, hätte Gustav Adolf Lützen überlebt. Alle Träume eines großen und tief religiös denkenden Herrschers lösten sich im Nebel von Lützen auf. Übrig blieb der kalte und skrupellose Rechner Wallenstein, übrig blieb der nicht minder skrupellose und habgierige schwedische Kanzler Axel Oxenstierna, für den Deutschland nicht mehr als eine Kriegsbeute bedeutete. Noch einem nützte dieser Tod: Richelieu. Von ihnen allen wurde nun das deutsche Volk mehr denn je einer beutegierigen Soldateska und ihren noch gefühl- und skrupelloseren Offizieren ausgeliefert.

Ein Sieg Wallensteins war Lützen nicht. Der Tod des Gegners hat diese Schlacht zu einem kaiserlichen Sieg werden lassen. Es war ein Pyrrhussieg. Die Armee des Kaisers hatte schwere Verluste erlitten und Terrain preisgegeben. Die einzige günstige Folge für den Kaiser war die Desorganisation des Gegners und das Auseinanderlaufen eigensüchtiger und kleinlicher Interessen auf seiten der Protestanten. Auch hatten die Kaiserlichen neben viertausend Toten fast ihr ganzes Geschütz verloren, da sie es infolge Mangels an Pferden nicht vom Schlachtfeld abtransportieren konnten.

Lützen war die Schlacht, die Wallenstein – selten, aber doch – in der Rolle des Schlachtenlenkers zeigt. „Es ging der Nacht zu“, berichtet ein Augenzeuge aus dem Heere Wallensteins, „als der Feind eine neue Salve aus seinen Geschützen auf uns abfeuerte, die unsere Truppen ziemlich verstörte und noch mehr Ungemach ausgelöst hätte, wäre nicht die Dunkelheit hereingebrochen. Seine Exzellenz (Wallenstein), die an einen solchen Unfall am wenigsten dachte, wurde am linken Arme von einer Musketenkugel verwundet, aber, wie wir sagen können, wunderbarlich, da sie keine andere Verletzung hinterließ als eine schwarze und blaue Kerbe. Seine Exzellenz hat an diesem Tage außergewöhnliche Tapferkeit bewiesen, da er an der

Spitze aller Regimenter hin und her ritt, wohin ihn gerade die Not des Augenblickes rief, wobei er durch seine Gegenwart jedermann zur Pflichterfüllung ermutigte." Der hier geschilderte Wallenstein ist wohl nicht der echte, sondern entspricht der Klischeevorstellung vom „Feldherrn" in dieser Zeit. Zwar kann man ihm Mut und Todesverachtung zubilligen, aber eine Schaustellung dieser Tugenden war ihm zuwider wie jede theatralische Geste. Söldlinge, die er verachtete, dadurch zu gewinnen, daß er etwa eine feurige Ansprache hielt oder sie zu einem Sturm anspornte, dazu war Wallenstein nicht fähig. Den unendlichen Möglichkeiten hingegeben, die ihm seine Phantasie vorgaukelt, kann er seiner Umgebung nichts geben als den harten, nackten Befehl. Eine Schlacht ist ihm nichts als eine hemmende Episode. Auch nach dieser Schlacht „empfand er wahrscheinlich nichts als Zorn und eine schaurige Leere" (Ricarda Huch).

Wallensteins Bericht über die Schlacht an den Kaiser fiel sehr ungeschminkt pessimistisch aus. Nichts wurde hier beschönigt: „. . . dann um zehn Uhr bis in die finstere Nacht ist ein Treffen nach dem andern geschehen mit der größten Resolution der Welt, dann dem Feind ganze Regimenter, wie er sie in Battaglia gehalten, niedergemacht worden, auf unserer Seite sind auch etliche Tausend geblieben, die meisten Offiziere tot oder verwundet, dann der Graf von Pappenheim auch tot im ersten Treffen. Man sagt, der König solle auch tot sein." – Wallenstein war hier auf unbestimmte Gerüchte angewiesen. „Gegen die Nacht aber ist unser Volk desperiert gewesen, daß die Offiziere, Reiter und Knechte bei ihren Truppen nicht mehr halten können, also habe ich mit Gutachten der Capi mich resolviert, bei Nacht mit dem Volk hierher nach Leipzig zu retirieren, dahin ich heut werde halt machen . . ." Das klingt nicht gerade nach dem Pathos des Siegers, es ist ganz unbeteiligt hingeschrieben, vielleicht auch in der drückenden Stimmung verletzten Stolzes, da er ja seinen Sieg dem Tod des Gegners verdankte, wenn überhaupt von Sieg gesprochen werden konnte.

In Wien sah man jedoch die Situation rosig. Eine Zeitungsnachricht aus Franken berichtet über die Stimmung in der Habsburgerresidenz: „Aus Wien wird geschrieben, daß die Freude, so allda wegen der Königlichen Majestät zu Schweden Todesfall begangen worden, nicht zu beschreiben sei, und hätten Kaiserliche Majestät den Obristen Löbel nach Prag gesandt, allda der Herzog von Friedland angekommen, demselben wegen der Victori zu gratulieren und für den Fleiß zu danken, halten nunmehr gänzlich dafür, daß Frieden erfolgen und durch den Herzog von Friedland im Reich eingeführt werden solle . . .“

Die Schweden sprachen auch von Sieg, von einer zwar herrlichen, doch mit bitterer und herber Traurigkeit vermengten „Victori“ bei Lützen, wie sich der schwedische Geschichtsschreiber Bogislav Philipp ausdrückt.

Der Diplomat

Die Situation nach Lützen erforderte eine Atempause auf beiden Seiten: Zeit für Verhandlungen. Der Diplomat in Wallenstein war herausgefordert. Er nutzte seine Chance, er nutzte sie mehr, als seinem Herrn lieb war.

Wallenstein blieb nicht lange in Leipzig, er begab sich mit seiner Armee in die böhmischen Winterquartiere. Der Zustand seiner Truppen hatte ihm keine andere Wahl gelassen. Für ihn hieß die Bilanz von Lützen: unentschieden. Sachsen hatte er nicht halten können, aber seine Armee, auf der seine Stärke ruhte. Sie suchte er nun, so gut es ging, zu reorganisieren. Unnachsichtlich prüfte er sein Offizierskorps. Wer sich nicht bewährt hatte, wurde ausgemerzt. Im Februar 1633 etwa ließ er achtzehn Offiziere und Soldaten wegen Feigheit in der Schlacht bei Lützen hinrichten. Andere, die sich bewährt hatten und die er mit einem untrüglichen Blick als wertvoll erkannt hatte, erhielten hohe Belohnungen.

Wallensteins strenges Regiment steigerte die Furcht vor ihm, keineswegs aber seine Beliebtheit. Auch dort, wo er gerecht vorging, schuf er sich Feinde. Ein solcher Fall war der Franz Caretto, Marques de Grana, der sich schon 1625 bei Wallenstein um ein Oberst-Patent beworben hatte, auf diesen aber keinen günstigen Eindruck machte. „Ich schwöre, daß ich lieber wollt' ins Spittal gehen, als ihn bei mir haben, und von Tag zu Tag mag ich ihn weniger leiden", schrieb Wallenstein über ihn an Karl von Harrach. Carettos Stunde aber schlug bei Wallensteins Absetzung, denn er hatte Rückhalt beim Wiener Hofe. Bald war er als Regimentskommandeur wegen seiner Bosheit und Habsucht berüchtigt. Als Wallenstein wieder das Kommando übernahm, bestrafte er Carettos Exzesse durch eine Reduktion seines Regiments. Doch wurde der Kommandeur in Gnaden aufgenommen, als er sich bei Lützen auszeichnete. Er erhielt dann ein Kommando in Kärnten und in der Krain, wo er eine maßlose Geldkontribution von über zwei Millionen Gulden begehrte. Dann ließ er Männer und Frauen gefangensetzen, um von ihnen nach Art eines Strauchritters Geld zu erpressen. Wallenstein erließ sofort den Befehl, die armen Opfer freizulassen. „Seht wohl auf“, sagte er dazu den Offizieren Carettos, „damit ihr's nit mit euren Köpfen zahlet, denn mein Brauch ist nicht, eine Sache zweimal zu befehlen.“ Caretto wurde seines selbständigen Kommandos enthoben und zum einfachen Obersten degradiert. Von nun an war er ein erbitterter Gegner Wallensteins und wurde einer der eifrigsten Häscher, als die Exekution gegen ihn geführt wurde.

Einen glatten Betrug an Wallenstein verübte der irische Oberst Jakob Buttler, der im Dezember 1632 die Erlaubnis erwirkt hatte, zwei Regimenter zu rekrutieren. Wallenstein stellte ihm Rekrutierungsplätze zur Verfügung, doch Buttler führte die Werbungen nicht für den Kaiser, sondern insgeheim für Polen durch, das gerade zum Krieg rüstete, und machte darüber hinaus Soldaten seines eigenen Regiments dem Kaiser abspenstig, um sie nach Polen zu verschieben. Daraufhin ließ Wallenstein das Regiment dem ungetreuen Werber nehmen und dessen Vetter Walter Buttler übergeben. Dieser übernahm zwar das Regiment mit Freuden, wurde aber deshalb nicht Wallensteins Freund. Das zeigte sich in seiner Rolle bei Wallensteins Tod.

Dennoch war diese Armee nicht mehr auf die alte Stärke zu bringen. Dazu mangelte es Wallenstein schon an Mitteln. Er stellte drei Korps auf, die im Frühjahr in Bayern, Franken und Schlesien einrücken sollten. Überlegen war diese Armee den Schweden nicht. Wallenstein hatte daher großes Interesse an Verhandlungen. „Der Herzog von Friedland ratet selbst“, berichtet der hessisch-darmstädtische Agent Jeremias Pistorius von Burgdorf am 11. Februar 1633 seinem Landgrafen, „man solle Ihre Majestät disponieren, daß sie den Frieden nicht ausschlagen . . . Kaiserliche Majestät sind sehr übel mit dem Herzog zu Friedland zufrieden“, daß er nicht allein Böhmen, sondern auch Steiermark, Kärnten und Krain mit Kontributionen belegt. „Jetzt begehrt der Herzog von Friedland wieder etliche Tonnen Goldes und sagt, Ihre Majestät müssen sie ihm geben oder er ziehe nicht zu Feld.“

Jetzt erst zeigte sich mit aller Deutlichkeit, wie sehr die kaiserliche Sache durch Lützen zurückgeworfen worden war. Wallenstein sah einen Abstieg vor sich, der sich in diesem Jahre 1633 fortsetzen konnte. Mehr denn je fürchtete er nun eine Schlacht. Die steigende Sorge um die Fortsetzung dieses leidigen Krieges, den er schon längst satt hat, von dem er überzeugt ist, daß er nicht mehr gewonnen werden kann, wird in Bemühungen um neue Rüstungen abreagiert. Aber die alten Geldquellen sind versiegt. Einen de Witte gibt es nicht mehr. Es bleibt das unsichere kaiserliche Kriegszahlamt, das wieder von den Launen des Hofes abhängt. Die Briefe dieser Zeit sind daher voll von Mahnungen nach Wien, Bitten um Geld, um Kriegsmaterial, vor allem um Artillerie und Munition.

Prag wird Zentrum der neuen Werbungen. Wieder bewährt sich der Generalissimus als großartiger Organisator. Auch Aldringen in Schwaben und Ernst Montecuccoli im Elsaß führen Werbungen durch. Ottavio Piccolomini wird nach Italien geschickt, um „wälsches Volk“ anzuwerben. General Joan Isolano muß die so gefürchtete kroatische Reiterei komplettieren.

Die Schweden waren unterdessen auch nicht untätig gewesen. Der schwedische Kanzler Axel Oxenstierna, der nach dem Tode des Königs die Regierung führte, war darauf bedacht, das Erbe Gustav Adolfs möglichst unversehrt über den Winter zu bringen, um für die kommende Auseinandersetzung mit Wallenstein gerüstet zu sein. Das schwache schwedische Heer sollte durch deutsche Kräfte verstärkt werden.

Dazu war die Zustimmung der Reichsstände notwendig. So besuchte Oxenstierna zu Weihnachten Dresden, wo er seinen Bedarf anmeldete. Außerdem verlangte er den Oberbefehl. Falls ihm seine Forderungen nicht bewilligt würden, drohte er den Reichsständen, werde er sich überhaupt zurückziehen. Die Protestanten Deutschlands wären dann eine leichte Beute der kaiserlichen Armee geworden.

Die Verhandlungen zogen sich in den nächsten Monaten hin. Endlich kam es Mitte März 1633 in Heilbronn zu einem Abschluß. Der gemeinsame Konvent aller protestantischen Reichsstände übertrug Oxenstierna die Führung des Bündnisses. In militärischen Angelegenheiten wurde ihm ein Beirat zur Seite gestellt, der von den Reichsständen gebildet war. Ausrüstung und Instandhaltung der Armee sollten die Sache der Landkreise sein. Neutralität wurde niemandem zugestanden.

Diese Bestimmung sollte alsbald auf Darmstadt Anwen

dung finden, dessen Gesandte in Frankfurt bei Oxenstierna erschienen, um die Anerkennung der Neutralität des Landgrafen zu verlangen. In einer mit großer Heftigkeit geführten Unterredung lehnte der schwedische Kanzler diese Anerkennung ab und drohte mit Gewalt.

Auch Kursachsen widerstand den Angeboten der Schweden und beschickte den Konvent von Frankfurt nicht, der Anfang August 1633 zusammentrat. Darmstadt hingegen mußte sich fügen. Das Ergebnis war für Schweden zufriedenstellend. Es konnte nun den Krieg weiterführen.

Die dramatischen Entwicklungen dieses Jahres gehen aber nicht von protestantischer Seite aus. Wallenstein war es jetzt, der nicht nur mit dem Schwert, sondern auch mit den Mitteln der Diplomatie das Gesetz des Handelns an sich zu reißen suchte. „Er wollte Führung und Stillstand der Waffen, Unterhandlung und Abschluß ausschließend in seiner Hand vereinigen", sagt Ranke zu dieser Situation zu Beginn des Jahres 1633. „Daß der König Gustav Adolf gefallen war, der einzige Nebenbuhler im Felde, den er anerkannte, gab ihm trotz dem Vorteil der schwedischen Armee ein erhöhtes Selbstgefühl, das er auf seine sprichwörtliche Weise gröblich und treffend ausgedrückt hat. In den deutschen Gebieten gab es niemand, . . . der ihm hätte widerstreben können. Die Protestanten meinte er mit sich fortzureißen und zu beherrschen, da sie durch das Verhältnis zu dem König, das ein persönliches war, nicht mehr gebunden wurden." Die Möglichkeit, den Platz einzunehmen, der in Deutschland durch den Tod Gustav Adolfs so unerwartet frei geworden war, verhieß phantastische Ausblicke. Der Wechsel der Fahne war hier kein zu hoher Preis.

In diesem Frühjahr saß der Friedländer in Böhmen wie die Spinne im Netz und lauerte auf seine Stunde. Er hatte die größten Anstrengungen unternommen, um sein Heer zu ergänzen und so mit der Stärke autreten zu können, die zu einem Sieg nötig war. Er konnte warten. Was wog da schon der Verlust Mecklenburgs? Die Augen Europas sahen auf ihn. Wieder, so scheint es, steht er am Scheitel seiner Laufbahn, Furcht und Hoffnung sind bei Freund und Feind aufs höchste gestiegen. Wie immer hüllt er sich in geheimnisvolles Schweigen. Weder Freund noch Feind sollen seine Absichten erraten.

Auf den Kaiser ist Wallenstein wieder schlecht zu sprechen.

Er weiß bereits, daß Ferdinand seine Zusage, ihn mit Brandenburg zu belohnen, nicht einhalten wird. Denn dies wäre ein Hindernis für einen möglichen Ausgleich des Kaisers mit den protestantischen Fürsten gewesen. Aber hatte Wallenstein nicht ein Anrecht darauf, und jetzt nach Lützen erst recht, für das verlorene Mecklenburg entschädigt zu werden? Herzog von Brandenburg – damit hätte er sein Ziel erreicht, die unangreifbare reichsfürstliche Stellung mit der Kurwürde für sich und seine Familie. Das wäre sein großer Start in den Frieden gewesen, in jenen deutschen Frieden, der ja doch einmal kommen mußte und den er herbeisehnte.

Aber war es nicht der Kaiser, aus dessen Hand er Brandenburg oder die Krone Böhmens empfing, so war es vielleicht Schweden oder Richelieu. Wallenstein hatte in diesem Frühjahr alle Möglichkeiten in der Hand. Die beste wollte er nützen. Er mußte sich nur entscheiden können. Und gerade jetzt fiel es ihm so schwer, sich zu entscheiden.

Am Wiener Hof machte sich in diesem Frühjahr eine niedergedrückte Stimmung bereit, die nicht zuletzt im Verhalten Wallensteins ihre Nahrung fand. Daß er sich nach Böhmen zurückgezogen hatte, wurde eher als Schwäche gedeutet. Auch begann seine Inaktivität schon in diesem Frühjahr aufzufallen. Man wählte daher den Weg der Verhandlungen, zu denen sich der den Schweden gegenüber so unbotmäßige Landgraf von Darmstadt als Mittler anbot. In Wien präsentierte man ein Zugeständnis: die kaiserliche Partei zeigte sich geneigt, die Kinder des Winterkönigs Friedrich von der Pfalz wieder in einen Teil der Besitzungen einzusetzen, außerdem wurde dem Kurfürsten von Sachsen die Überlassung des Stiftes Magdeburg in Aussicht gestellt. Als dieser von dem kaiserlichen Zugeständnis erfuhr, begann er deutlich von den Schweden abzurücken und nun den Kurfürsten von Brandenburg auf seine Seite zu ziehen.

Es kam zu einem planlosen Hin und Her in den Verhandlungen, da auch Wallenstein mit den Kursachsen Fühlung genommen hatte, wobei er so tat, als ob ihn die kaiserlichen Verhandlungen nichts angingen. Als der mächtigste Feldherr des Reiches und Reichsfürst zugleich konnte er sich das alles erlauben. Aber bald kannte er in seiner Maßlosigkeit keine Grenzen mehr.

Eines war nicht abzuleugnen: jeder Erfolg des Kaisers war

nur durch den Friedländer möglich. Ein Gutachten der kaiserlichen Räte hatte dem Wiener Hof die Lage ungeschminkt vorgestellt. Ein entscheidender Sieg war nicht zu erwarten, und die österreichischen Erblande galten als zu schwach, um einen langen Krieg zu führen. Unter diesen Umständen wurde jede Hoffnung auf eine Durchführung des Restitutionsediktes begraben. Sie hätte auch die beiden noch zwischen den Parteien schwankenden Kurfürsten von Sachsen und Brandenburg in das schwedische Lager getrieben. Und hinter Schweden trat von Monat zu Monat deutlicher Frankreich auf die Bühne des politischen Geschehens.

Das einzige, was der Kaiser in die Waagschale werfen konnte, war die Armee. Aber es war die Armee Wallensteins.

Inzwischen waren die Heere zu einem neuen Waffengang aufmarschiert. Die seelische Bereitschaft zum Kriege war aber auf beiden Seiten unterschiedlich. Auf protestantischer Seite war das Mißtrauen gegen die Schweden, die besonders zur Fortsetzung des Krieges drängten, eher gewachsen. Sachsen war schon wesentlich weniger willig und konnte nur durch die Furcht vor Schweden bei der Stange gehalten werden. Auch der die Sachsen befehligende Arnim war gegen Oxenstierna aufgebracht, da er nicht das Oberkommando erhalten hatte. Er stand mit seinen Truppen in Schlesien.

Dort hatten auch Brandenburg und Schweden Truppen zusammengezogen. In Süddeutschland standen protestantische Truppen unter Gustav Horn in Schwaben, wo dieser mit dem schwedischen General Johan Banér operierte. Herzog Bernhard von Weimar rückte an der Spitze seiner Truppen aus Franken gegen die Donau vor.

Hier stand ihm das Heer Maximilians von Bayern gegenüber. Dieser schickte andauernd Hilferufe an Wallenstein. Erst im April stellte ihm der Friedländer vier Regimenter zur Verfügung, befahl aber dem Kurfürsten, sich nur defensiv zu verhalten und keinesfalls anzugreifen, „möge der Feind vornehmen, was er wolle".

Damit rief er natürlich den Unwillen Maximilians hervor, der seine kostspielige Armee weiterhin untätig im eigenen Lande ernähren mußte. Noch dazu drang der Feind bald gegen den Lech vor.

Während Wallenstein hier wieder schwere Verstimmungen

schuf, zog er gegen Schlesien eine der Armee Arnims weit überlegene Heeresmacht von fünfunddreißigtausend Mann zusammen. „Wollte er etwas ausrichten“, meint Ranke zu dieser Situation, „so durfte er nicht in Böhmen gleichsam eingeschlossen bleiben. Er meinte, vor allen Dingen in Schlesien, und damit in den österreichischen Erblanden, Herr werden zu müssen, um dann den von allen Seiten gegen dieselben herandrängenden feindlichen Heerführern entgegengehen zu können.“

In Wahrheit war es Wallenstein nur um eine Machtdemonstration zu tun. Der Politiker rangierte wie so oft auch jetzt wieder gegenüber dem Heerführer an erster Stelle. Unter großem und propagandistisch gemeintem Gepränge verließ Wallenstein die Residenz Gitschin mit vierzehn sechsspännigen Karossen, Gepäckwagen, livriertem Gefolge, aber keineswegs sehr kriegerisch gesinnt. Denn sowohl an Maximilian wie an Gallas gingen Befehle, nichts zu unternehmen.

Die Hilferufe und Beschwerden Maximilians an den Kaiser werden immer dringender. Bernhard von Weimar hatte im Februar Bamberg genommen. Im April vereinigten sich, ohne von den Kaiserlichen gehindert zu werden, die Heere Bernhards und Horns.

Im selben Monat noch rückt der Feind auf Rain am Lech vor. Eichstädt wird von den Protestanten belagert und kann nicht entsetzt werden. Weite Teile Bayerns werden nun von den Schweden verwüstet, und Maximilian droht, selbständig „Mittel und Wege in die Hand zu nehmen, wodurch das Land und die Leute vor solchem vor Augen stehenden Verderben und Untergang möchten gerettet und versichert werden“.

Dem Kaiser sind die Hände gebunden. Er ist ganz seinem Generalissimus ausgeliefert. Dieser war im Mai von Königgrätz aus aufgebrochen, in Schlesien eingedrungen und hatte Nimptsch besetzt. Seine Kräfte waren dem Feind weit überlegen, obwohl er ein Armeekorps in das westliche Böhmen detachiert hatte. Den vierundzwanzigtausend Mann der Protestanten stellte er fast das Doppelte an Truppenzahl entgegen. Das war die Gelegenheit für den Feldherrn Wallenstein, und Wien erwartete täglich den entscheidenden Schlag. Es wartete vergeblich.

Der Verrat

Das römisch-deutsche Imperium des Mittelalters sah im Verrat im Sinne seines theologischen Charakters gleichzeitig auch Ketzerei. In der Zeit Wallensteins, da Protestanten gegen Protestanten, Katholiken gegen Katholiken kämpften, hatte sich diese Seite des Verrates schon abgeschliffen. Das Hinüberwechseln des gemeinen Soldaten von einer Front zur anderen wurde nur selten als Verrat geahndet.

Bei Wallenstein allerdings ist dies anders. Er steht als General und als Reichsfürst in einem doppelten Vertrauens- und Lehensverhältnis zum Kaiser. Das ist es noch immer, was seine Tat in den Augen der Zeitgenossen so ungeheuerlich macht.

Wieder einmal versagte Wallenstein, der große Zögerer, wenn es einen Waffengang galt, beim entscheidenden Entschluß. Während er so tat, als ginge es ihm um eine Entscheidungsschlacht, und die Truppen in Schlachtordnung aufstellte, bot er gleichzeitig Unterhandlungen an. Denn, so sagt Ranke, „eine der Maximen des Herzogs von Friedland war, das eine zu verstehen zu geben und das andere zu tun".

Diese Haltung hat eine Vorgeschichte. Wallenstein hatte gerade in diesem Frühjahr Tertschka zu Arnim geschickt und um eine Zusammenkunft ersucht. Am 16. Mai hatte er dann den Generalmajor Johann von Bubna in Gitschin empfangen. Wallenstein sagte dem protestantischen Heerführer: „Sind wir nicht Erzlappen, da wir einander die Köpfe zerschmeißen um anderer willen, da wir uns doch den gewünschten Frieden, da wir die Armeen in unserer Macht haben, machen könnten?"

Bubna erwiderte darauf mit einem verlockenden Angebot, das eigentlich schon Gustav Adolf gemacht hatte: Er trug Wallenstein die böhmische Krone an, die durch den Tod des Winterkönigs Friedrich von der Pfalz im November 1632 auch von protestantischer Seite aus nicht mehr beansprucht wurde. Bubna erinnerte dabei ausdrücklich Wallenstein an das Versprechen des Schwedenkönigs. Dazu meinte er noch, man könnte dadurch „einen besseren Zutritt zum Frieden erlangen. Mit dem Kaiser ist es eine vergebliche Sache . . .“

Wallenstein antwortete: „Die Krone? Das wäre ein großes Schelmenstück. Es ist zwar wahr, daß der Kaiser ein frommer Herr ist, er läßt sich aber fast von einem jeden Pfaffen anführen und verleiten. Wir müssen sie aber nicht dazu kommen lassen. Wir selbst können uns einen guten Frieden machen, die wir die Armeen in unseren Händen haben, und einen solchen Frieden, der zur allgemeinen Wohlfahrt nicht nur dem einen oder anderen Teil, sondern allen und jeden, sowohl den Evangelischen als den Katholischen diente . . . Es soll da der Kaiser nichts zu schaffen haben, wir selbst wollen uns alles richten . . . Der Kurfürst von Sachsen und der Bayer müssen Geld ausschwitzen und heimgesucht werden . . .“

Diese Worte Wallensteins berichtete Bubna an Oxenstierna. Sie sind typisch für den selbstherrlichen fürstlichen General, der keine Autorität mehr über sich spürt.

Zwei Tage vorher hatte Wilhelm Graf Kinsky im Auftrag Wallensteins den schwedischen Residenten Nicolai in Dresden aufgesucht und diesen an das Versprechen Gustav Adolfs erinnert, der gelobt hatte, Wallenstein wieder Mecklenburg zu geben und „ihn auch zum Könige von Böhmen zu machen“.

Kinsky, der sich mit einem leidenschaftlichen Temperament in die Politik stürzte, war überhaupt das treibende Element bei Wallensteins verräterischem Unternehmen. Er wußte den zögernden Feldherrn immer weiter auf seinem verhängnisvollen Wege vorwärtszutreiben, auch dadurch, daß er seine Kompetenzen bei Verhandlungen bisweilen überschritt.

Böhmen – das war der Preis für den Verrat. Und wie dachte sich Wallenstein die Durchführung? Kinsky sagt dazu, daß Wallenstein „seine Truppen von allen Orten aus dem Lande der Evangelischen abberiefe, den Kaiser nach Steiermark und Tirol jagen würde, ihn dort sitzen ließe – er hätte dort genug, um als großer Herr leben zu können“. In diesem großsprecherischen Ton, aber ohne jede reelle Fundierung versichert Wallenstein, er würde in der einen oder anderen Weise die Wahl eines anderen römisch-deutschen Kaisers zuwege bringen und er schlösse mit den Evangelischen im ganzen Reiche Frieden, der nur von dem Friedländer selbst und von niemandem sonst abhängen würde.

Daß die Annahme der Krone Böhmens durch Wallenstein „ein großes Schelmenstück“ sei, davon ist nicht mehr die Rede. Diese Phrase zu Bubna ließ sich Wallenstein nur entschlüpfen, um seinen Ehrgeiz notdürftig zu tarnen. Die Krone Böhmens war das Ziel, auf das der Friedländer ernsthaft und unaufhaltsam zusteuerte.

Wie Oxenstierna berichtet, ist es nun so weit, daß Wallenstein mit der Vereinigung der feindlichen Heere – natürlich gegen den Kaiser und die Liga – einverstanden wäre. Als Entschädigung verlangt er nun die Krone Böhmens.

Das geschah alles, bevor Wallenstein die böhmisch-schlesische Grenze bei Nachod überschritt, um einem Feind gegenüber aufzumarschieren, der halb so stark war.

In den ersten Tagen des Juni kommt es zu leichten Scharmützeln, denn man spielt pro forma noch Krieg. Wallenstein sitzt in Münsterberg, Arnim in Peterwitz bei Frankenstein.

Am 6. Juni stehen die Heere einander bei Heidersdorf gegenüber. Man ist zur Schlacht bereit. Aber es kommt nicht dazu. Was sich weiter begibt, ist typisch für Wallenstein: Er schickt seinen Vertrauten Tertschka zu den feindlichen Vorposten und läßt Arnim zu einer Aussprache einladen.

Das erste Zwiegespräch haben Arnim und Wallenstein zwischen den Feldlagern allein gehalten. Frühere freundschaftliche Bande schwangen wohl bei dieser Aussprache mit. Zu dem zweiten Gespräch nahm Arnim schwedische und brandenburgische Offiziere mit sich, um nicht in Verdacht zu geraten.

Die Vorschläge Wallensteins hat Arnim so umschrieben: Es sollen alle Feindseligkeiten zwischen den beiden Armeen aufgehoben werden. Darüber hinaus sollen sich – eine Lieblingsidee Wallensteins! – beide Armeen vereinigen, um gegen jede Störung des Religionsfriedens und der Religionsfreiheit auftreten zu können.

„Welches ich denn also deute“, fährt Arnim in seinem Bericht fort, „daß alles im Heiligen Römischen Reich zum vorigen stände, wie es vor diesem unglückseligen Krieg anno 1618 gewesen.“

Ein solches Bündnis beider Armeen hätte sich natürlich nicht nur gegen den Kaiser, das Restitutionsedikt und die Kurie, sondern auch gegen Schweden, Franzosen und Spanier gerichtet, die ja niemals imstande gewesen wären, den Religionsfrieden als Instrument der deutschen Reichspolitik und der Befriedung des Reiches zu gebrauchen. Der Boden des Reiches war ihnen nicht mehr als das Aufmarschgebiet ihrer europäischen Interessenkämpfe.

Wallenstein hatte diese Vorschläge schon an die Adresse Gustav Adolfs gemacht und dabei großzügig die Kriegsziele seines Kaisers preisgegeben. Jetzt allerdings stand die Partie für den Kaiser so schlecht, daß hier Wallenstein Bedingungen aussprach, die auch Wien gebilligt hätte. Nur eines wäre für den Kaiser nicht annehmbar gewesen: die Rückgabe protestantischer Güter in den habsburgischen Erblanden einschließlich Böhmens. Davon allerdings sagt auch der Bericht Arnims nichts.

Aber trotz allem – Wallenstein meinte es mit seinem Kaiser nicht mehr ehrlich. Diese Verhandlungen bloß waren nicht mehr potentieller Verrat, sie waren Verrat schlechthin. Sein Kern lag in dem Gedanken, mit einer vereinigten Heeresmacht beider Parteien im Reich gegen jede Störung des Religionsfriedens aufzutreten. Damit war die gesamte Gegenreformation preisgegeben.

Das wird noch erhärtet durch eine Äußerung Wallensteins, die der brandenburgische Offizier Burgsdorf, ein Zeuge der Unterredung, aufzeichnete. Burgsdorf war gegen die Jesuiten losgezogen. Wallenstein erwiderte ihm drastisch: „Weiß der Herr nicht, daß ich den Jesuiten, den Hundsföttern, so gram bin? Ich wollte, daß der Teufel die Hundsfötter schon längst geholt hätte. Ich will die Hundsfötter alle aus dem Reich und zum Teufel jagen.“ Deutlicher kann man es nicht sagen.

Vier Tage früher hatte Wallenstein in einem Brief an den Kaiser den vom spanischen Gesandten gemachten Vorschlag abgelehnt, sechstausend Mann Geleit für den Kardinal-Infanten Don Fernando, den neuen spanischen Gouverneur der Niederlande, bereitzustellen. Man berichtet von einem Zornausbruch des Generalissimus, als er von dieser Zumutung erfuhr. Aber natürlich wird auch der Feind sofort von dieser Ablehnung informiert. Arnim ist also über diesen wichtigen internen Vorgang im kaiserlichen Lager unterrichtet. Kinsky fungierte als Zwischenträger. Natürlich erfahren auch die Schweden und Franzosen davon.

Der französische Gesandte Feuquières kann außerdem als

brühwarme Neuigkeit nach Paris berichten, daß Wallenstein sich gegen den Kaiser erheben wolle, daß er Böhmen den habsburgischen Erblanden entreißen wolle und – daß er dazu die Zustimmung und Hilfe Frankreichs benötige.

Diesen Vorschlag hat Wallenstein durch direkte Verhandlungen untermauert, die mit den protestantischen Kreisen geführt wurden. Darin bot er eine Rückführung der böhmischen Güter in protestantische Hände an – natürlich auf Kosten des Kaisers. Daß er seine eigenen Güter herausgeben wollte, ist kaum anzunehmen.

Für die Besitzverhältnisse im Reich war in dem Vorschlag Wallensteins der Stand von 1618 die Grundlage. Es war dies wohl der für die Protestanten interessanteste Vorschlag. Aber das Restitutionsedikt war schon zu tief unter der Erde, als daß man ein eigenes Begräbnis veranstalten hätte müssen. Darüber hinaus wurden alle Kriegsziele des Kaisers desavouiert.

Auf dieser Grundlage wird nun ein Waffenstillstand auf vierzehn Tage abgeschlossen. Sein Ziel ist ein Friede, der die allgemeine Religionsfreiheit bringen sollte, die Wiederherstellung Mecklenburgs und der Pfalz, befestigte Plätze für die Schweden an der Ostsee.

Der tiefe und verborgene Hintergrund dieses Waffenstillstands geht aber aus Gesprächen hervor, die Kinsky mit dem französischen Gesandten führte. Frankreich gab darin seine Zustimmung zu nichts weniger als einem gemeinsamen Oberkommando Wallensteins über die beiden Heere. Wallenstein sollte sie gegen Wien führen und den Kaiser stürzen.

Wallenstein äußerte sich gerade damals wiederholt, er könne den „Affront" von 1630, die Absetzung durch den Kaiser, nicht vergessen. Das arbeitet in ihm, das ist die Triebfeder seines Verrates. Anderseits ist sie aber nicht stark genug, um ihn zum entscheidenden Handeln anzuspornen.

Noch immer bricht Wallenstein nicht mit dem Kaiser. Damit wird er für seine potentiellen Freunde, die Schweden, zu einem vagen Unsicherheitsfaktor. Er spricht nur von Verrat, er tut nichts. Sie haben ein Recht darauf, Beweise durch Taten zu sehen.

Oxenstierna steht darum diesen auch in den Augen der Schweden abenteuerlichen Plänen des Friedländers abwartend gegenüber. Der schwedische Kanzler war zunächst dagegen gewesen, daß überhaupt Waffenstillstandsverhandlungen stattfanden. Als er dann die Gesinnung Wallensteins – durch Bubna – erfuhr, meinte er zum französischen Gesandten, es habe zwar den Anschein, Wallenstein wolle mit seinem Herrn brechen, um sich Böhmens zu bemächtigen. Man dürfe aber seinen Versicherungen nicht Glauben schenken, bevor sich Wallenstein endgültig gebunden habe. Wird er dies überhaupt können?

Auch Bernhard von Weimar zweifelte mit Recht, ob denn Wallenstein, wenn er wirklich den entscheidenden Schritt des Verrates wage, seine Offiziere in der Hand habe. Hier ahnt er mit sicherem Gefühl voraus, was dann wirklich eintraf: daß sich die Offiziere weigern, ein verräterisches Spiel des Feldherrn mitzumachen.

Auch Arnim, der Wallenstein sicher noch am wohlwollendsten gegenüberstand, meint, daß „mit dem Manne nichts Sicheres zu traktieren" sei. „Nun wird es am meisten daran mangeln, daß keiner da ist, der ihm glaubt."

Und was sagte Wien zu dem abgeschlossenen Waffenstillstand? Man erfuhr davon – und das allein wurde mit Recht als kränkende Mißachtung empfunden – nicht durch Wallenstein selbst, sondern aus zweiter Hand. Der schon dadurch angefachte Ärger wurde noch größer angesichts der militärischen Lage, die man genau kannte, und angesichts der überlegenen Stärke der kaiserlichen Truppen.

Es erhoben sich auch Stimmen, die da meinten, die Passivität des Feldherrn sei auf seine Krankheit zurückzuführen. Die Offiziere seines Lagers werden sogar aufgefordert, ein Gutachten abzugeben, ob denn Wallenstein weiterhin der Oberbefehl zugemutet werden dürfe.

Ein Agent Maximilians von Bayern, Dr. Johann Stückhlin, riet in einer anonym erschienenen Flugschrift, der Kaiser solle aus den anrückenden spanischen Truppen, aus den Truppen Maximilians und den unter Aldringen stehenden Verbänden eine eigene Armee bilden, die Wallenstein nicht unterstellt sei. Diese Teilung der Reichsarmee könne ein erster Schritt dazu sein, Wallenstein zur Resignation zu bewegen und ihn schließlich im kommenden Winter überhaupt abzusetzen.

Im Lager selbst gab es Stimmen der Verwunderung und Ärgernis über Wallensteins Taktik. Auf die naheliegende Idee, daß Wallenstein Verrat treibe, kam noch niemand. Eher wurde den Stimmen geglaubt, die die militärischen Fähigkeiten des Generalissimus in Zweifel zogen. Auch wirkte die Enttäuschung unter den Offizieren in Hinblick auf versäumte Gelegenheiten zum Beutemachen.

Während des Waffenstillstands gingen die Verhandlungen Wallensteins weiter. Oxenstierna ließ dem Generalissimus mitteilen, daß sich die Schweden mit ihm vereinigen würden, wenn Wallenstein sich entschließe, zu Taten zu schreiten. Man verlangte sogar Beweise des guten Willens Wallensteins.

Dieser nahm das Schreiben des schwedischen Kanzlers gut auf. „Das Schreiben hat Händ' und Füß'", soll er gesagt haben, „der Oxenstierna muß ein verständiger Mann sein. Es ist aber noch nit Zeit. Wenn die Zeit da ist, will ich alles tun!"

Gründete sich sein Zögern auf den Stand der Gestirne? Er hatte gerade damals seinen Astrologen Seni nach Breslau geschickt, der dort mit einem anderen Astrologen sich beraten sollte, ob man denn auf Frieden hoffen dürfe und ob die Sterne dergleichen kundtun. Dieser Wunsch, die Entscheidung den Sternen zu überlassen – war er nicht eine Flucht vor der Entscheidung?

Wallenstein wartet wieder einmal ab, während alle Seiten Taten von ihm verlangen. Seine endlose Verzögerungstaktik geht auch den Protestanten auf die Nerven. Bubna beschwert sich bei Tertschka, daß Wallenstein alles verschiebe. Man würde dann gegenüber den Schweden als Lügner dastehen.

Tertschka verteidigt seinen Feldherrn: der Fürst meine es treulich, allein er glaube den Sterndeutern zuviel. „Die Sternkucker sagen ihm so viel vor. Es würde alles geschehen, wenn die Zeit kommen würde." Aber war denn die Zeit noch Wallensteins Verbündete?

Noch zögert Wallenstein, noch schreckt er vor dem offenen Verrat zurück, vor dieser für seine Zeit ungeheuerlichen Freveltat. Der Waffenstillstand wird bis 16. Juli verlängert – wieder ist eine Frist gewonnen, wieder können Entschlüsse und Taten hinausgeschoben werden.

Die Verlängerung des Waffenstillstandes wird natürlich in Wien übel aufgenommen. Immer wieder erheben sich Stimmen, die einer Entfernung Wallensteins vom Oberkommando das Wort reden. Ein Vorwand dafür ließe sich leicht finden. Man ist sich freilich darüber im klaren, daß in dieser Situation und bei der Machtfülle des Generalissimus ein solches Unternehmen schwere Gefahren in sich schließt. Auch ist Ferdinand noch immer vertrauensvoll gegenüber Wallenstein.

Maximilian von Bayern wird in dem sicheren Gefühl, daß für ihn, den alten Feind Wallensteins, nun wieder eine Gelegenheit gekommen sei, beim Kaiser wegen einer neuerlichen Absetzung des Generalissimus vorstellig. Er betreibt eine entsprechende Bittschrift, die alle Kurfürsten an den Kaiser stellen sollen. Die Gefährlichkeit eines Oberkommandos mit unbeschränkten Vollmachten sollte hier besonders dargetan werden. Ob eine solche Bittschrift dann zustande kam, ist nach der Lage der Quellen zweifelhaft. Auf jeden Fall urgierte Maximilian am Wiener Hof seine alte Bitte, die Truppen Aldringens, die Bayern verteidigen sollten, endlich dem Oberbefehl Wallensteins zu entziehen und damit nicht mehr dem Belieben des Generalissimus zu überlassen, ob Bayern dem Feinde preisgegeben werden solle oder nicht. Denn hier hatte Wallenstein ohne Zweifel ein Druckmittel gegen Maximilian in der Hand.

Ferdinand befragte seine Räte, die natürlich die Forderung Maximilians unterstützten. Dann bat er – soweit war er schon – seinen Generalissimus, den Forderungen der Kurfürsten und Maximilians zu entsprechen. Im Konzept des kaiserlichen Schreibens stand jedenfalls eine Bitte. Später erst wurde es abgeändert und an Stelle der Bitte ein Befehl gesetzt. Der Brief ging am 1. August an Wallenstein. Er tat keine Wirkung.

Das Doppelspiel

Der Sommer des Jahres 1633 ist da, ein herrliches Wetter für neue Schlachten, neue Feldzüge. Wallenstein befehligt ein kaiserliches Heer, das nach wie vor dem Feind überlegen ist. Aber es geschieht nichts.

Die ganze Zeit über waren die Verhandlungen Wallensteins mit dem Feind weitergegangen. Auch hier wendet der Friedländer seine routinierte Verzögerungs- und Versprechungstaktik an, um so berechtigter, als es jetzt scheint, er könne Brandenburg doch nicht mehr für sich retten. An dessen Stelle verlangt er nun die Unterpfalz, auf die damals die Spanier ihr Auge geworfen hatten.

Es kommt nach Ablauf des Waffenstillstands zu einem kurzen und unbedeutenden kriegerischen Zwischenspiel. Wallenstein macht Miene, die Stadt Schweidnitz zu nehmen, und Arnim schickt Truppen von Brieg aus, um den Ort zu decken. Aber schon gibt es wieder eine neue Zusammenkunft zwischen Wallenstein und Arnim, ein Essen unter freiem Himmel und dabei den Abschluß eines neuen Waffenstillstands mit einer Laufzeit bis zum 22. August. Dabei nehmen sich beide Seiten vor, in dieser Zeit zugleich über einen allgemeinen Frieden zu unterhandeln.

Die Nachricht über diesen neuen Streich Wallensteins schlägt in Wien wie eine Bombe ein. Wallenstein hatte soeben erst eine Nachricht in der Causa Aldringen übermittelt, die eine Beruhigungspille bedeutete: Er hatte diesem Feldherrn freie Hand gegeben.

Gleichzeitig aber hatte er – in bewährter Doppelzüngigkeit – dem Abgesandten Maximilians mitteilen lassen, daß er eine Abgabe des Oberbefehls an den bayrischen Kurfürsten ablehne. Darnach richtete sich nun Aldringen, und in Bayern blieb alles beim alten.

Auch das nahm der Kaiser hin, der noch immer an die Treue Wallensteins glaubte. Um aber im Falle Aldringen klare Verhältnisse zu schaffen, befahl der Kaiser direkt und unter Umgehung Wallensteins, daß sich Aldringen nun Maximilian unterstellen solle. Er wiederholte damit, was Wallenstein selbst dem Kaiser zugestanden hatte.

Ferdinand wußte nach wie vor nichts über die politischen Grundlagen des Waffenstillstands zwischen Wallenstein und Arnim, der am 22. August abermals auf vier Wochen zur Führung von Verhandlungen verlängert worden war. Worüber verhandelte Wallenstein eigentlich?

Es ist immer wieder die gleiche Mahnung, die von der Gegenseite kommt: die Schweden und Franzosen wollen zunächst Taten sehen. Ludwig XIII. schreibt an seinen Gesandten am 16. Juli, daß er „Wallensteins gute Absichten verwirklicht sehen möchte" und daß ihm „die Interessen Wallensteins soviel wie seine eigenen gelten". Feuquières erhält die Vollmacht, dem Generalissimus – zu Bestechungszwecken – hunderttausend Taler auszuzahlen, falls er es für notwendig halte. Wenn sich aber Wallenstein endlich dazu aufraffen sollte, eine Armee von dreißigtausend Mann zu Fuß und viertausend bis fünftausend Mann zu Pferd gegen Wien und den Kaiser in Bewegung zu setzen, so würde ihn Frankreich bei diesem Unternehmen mit jährlich einer Million Livres unterstützen. Auch meint der französische König, es sei dem Gemeinwohl förderlich, „wenn der Herzog böhmischer König würde". Für diesen Fall sage Frankreich seine Unterstützung und die Verteidigung des Königreiches zu.

Die Antwort auf dieses großzügige französische Angebot ist nur ein neues Zögern Wallensteins. Auch jetzt kann er sich zu nichts entschließen.

Es kommt lediglich zum Abschluß des Waffenstillstands, über den Wallenstein nach Wien mit unverbindlichen Phrasen berichtet. Anderseits sind auch Arnim und Oxenstierna über das andauernde Zögern des Generalissimus enttäuscht und mißtrauisch geworden. Was bedeuten da noch die großen Worte Wallensteins von der Absetzung des Kaisers und der Abschaffung der Jesuiten?

Arnim berichtet an Oxenstierna, Wallenstein habe verlangt, daß Schweden und Sachsen mit ihm gemeinsame Sache gegen den Kaiser machen sollten, wobei er konkrete Vorschläge für kaiserliche Truppen machte, die zwar unter Wallensteins Befehl stünden, aber in den Augen Arnims nicht ganz verläßlich seien.

Wallenstein entwickelte vor Arnim einen ganzen Feldzugsplan. Gegen Böhmen, Österreich und die Steiermark wolle er sich selbst wenden, der schwedische General Holk und Bernhard von Weimar sollten sich hingegen nach Bayern in Bewegung setzen. „Man sollte auch Mittel versuchen“, so berichtet Oxenstierna an Bernhard von Weimar, „den König in Frankreich zu poussieren, daß er den Krieg in Italien gegen Spanien wieder anfinge.“

Sachsen und Brandenburg stimmten dem Vorschlag Wallensteins zu, ihre Truppen mit denen des Generalissimus kooperieren zu lassen, doch lehnten sie den Oberbefehl Wallensteins ab. Das war begreiflich, denn Wallenstein hatte ja noch nicht den Schatten eines Beweises dafür geliefert, daß er tatsächlich vom Kaiser abfallen wolle. Es war insbesondere Arnim, der darauf hinwies und dessen Mißtrauen vielleicht auch vom Konkurrenzneid gegenüber dem erfolgreichen General genährt wurde. Auch die Gegensätze zwischen Sachsen und Brandenburg einerseits und den Schweden anderseits spielen hier hinein. Wallenstein bemühte sich immer wieder, diesen Umstand für sich auszunützen.

Bei einer Zusammenkunft, die Arnim am 2. September mit Oxenstierna hatte, wurde der schwedische Kanzler genau über das gespannte Verhältnis Wallensteins zum Wiener Hof informiert. Aber Arnim ließ auch durchblicken, daß Wallenstein seiner Generäle nicht ganz sicher sei – und hier kommt ein neues Argument immer stärker in die Verhandlungen, das Wallensteins Positionen doch nicht in so günstigem Lichte zeigt und das seinen Verrat für den Gegner nicht so begehrenswert macht, eher zu einem unsicheren Abenteuer.

Der schwedische Kanzler hörte sich das alles in Ruhe an, auch den oben erwähnten Feldzugsplan des Friedländers. Beide Teile haben einander wohl in der Meinung bestärkt, daß es sich hier um einen recht unsoliden Plan handelt. Man wollte nichts als Taten Wallensteins sehen, unwiderrufliche Beweise seines Abfalls.

Aber gerade das wollte Wallenstein vermeiden. Er wollte alles in einer ungewissen Schwebe halten. Er vermochte es auch nicht, die Schweden und die deutschen Protestanten gegeneinander auszuspielen. Was wollte er eigentlich? „Er wollte", sagt Ranke, „die Protestanten befriedigen und dadurch mit Österreich versöhnen; er wollte zugleich die große Stellung, die er eingenommen, für sich selbst verwerten und zu einer dynastischen auf immer entwickeln; dem Kaiser wollte er seinen Willen auflegen, aber nicht ihn stürzen." Gerade das aber erwartete man von ihm im protestantischen Lager. Doch dort war Arnims Meinung über Wallenstein bereits in aller Munde: „Nun wird es am meisten daran mangeln, daß keiner da ist, der ihm glaubt."

Wallenstein war durch diese fortgesetzten und endlosen Verhandlungen, die nichts anderes bedeuteten als ein ständiges Kreisen um den Gedanken des Verrats, bei Freund und Feind in Mißkredit gekommen. In Wien erwog man ernstlich wieder seine Absetzung, im protestantischen Lager verstimmte seine Absicht, die Schweden gegen die protestantischen Fürsten und beide wieder gegen die Franzosen auszuspielen, vor allem aber wirkten die verstärkten Nachrichten, daß Wallenstein sein eigenes Heer nicht mehr ganz in der Hand habe und dieses Heer sich im entscheidenden Augenblick als kaisertreu erweisen könnte. So blieb dem Friedländer nichts anderes als ein neuer Waffengang. Als Opfer erkor er sich die Schweden, die unter dem Kommando Thurns bei Steinau standen.

Die Schweden haben zwölftausend Mann zur Verfügung. Wallenstein fällt am 11. Oktober mit dreißigtausend Mann und siebzig Kanonen über sie her. Es kommt zu einem kurzen Kampf. Angesichts dieser Übermacht kapitulieren die Schweden sofort. Wallenstein garantiert ihnen Leben und Freiheit, wenn sich sich unterwerfen.

Die gemeinen Soldaten traten daraufhin in die kaiserliche Armee ein – ein solcher Fahnenwechsel war nichts Ungewöhnliches –, während die Offiziere trotz des von Wallenstein gegebenen Wortes gefangengesetzt wurden. Unter ihnen befand sich der alte Gegner Thurn, ein ungemein wertvoller Gefangener für den Kaiser.

Wallenstein setzte seine Offensive fort. Auch Liegnitz und Glogau ergaben sich nun den kaiserlichen Truppen. Dann zog Wallenstein in die Lausitz, nahm Görlitz und Bautzen und ließ seine Kavallerie bis gegen Berlin streifen. Binnen weniger Tage war Schlesien von den Schweden gesäubert.

Das war die letzte Bataille, die Wallenstein für den Kaiser schlug. Die Wirkung dieser Waffentat auf ganz Deutschland war ungeheuer. Das war wieder der alte Friedländer, das waren seine Krallen, die schonungslos zuschlugen. In Norddeutschland brach eine Panikstimmung aus. Sogar der schwedische Resident in Pommern traf Defensivmaßnahmen und setzte Landsberg in Verteidigungszustand. Wie recht er damit hatte, bewies der Vormarsch der Kaiserlichen auf Frankfurt an der Oder, das fast ohne Kampf genommen wurde. Die Schweden gaben nun Landsberg auf.

Der Jubel in Wien war unbeschreiblich. Dem Kaiser wurde noch in der Nacht die Siegesnachricht überbracht. Seine Freude war groß, auch darüber, daß durch diese Nachricht jedes der schon umherschwirrenden Gerüchte über einen Verrat Wallensteins zum Schweigen gebracht wurde.

Wallenstein, dem die ihm feindliche Stimmung in Wien natürlich genau zugetragen worden war, hatte nun alle Wolken des Verdachtes zerstreut. Und das wollte er: Beruhigung und Stärkung des Vertrauens.

In dieser allerletzten Hinwendung zur kaiserlichen Politik glaubte er anderseits die sichere Basis für die Fortführung verräterischer Verhandlungen mit dem Fernziel eines Religionsfriedens zu finden, der gut für Deutschland – und gut für Friedland sein sollte.

Zum letzten Male hat Wallenstein in Wien eine gute Presse. Die Freude wird allerdings sofort getrübt, als man erfährt, Wallenstein haben den bei Steinau gefangenen Grafen Thurn freigelassen, statt ihn nach Wien zum Verhör und zur Aburteilung führen zu lassen.

Wallenstein aber tat gut daran, Thurn feindwärts abzuschieben, denn dieser hätte wohl über das Doppelspiel des Generalissimus interessante Dinge erzählen können, die nicht für Wiener Ohren bestimmt waren. Daß in Wien dadurch die Stimmung sofort gegen ihn umschlug, mußte er in Kauf nehmen.

Natürlich sind Arnim und Oxenstierna über Wallenstein empört, dessen Verratspläne sich nun als eitles Geflunker oder als Kriegslist herausstellen. Die Schweden sind überdies mit den Franzosen einer Meinung darüber, daß nun Wallenstein den Spieß gegen sie kehren könnte.

Ihre Vermutung bestätigt sich sogleich. Denn Wallenstein hat nun nichts Eiligeres zu tun, als jetzt seinen alten Vorschlag wieder vorzubringen und Sachsen und Brandenburg aufzufordern, ihre Truppen den seinen zu unterstellen, mit dem Ziel, den Religionsfrieden in Deutschland wiederherzustellen, wobei der Besitzstand von 1618 oder 1622 ins Auge gefaßt wurde.

Doch da stieß er auf den heftigen Widerstand des Brandenburgers, der in dem Ansinnen Wallensteins angesichts der eben angerichteten Verheerungen der kaiserlichen Armee eine Zumutung und nichts anderes sah als den Versuch einer Unterjochung. Ende Oktober scheiterten die Verhandlungen.

Natürlich hatten sie auch in Wien böses Blut gemacht. Dazu trug besonders bei, daß als vertragschließender Partner hier nicht der Kaiser, sondern Wallenstein erschien. Dieser hatte Wien informiert und gleichzeitig eine Abschrift des Formulares der Friedensbedingungen an General Gallas geschickt. Wallenstein vertraute Gallas, doch scheint sich damals schon die Doppelrolle dieses Mannes, der später so entscheidend zum Untergang Wallensteins beitrug, angebahnt zu haben. Denn es gab zu diesem Zeitpunkt in Wien schon Vorschläge, Gallas dem Generalissimus als Stellvertreter beizugeben.

Auch in Süddeutschland ergab sich damals eine glückliche Wendung für den Kaiser. Aldringen, der nach langem Hin und Her doch mehr Bewegungsfreiheit erhalten hatte, vereinigte sich mit den Spaniern unter Feria, die mit zwölftausend Mann von Italien her anrückten. Mit dieser Heeresmacht wurden die von den protestantischen Truppen belagerten Städte Konstanz und Breisach entsetzt. Damit schien es also, daß alle Gefahr von Bayern abgewendet sei.

Aber es schien nur so. Der mit den Spaniern vereinigte Aldringen zog nach Schwaben, wo ihm Horn und Bernhard von Weimar entgegentraten.

Es kam jedoch zu keiner Schlacht. Bernhard von Weimar zog in Richtung Osten ab, die Donau abwärts, anscheinend, um in Böhmen einzufallen und Wallenstein im Rücken zu bedrohen. Maximilian jedoch nahm dies keineswegs an, sondern vermutete darin eine Finte des Gegners. Er bestürmte sofort den Kaiser um Hilfe, da er seine Hauptstadt München mit Recht in Gefahr sah. Die nun folgenden Ereignisse bestätigten seine Befürchtungen. Am 5. November stand Bernhard von

Weimar plötzlich vor Regensburg. Mit diesem strategischen Meisterstreich konnte ganz Bayern in seine Hand fallen.

Maximilian verlangt nun vom Kaiser, Wallenstein soll General Gallas aus Böhmen in die Oberpfalz vorrücken lassen, damit Bernhard wieder aus Bayern hinausgeworfen werden könne. Dieses Verlangen ist nicht nur billig, es liegt auch im Interesse des Schutzes der Erblande.

Wieder einmal weigert sich Wallenstein, für seinen Erzfeind Maximilian die Kastanien aus dem Feuer zu holen. Er läßt Gallas, ungerührt durch die Bitten des Kaisers, in Böhmen untätig stehen. Er tut dies, obwohl der Fall Regensburgs die Preisgabe der habsburgischen Erblande an den Feind bedeuten könnte. Es wäre dann für Bernhard ein leichtes, durch das aufrührerisch gestimmte Ober- und Niederösterreich nach Wien vorzustoßen.

„Ich will meinen Kopf zu Pfand setzen", erklärt Wallenstein in einem Schreiben von 10. November General Gallas, „daß der von Weimar nach Eger wird gehen." Und zwei Tage später an Gallas: „Ich will meine Ehre zu Pfande setzen, daß der von Weimar nicht nach Bayern, sondern nach Böhmen gehen wird." Waren diese Versicherungen böse Absicht, oder waren sie nur Irrtümer, Fehler des Feldherrn, des Strategen? Oder erkennt dieser manische Träumer die wirkliche Lage gar nicht mehr an?

Bernhard von Weimar ist am 5. November vor Regensburg angelangt. Aus der Stadt wird ihm die Nachricht hinterbracht, daß sich dort nur schlechtes, verzagtes Fußvolk befinde und daß die Bürgerschaft des Kampfes müde sei. So ergreift er, der ursprünglich wirklich die Absicht hatte, nach Eger und gegen Böhmen zu ziehen – wie Wallenstein vermutete –, die einmalige Gelegenheit. Regensburg muß ihm wie eine reife Frucht zufallen.

Tatsächlich kapituliert Regensburg am 5. November, während Wallenstein dem Kaiser versichert, die Bewegung Bernhards von Weimar habe keine Bedeutung und sei nur dazu bestimmt, die Kaiserlichen zum Abzug aus Norddeutschland zu veranlassen. Schließlich ist er bereit, dreißig Kompanien an die Donau zu schicken.

Es war aber zu spät. Denn zu dieser Zeit wurden im Dom zu Regensburg schon protestantische Gottesdienste abgehalten, und die Truppen Bernhards von Weimar setzten sich gegen Vilshofen und Passau in Bewegung. In Wien wuchs die Empörung gegen Wallenstein, der sich anschickte, nach Bayern nun auch die kaiserlichen Erblande preiszugeben.

Gewiß war der Friedländer von der Schuld an diesem Debakel nicht freizusprechen. Seine Untätigkeit war allerdings gerade jetzt nicht auf eine Verratshandlung zurückzuführen, sondern auf den durch den Haß gegen Maximilian noch verstärkten Hang zur Passivität. Darüber hinaus war es Wallenstein zu diesem Zeitpunkt nur mehr sehr schwer möglich, überhaupt Entschlüsse zu fassen. Sein Versagen vor Regensburg war ein Versagen nicht bloß als Heerführer, auch als Mensch. In seiner komplizierten Psyche kämpften nur mehr hochfliegende Pläne einen vergeblichen Kampf gegen seine Lethargie und Entschlußunfähigkeit, in der Horoskope als Ausflüchte und Entschuldigungen dienten. Hineingestellt in die erregende Welt historischer Entscheidungen, die unermeßliche Möglichkeiten für ihn wie für den Kaiser und das Reich in sich bargen und die an ihn herangetragen und gefordert wurden, versagte er sich diesen Entscheidungen als Feldherr und als Politiker. Was er von nun an tat, tat er nur halb, ohne den Einsatz seiner Persönlichkeit, auf das Sowohl-als-Auch genauso bedacht wie auf das Offenlassen der Hintertüren. Mehr war von ihm nicht mehr zu haben. Es war kein Wunder, wenn gerade in seiner unmittelbaren Umgebung, bei seinen Offizieren, eine Vertrauenskrise um sich zu greifen begann.

Wallenstein hatte wohl jetzt selbst das dumpfe Gefühl, daß der Fall Regensburgs der Anfang vom Ende war. Anzeichen dafür ist, daß er nun schwankend wurde und sich allmählich zu Maßnahmen gegen das Vordringen der Schweden in Süddeutschland durchrang.

Der Kaiser, in Wien immer mehr in die Enge getrieben, wußte sich nicht mehr anders zu helfen, als das mit Wallenstein geschlossene Abkommen zu brechen und durch eigene Befehlsgewalt einzugreifen. Er befahl dem Wallenstein unterstellten Gallas, mit seinen Truppen von Eger aufzubrechen und sie dem Befehl Maximilians unterzuordnen.

Auch Wallenstein war nun in einer Zwangslage. Er konnte den Kaiser nach dem Fall von Regensburg nicht mehr mit der Ausrede abspeisen, Bernhard von Weimar habe es vielleicht auf Böhmen abgesehen und er müsse daher in Böhmen bleiben, um einen Einfall des Feindes zu verhindern. Wie lange wird er dieses Spiel noch treiben können, dieses planlose Hin und Her, allen strategischen Notwendigkeiten Hohn sprechend? Schließlich war die Verbindung zwischen Maximilian und den österreichischen Erblanden durch den Fall Regensburgs zerrisssen worden. Wenigstens diese Scharte mußte durch Wallenstein ausgewetzt werden.

Aber er kann sich dazu nicht entschließen. Er bleibt ohne Initiative, setzt sein überlegenes Heer nicht ein – und die Folgen zeigen sich sofort: Zum ersten Male ist ihm das Gesetz des Handelns genommen. Den Vertragsbruch des Kaisers notgedrungen übersehend, versichert Wallenstein Ferdinand seiner Hilfe für den Bayern.

Während sein Land Entsetzliches unter den Plünderungszügen der Truppen des Herzogs von Weimar erleidet, sieht Maximilian einen Hoffnungsstrahl, als Wallenstein tatsächlich nach Furth, in die bayrische Stadt nahe der böhmischen Grenze, zieht. Denn inzwischen war Straubing in die Hände der Schweden gefallen, und die Truppen Bernhards von Weimar bewegten sich in Richtung auf Passau. Nun erfährt auch der Herzog Bernhard von Weimar vom Heranrücken Wallensteins. Er brennt darauf, sich mit dem berühmten Feldherrn zu schlagen, und zieht ihm entgegen, um ihn zur Schlacht aufzufordern.

Und wieder weicht Wallenstein aus. Es war ihm nicht Ernst gewesen, er wollte keine Schlacht, er wollte nur eine vage Drohung, eine unverbindliche Demonstration. Er verläßt Furth und geht nach Böhmen zurück, angeblich, um einer neuen Bedrohung Arnims zuvorzukommen.

Am 3. Dezember hat er dem Kaiser geschrieben, er wäre gegen den Herzog von Weimar vorgerückt, in der Hoffnung, ihn diesseits der Donau anzutreffen. Nun habe dieser aber auf der anderen Seite der Donau über die Isar gesetzt, so daß er nicht an ihn herankommen könne. „Unterdessen hat sich der von Arnim gegen den Oderstrom gewandt, Frankfurt okkupiert" – diese Nachricht erwies sich als falsch –, „welchem der Banier (der schwedische General Banér) mit zehntausend Mann nachfolgen tut. Dahero dann . . . muß ich wiederum gegen Böhmen wenden und sehen, wo es die Not am meisten erfordern wird, dem Feind zu begegnen." Auch Maximilian von

Bayern wird von Wallenstein am selben Tage mitgeteilt, daß Arnim mit seinem Heer nach Schlesien vorrücke und er daher sich „notwendig resolvieret" und seinen Zug wieder gegen Böhmen nehme.

Daß er mittlerweile schwer erkrankt und sein körperlicher Zustand besorgniserregend war, schrieb Wallenstein nicht, damit es nicht darnach aussehe, als wäre seine Passivität auf ein körperliches Versagen zurückzuführen. Er hätte damit seinen Feinden am Wiener Hof einen billigen Vorwand geliefert, ihn abzusägen. So schützte er strategische Rücksichten vor. Er wiegte sich dabei in der Sicherheit, daß er nicht durchschaut werden könne.

Selbst unter seinen eigenen Offizieren erregt diese Entscheidung Kopfschütteln, ja Empörung. Aber wieder handelt es sich um einen politischen Schachzug Wallensteins: er will so eine wesentliche Schwächung seines alten Gegners Maximilian erreichen.

Natürlich tarnte der Friedländer seinen Rückzug geschickt mit dem Hinweis auf die fortgeschrittene Jahreszeit. Er hatte deshalb seinen Entschluß, nach Böhmen zurückzukehren, von seinen Generälen ausdrücklich billigen lassen. Damit beginnen die Rückversicherungen bei der Armee, die noch in den Pilsener Schlüssen gipfeln sollten.

Die verheerenden Folgen dieser Rücknahme der Armee nach Böhmen hat Wallenstein in ihrem Ausmaß verkannt. Bestimmend für sie war, daß hier der Plan Wiens, Böhmen von allen Winterquartieren zu verschonen, endgültig durchkreuzt wurde.

Die Empörung in Wien wächst immer mehr. Ein Agent des Herzogs Bernhard von Weimar berichtet darüber am 14. Dezember: „Des Herzogs Zurückzug hat Ihrer Majestät zum höchsten mißfallen und sei auch das schändlichste, gefährlichste und unbedachtsamste Werk, so der Herzog jemals getan habe. Ihre Majestät haben ihm mit allem Ernst befohlen, daß er ohne Verzug und Difficultieren (Erschwerungen) die Armada wieder zurück in den Feind führen, denselben verfolgen und die occupierten Örter wieder abnehmen solle ... Ihre fürstliche Gnaden haben mir ferner gesagt, der Kaiser wolle nun erwarten, ob der Herzog diesem Befehl parieren werde ..."

Wallensteins Stellung stand auf des Messers Schneide.

Maximilian, nun in einer verzweifelten Lage, tat, was er konnte, um in Wien wieder die Stimmung gegen den Generalissimus anzufachen.

Auch von Gallas kamen Nachrichten, die Wallensteins Treue zum Kaiser anzweifeln ließen. War dieser Rückzug Wallensteins denn noch als eine strategische Notwendigkeit zu bemänteln? Die Versuche Wallensteins, den Kaiser in diesem Sinne zu überzeugen, fruchteten nichts mehr. Ferdinand hatte Wallenstein schon vor der Nachricht von dessen Rückzug durch Questenberg den Befehl übermitteln lassen, der Generalissimus möge zur Schonung Böhmens unter allen Umständen den Krieg außer Landes tragen. Wallenstein dürfe in dieser Sache keine Verfügungen ohne Rücksprache mit dem Kaiser treffen.

Dazu hatte der Kaiser noch einen eindeutigen und unmißverständlichen Befehl an seinen Generalissimus übermittelt, wieder zur Offensive überzugehen. Der Kaiser wollte die Fortsetzung des Krieges, ungeachtet der fortgeschrittenen Jahreszeit.

Am 9. Dezember befiehlt also Ferdinand seinem General, sofort gegen Bernhard von Weimar aufzubrechen. Er hat damals seiner Umgebung versichert, er wolle nun sehen, ob Wallenstein sein Mitkönig oder sein Diener sei.

Eggenberg erzählte Maximilian, der Kaiser habe versichert, wenn Wallenstein nicht gehorche, so „werde Seine Majestät sich resolvieren und also bezeugen, daß männiglich sehen soll, daß Ihre Majestät Herr und der Herzog ein Diener sei . . . Die Resolution Wallensteins, daß er sich angesichts des Feindes zurückgezogen, könne kein Mensch gutheißen“.

Die Absetzung Wallensteins tritt in ein aktuelles Stadium, als nun seine Nachricht einlangt, er wolle wegen der Gefährdung Böhmens durch Arnim wieder in die alten Quartiere dortselbst zurückkehren. „Nun kommt der Moment“, sagt Srbik zu dieser Situation, „da die Autorität des Kaisers mit der seines Feldherrn offen zusammenprallte, da sich zeigen mußte, ob Ferdinand in der Tat einen ‚Mitregenten‘, der sein Vertrauen nicht mehr genoß und sich seinem Willen entgegenstellte, an seiner Seite dulden müsse; es kam die Zeit, da es sich um Biegen oder Brechen handelte.“

Schon die Antwort des Kaisers an Wallenstein ist von einer bisher ungewohnten Schärfe. Der Kaiser sagt darin, er habe gehofft, daß sich Wallenstein gegen die unmittelbar den Erblanden drohende Gefahr wenden werde. Er mahnt ihn nun „gnädigst“, diese Notwendigkeit selbst zu erkennen und mit aller Kraft gegen den Feind zu gehen, bevor sich dieser Verstärkungen aus dem Reich holen könne. Er bezeichnet es als „gnädigstes Begehren und Verlangen“, daß sich Wallenstein alsbald gegen Passau oder gegen Bernhard von Weimar wende und diesen zurücktreibe. „Und ist dieses also meine endliche Resolution, dabei ich auch, ungehindert mir erst jetzt ein anderes Schreiben vom 5. dieses von Euer Liebden zugekommen, gänzlich beharre und verbleibe.“ Deutlicher kann es Ferdinand nicht sagen. Dem Vermittler dieses Befehls, Graf Trauttmansdorff, schärfte der Kaiser persönlich ein, mit Ernst und Nachdruck beim Generalissimus diesen „kategorischen Befehl“ durchzusetzen.

Welche Stellung nahm nun die spanische Regierung in diesem Augenblick der Entscheidungen gegenüber Wallenstein ein? Es lagen bereits Berichte in Madrid vor, die Gerüchte über verräterische Handlungen Wallensteins zum Inhalt hatten. Dennoch hielt die spanische Regierung auch jetzt Wallenstein die Treue.Man war noch immer der Überzeugung, daß Wallenstein die Säule der Hoffnung für eine Besserung der Lage und die Erhaltung der kaiserlichen Herrschaft sei. Auch sei niemand anderer als er für das Oberkommando befähigt. Das seltsame Verhalten Wallensteins hielt man mehr oder weniger für eine Narretei, die durch die Vorliebe für Astrologie hervorgerufen sei. Der Kaiser solle hier ein Auge zudrücken. Die Weisungen an den spanischen Gesandten in Wien lauteten also dahin, Spanien rate dazu, mit Wallenstein ein gutes Einvernehmen zu pflegen. Die Spanier gewährten ihm außerdem eine Unterstützung von fünfzigtausend Gulden monatlich für sein Heer.

Doch die spanischen Gesandtschaftsberichte, die nun von Wien nach Madrid gehen, lauten ungünstig. Auch der kaiserliche Beichtvater Lamormain ist nach wie vor ein Gegner Wallensteins. Besonders ungünstig wirkt auch, daß Trauttmansdorff aus Wallensteins Lager berichtet, dieser wolle nun doch entgegen den kaiserlichen Befehlen in Böhmen Winterquartier beziehen und dadurch die Erblande neuerlich der schweren Belastung durch das Kriegsheer aussetzen.

Wallenstein, der am 14. Dezember in Pilsen eingetroffen ist, will also unbedingt in Böhmen bleiben. Da spielt natürlich schon der Gedanke mit, daß sich der potentielle Verräter Wallenstein im Falle des Falles leicht der ganzen Erblande von Böhmen aus bemächtigen könne. Der Vorschlag des Hofkriegsrates, daß Wallensteins Heer „anderwärts mit besserer Commodität überwintern könne, zu Abbruch des Feindes und längerer Schonung dieser Lande", hat daher auch in manchen dem Friedländer feindlich gesinnten Kreisen Wiens, die mit der Möglichkeit des Verrates schon rechnen, seinen Hintergrund.

Wallenstein schuf sich gegen den kaiserlichen Befehl zur Offensive eine Rückendeckung. Er legte den Befehl seinen Obersten vor. Er fragte sie am 9. Jänner 1634 in einer Versammlung in Pilsen, ob die Armee eine Offensive gegen Bernhard von Weimar und eine Verlegung der Winterquartiere aus Böhmen für möglich und opportun halte. Den neunundvierzig versammelten Generälen und Obersten teile Ilow mit, der Kaiser wolle einen Angriff auf Regensburg. Diese Nachricht wurde geschickt gekoppelt mit der Beschwerde, der Kaiser verweigere die „notwendige, unentbehrliche Unterhaltung der Armada" und Wallenstein wolle deshalb zurücktreten. Mit dem Nachschub hatte es ja nie geklappt, aber die Gelegenheit war günstig, dieses Problem mit ins Spiel zu bringen.

Natürlich waren alle einhellig dagegen, die schönen böhmischen Winterquartiere aufzugeben. Andere hätten ja erst erobert werden müssen – und konnten sie auch erobert werden? Wallenstein verschanzte sich also gegenüber dem Hofkriegsrat hinter dem Gutachten seiner Obersten; es ist ihm die Deckung für die Nichtbefolgung des kaiserlichen Befehls. Das ist aber nur der erste Schachzug in seinem gewagten Spiel mit dem Kaiser.

Pilsen

Die Befehlsverweigerung Wallensteins schafft klare Verhältnisse. Der Entschluß des Kaisers, seinen Feldherrn unter diesen Umständen abzusetzen, wird endgültig. Nur zögert man noch mit der Ausführung.

Besonders empörend wirkt in Wien die Vorgangsweise Wallensteins, seine Offiziere gegen den Kaiser ins Spiel zu bringen, denn das bedeutet nichts anderes als eine Aufwiegelung der Offiziere gegen Wien. Trotz allem kommt es zu keinem definitiven Beschluß. Vielleicht, so hofft man in Wien, würde Wallenstein von sich aus resignieren, wenn er merkte, daß er das Vertrauen des Kaisers verloren hatte. Von hinten herum wurde dem Friedländer dergleichen nahegelegt, etwa in der Form des nicht neuen Vorschlages, sein Kommando mit dem jungen König Ferdinand zu teilen.

Wallenstein lehnte das natürlich abermals ab, aber er wurde zugleich alarmiert. Es muß wohl jetzt das Gefühl in ihm aufgetaucht sein, daß es ihm an den Kragen gehen könnte. Er äußerte damals, von den Nachrichten aus Wien tief beunruhigt, den Argwohn, man könnte ihn vergiften lassen.

Eine in dieser Zeit von Wallenstein für den Kaiser bestimmte Darlegung der Lage enthält am Schluß den denkwürdigen Satz: „Man muß Fried machen, sonst wird alles unsererseits verloren sein." Der Wunsch nach Frieden durchzieht ja seit Jahren das Denken Wallensteins. Die unmißverständliche Aufforderung des Kaisers, jetzt den Krieg fortzusetzen, hat ihn tief getroffen. Und er reagiert auf seine, auf echt Wallensteinische Weise: mit dem Revers von Pilsen.

Es gab aber noch andere Gründe, die ihn zu dieser Tat trieben. Einer davon war der Fortgang der verräterischen Verhandlungen mit dem Feind, der schließlich knapp an greifbare Entscheidungen heranführte.

Wir haben darüber einen Brief Tertschkas vom 26. Dezember, in dem er Kinsky von dem Bündnis zwischen Wallenstein und den Kurfürsten von Sachsen und Brandenburg berichtet. „Wir sind am Werk, unser Volk binnen vierzehn Tagen zusammenzuführen, und sind nunmehr resolviert, die Maskerade ganz abzulegen und mit Gottes Hilfe dem Werk mit Grund einen Anfang zu machen.“

Kinsky, immer bestrebt, die Angelegenheit energisch weiterzutreiben, schreibt schon tags darauf an Thurn, „daß die bewußte Person“ – nämlich Wallenstein – „begierig sei, auf das einzugehen, was wir vorhin gewünscht“.

Der Zeitpunkt konnte nicht ungünstiger sein, weil gerade jetzt von Wallenstein verlangt wurde, er solle eine starke Abteilung Reiterei nach dem Elsaß schicken, die den Kardinalinfanten Don Fernando auf seinem Zug den Rhein abwärts in die Niederlande geleiten sollte. Wallenstein machte berechtigte Einwendungen, vor allem wegen der Jahreszeit. Er hatte überdies den Eindruck, daß dies der erste Schritt sein könnte, sein Heer überhaupt aufzulösen und ihm den Oberbefehl zu entreißen.

Das alles sollte der Revers von Pilsen verhindern, jene erste der entscheidenden Taten, in denen sich seine Empörung gegen den Kaiser offenkundig vor aller Welt darbot. Zu diesem Zweck mußte der General seine Armee fest in die Hand bekommen.

Schon hatten sich bei Hofe, aber auch im Feldlager die Gerüchte verdichtet, daß Wallenstein etwas plane. In der Fülle der Treibereien hinter den Kulissen, die in Wien auf den Hof einwirken sollten, findet sich schon da und dort die Anspielung auf die Möglichkeit eines Verrats. Die Feinde Wallensteins waren vollzählig beisammen, allen voran Maximilian von Bayern, der durch seine Mittelsmänner wirkte; dann der Gesandte Spaniens, Conde de Oñate; die Jesuiten bei Hof, allen voran Pater Lamormain; schließlich der deutsche Hofprediger Johannes Weingartner. Sie alle nahmen den Kaiser gegen Wallenstein ein.

Seit dem Rückzug bei Furth wurde dem spanischen Botschafter Oñate klar, daß Wallenstein Verrat treibe. Wallenstein selbst sah schon seit einigen Wochen in den Spaniern und ihrem Einfluß bei Hofe seine Hauptfeinde. Der entschlußlose Kaiser wurde von allen Seiten bearbeitet. Allmählich wurde er reif für die Überzeugung, daß der Verratsverdacht gerechtfertigt sei, daß die Verhandlungen Wallensteins mit Arnim das Haus Habsburg und die Kirche schwer gefährdeten, daß sich mit Frankreich verdächtige Verbindungen anbahnten.

Für den 12. Jänner 1634 war eine Besprechung der Generäle in Pilsen angesetzt. Die Stimmung war durch das Gerücht von der bevorstehenden Absetzung Wallensteins erregt. Sie hätte eine prekäre Lage für viele Offiziere geschaffen, die durch Wallenstein alles geworden waren und ohne ihn vielleicht ins Nichts zurücksinken würden. Natürlich war man in diesen Kreisen auf den Wiener Hof schlecht zu sprechen und schimpfte über die Quertreibereien, die von dort gegen den Friedländer ausgingen.

Dennoch wurde dieser Tag zum Verhängnis für Wallenstein. Denn Piccolomini, Gallas und Colloredo kamen noch vor der Besprechung zusammen und sprachen offen über Wallensteins Verratspläne, über die Piccolomini von Wallenstein bald nach dem Rückzug von Furth ins Bild gesetzt worden war.

Da hat sich wohl schon die Fronde kaisertreuer Offiziere, an ihrer Spitze Gallas, gebildet, die ihrerseits beschlossen, den Wiener Hof zu informieren, was Piccolomini dann auch tat.

Die verräterischen Verhandlungen mit dem Feind waren knapp vor der Zusammenkunft der Generäle weitergegangen. Kinsky war am 2. Jänner beim Kurfürsten von Sachsen. Das Thema war wieder die Vereinigung gegen Habsburg. Wallenstein versprach nochmals, sich Böhmens zu bemächtigen und anschließend gegen Wien zu ziehen. Auch Herzog Bernhard von Weimar wurde in den Verratsplan einbezogen.

Wallenstein, der damals stark unter Podagra-Anfällen litt, war mittlerweile in seinem Hauptquartier in Pilsen zeitweise bettlägerig geworden. Kinsky traf dort am 9. Jänner ein.

Auch die Obersten waren in den letzten Tagen bearbeitet worden. Wallenstein ließ sie mit dem Argument in die Enge treiben, daß sie ihr in die Regimenter investiertes Geld nur dann zurückerhalten könnten, wenn er den Oberbefehl behalte. Gerade jetzt hatte er von sich aus das Gerücht von seinen Rücktrittsabsichten ausstreuen lassen. So wurden die Obersten allmählich zur Bereitschaft gebracht, eine schriftliche Erklärung zu unterschreiben, in der die Verpflichtung zum Generalissimus, „solange er in des Kaisers Diensten bleibe", niedergelegt war.

Das geschah am 12. Jänner in Pilsen. Alle Generäle und Obersten wurden zu einem Bankett versammelt und ihnen eine Schrift vorgelegt. In ihr wird eingangs erwähnt, daß der Herzog wegen der gegen ihn geübten Machinationen des Dienstes überdrüssig sei, aber seine Absicht auf Bitten der Offiziere aufgegeben habe. Eine Deputation hätte ihm das Versprechen abgenommen, daß er nicht ohne Vorwissen und Zustimmung der Obersten und seiner Offiziere sein Amt niederlegen würde. Auch wurde er um sein Verbleiben im Kommando ersucht, weil nur so die Obersten zu einer Belohnung ihrer Dienste gelangen würden. Das bedeutete nicht mehr oder weniger, als daß dem Kaiser verboten wurde, Wallenstein zu entlassen, ehe die Forderungen der Obersten erfüllt seien.

Die Offiziere verpflichteten sich also in dem Schreiben, treu zu ihrem Generalissimus zu stehen, wobei in der mündlichen Vorbesprechung des Dokuments gesagt worden war: „. . .solange er (Wallenstein) in des Kaisers Diensten bleibe." Im endgültigen Revers fehlte dann dieser entscheidende Nebensatz. Dagegen sollte man für Wallenstein all das Seine „bis auf den letzten aufgesparten Blutstropfen" einsetzen. Jeder, der dem zuwiderhandeln oder sich absondern wollte, an dem solle der Abfall mit Leib und Leben gerächt werden.

Allerdings ging nicht alles so programmgemäß vor sich, wie Wallenstein gewünscht hatte. Denn trotz absichtsvoll inszenierter alkoholischer Vernebelung bemerkten einige Offiziere, daß die Klausel „solange Wallenstein im Dienste des Kaisers bleibe" fehlte. Sie erregten sich darüber, es kam zu einem Tumult, und Piccolomini nannte Tertschka einen Verräter. Aber schließlich unterschrieben sie alle. Unter der Wirkung des Weines kam es zu einem stimmungsvollen Abschluß: Öfen, Stühle und Fenster wurden zerschlagen.

Am 20. Jänner erreichte der Bericht über den Pilsener Revers den Wiener Hof. Hier sah man nun ganz klar: Wallenstein wollte damit seine Armee an sich persönlich binden, um sie gegebenenfalls gegen Kaiser und Reich zu führen. Der Generalissimus hatte mündlich, nach der Unterzeichnung des Reverses, seinen Offizieren versichert, er habe keinesfalls dergleichen vor. Vielleicht wurde ihm im Lager geglaubt, in Wien glaubte man ihm nicht mehr.

Vor allem war der Bericht Ottavio Piccolominis über die

Pilsener Vorgänge eindeutig. Er war der erste, der Wien informierte und damit seinem Feldherrn in den Rücken fiel. Hier wurden gleichzeitig, zurückgreifend auf Geschehnisse, die weit vor Pilsen lagen, alle Verratspläne Wallensteins mitgeteilt. Sogar die Belohnungen für die Generäle, die Wallenstein treu ergeben waren oder zu sein schienen, konnte Piccolomini nach Wien berichten: daß Tertschka die Markgrafschaft Mähren, Gallas die Fürstentümer Glogau-Sagan, Piccolomini selbst die Grafschaft Glatz und das Herzogtum Teschen erhalten solle; Wallenstein wolle nichts weniger als König von Böhmen werden, und dem Haus Habsburg sollen alle Länder genommen werden.

Piccolomini war beim Ausplaudern von Wallensteins Geheimnissen auf ein breites Publikum bedacht. Spanien war hier ebenso wie der päpstliche Nuntius vertreten, Kurfürst Maximilian fehlte nicht, sogar Aldringen waren Piccolominis Denuntiationen herangetragen worden. Vieles in ihnen ist natürlich Übertreibung und Phantasie, zum Beispiel, daß der französische König „Römischer König" werden solle, Bernhard von Weimar Kurfürst von Bayern und so weiter. Aber in dieser Zeit der Ohrenbläser, Verleumder, Agenten und Flugblätter wurde bald jede Übertreibung für bare Münze genommen.

Die schlaflosen Nächte des Kaisers waren aber wohl auf den Bericht des Ottavio Piccolomini, dem Wallenstein infolge der gleichen Nativität allzu stark vertraut hatte, zurückzuführen. Hatte doch Piccolomini dem Kaiser mitgeteilt, es werde im Bunde mit dem Feinde von Wallenstein ein Aufstand vorbereitet, dessen Ziel der Sturz des Hauses Österreich sei. Vielleicht hatte Piccolomini nur unbedachte Äußerungen des Generalissimus so gedeutet, Zornesausbrüche gegen den Wiener Hof, vielleicht aber hatte er den Kern, die wahren Absichten erraten.

Wer war dieser Ottavio Piccolomini? Was veranlaßte ihn, gegen Wallenstein, dem er wie viele andere alles verdankte - Ruhm, Namen, Reichtum –, so aufzutreten? Vielleicht war die Ehre und Treue des uralten Geschlechtes, dem er angehörte, die Richtschnur seines Handelns, der unbedingten Gefolgschaft für den Kaiser. Piccolomini ging aber gegen den ihm bedingungslos vertrauenden Feldherrn mit einer Art von Hintertreppentechnik vor, die nicht gerade ehrenvoll und eines alten

Ottavio Graf Piccolomini, kaiserlicher General, Vertrauter Wallensteins und Führer der Verschwörung gegen ihn (Miniatur aus dem Khevenhüller-Kodex in der Stiftsbibliothek Mattsee)

Geschlechtes würdig genannt werden kann. Lüge und Verstellung waren das Leitmotiv seines Verhaltens und Handelns, seine Berichte über Wallenstein nach Spanien haben den Feinden des Friedländers die besten Informationen gegeben, die sie überhaupt wünschen konnten. Es war fast wie eine Selbstverständlichkeit, daß Piccolomini später die Ausführung der Exekution übertragen wurde – und daß man ihn nachher reichlich belohnte.

Piccolominis Bericht über die verräterischen Handlungen Wallensteins war nicht der einzige. Von allen Seiten wurde Ferdinand nahegelegt, den Generalissimus fallenzulassen. Die ehemals so mächtige Partei des Friedländers beim Wiener Hof war kaum mehr vorhanden. Wallenstein hatte es mit seiner Widersetzlichkeit seinen Freunden schwergemacht, zu ihm zu stehen. Selbst Questenberg, der letzte Getreue, konnte nichts mehr für ihn tun.

Denn was Piccolomini jetzt zu berichten hatte, war mehr als Widersetzlichkeit, war eine unmittelbare, eine tödliche Gefahr für Habsburg. Wir besitzen ein schriftliches Zeugnis in einem Bericht Pater Lamormains an seinen Jesuitengeneral. Hier schreibt der Beichtvater des Kaisers, informiert über Piccolominis Bericht, Wallenstein „will den Kaiser verderben, das Haus Österreich vernichten, sich selbst der österreichischen Länder bemächtigen und die Besitzungen der dem Kaiser Getreuen unter die Genossen der Verschwörung verteilen; er hat die dem Kaiser feindlichen, zumeist häretischen Generäle und die wegen Rebellion und Irrglaubens flüchtigen kaiserlichen Untertanen mit den größten Versprechungen überhäuft, seinen geheimsten Gedanken aber nur jenen eröffnet, deren Treue er durch die Verheißung ganzer Fürstentümer gewonnen zu haben meint".

Piccolominis in vieler Beziehung phantastischer, im Kern der Sache aber unbezweifelbarer Bericht bringt den Stein endgültig ins Rollen. Der schwer bewegliche Kaiser rafft sich zur Tat auf. Ferdinand kommt endlich zur Überzeugung, daß nur die Beseitigung Wallensteins das Haus Österreich retten könne. Am 24. Jänner findet im Hause des Fürsten Eggenberg eine Geheimsitzung statt, in der Ferdinand über das weitere Vorgehen gegen Wallenstein mit dem Grafen Trauttmansdorff und etlichen anderen, auch geistlichen Ratgebern, berät. Daß das Betragen Wallensteins alle Grenzen überschritt, darüber ist man sich einig. Besonders kreidet man ihm an, daß er Befehle des Kaisers seinen Obersten zur Begutachtung vorlegte, um sie dadurch gegen den Kaiser einzunehmen. Von geistlicher Seite wurde besonders die angestrebte Abmachung mit Arnim angegriffen, in der die Vereinigung der beiden Armeen vorgesehen war. Lag darin nicht der Keim für ein protestantisches Deutschland? In den Kirchen wurden sogar Gebete für den Erfolg der kaiserlichen Entscheidung angeordnet.

Am 24. Jänner unterzeichnete der Kaiser das Patent, durch das der Friedländer abgesetzt wurde. Das Heer wurde dem Grafen Gallas zum Gehorsam verpflichtet. Eggenberg sagte dazu: „Der Kaiser habe nicht vorgeschrieben, wann und wie der Befehl exequiert werden solle, dieses müssen die Exekutoren ex re nata schließen und sich darnach richten, ob es ohne Erweckung größerer Gefahr gewaltsam oder im anderen Weg sicherer könne exequiert werden. Ihrer Majestät erwarten selbst des Erfolges mit höchstem Verlangen und könnten jetzt von etlichen Tagen her vor lauter Sorgen schier keinen Schlaf mehr haben, sintemal sich die Exekution so lange verweile." Damit war klar, daß der Befehl des Kaisers auch die Möglichkeit einer Tötung Wallensteins ins Kalkül zog.

Eine wesentliche Bestimmung des Patents ist, daß alle hohen und niederen Befehlshaber von jeder Verpflichtung gegen Wallenstein entbunden werden. Interimistisch wird Matthias Gallas, bisher schon Wallensteins Stellvertreter, als Oberbefehlshaber eingesetzt. Neben ihm werden Piccolomini, Rudolf Colloredo, Aldringen und andere zu selbständigen Heerführern. Der alte Feind Caretto de Grana wird Feldzeugmeister. König Ferdinand III. wird „bestelltes Generalhaupt". Alle Offiziere, die in ihren Verpflichtungen gegenüber Wallenstein weiter gegangen seien, als ihnen gebühre, erhalten Pardon. Die Unterzeichner des Reverses sind also amnestiert, mit Ausnahme natürlich Wallensteins und der Rädelsführer Ilow und Tertschka. Sie und einige andere Häupter der Verschwörung sollen, wenn irgend möglich, gefangengenommen und nach Wien gebracht – oder als überführte Schuldige getötet werden.

Die Exekutoren erhalten also hier eindeutig das Recht, Wallenstein nicht zu verhaften, sondern ihn auch zu töten, wenn dies die Umstände erfordern, etwa Flucht oder Widerstand. Damit ist freilich das, was dann wirklich geschah, die Abschlachtung des Wehrlosen, nicht gerechtfertigt.

Lamormain berichtet dazu, daß es wegen der großen Gefahr nur zwei Wege gab: die Gefangennahme und Überführung nach Wien, oder, wenn dies sich nicht als durchführbar erwies, die Hinrichtung im Felde. Beide Wege hätten es ermöglicht, mit Wallenstein nochmals ein Verhör anzustellen, aus dem nicht nur der ganze Umfang der Verschwörung hätte ermittelt werden können, sondern auch eine Verteidigung Wallensteins möglich gewesen wäre. Das wollte der Kaiser. Jeder andere Weg, vor allem der, der dann gewählt wurde, hätte seinen Absichten und seinem Wesen widersprochen.

Es war klar, daß man von seiten Wallensteins mit Flucht oder Widerstand rechnen mußte. Erst dann sollte zur sofortigen blutigen Exekution geschritten werden.

Wir müssen nach der Lage der Dinge annehmen, daß hier eine Gewissensfrage des Kaisers mitspielte. Ferdinand hatte dreien seiner vertrautesten Räte die Frage vorgelegt, ob es dem Kaiser nach Recht und Gerechtigkeit zustehe, dem Herzog das Leben zu nehmen, wenn er kein anderes sicheres Mittel habe, ihn abzusetzen. Ferdinand dachte also nicht im Sinne Machiavellis, dessen Lehre vom absoluten Staat auch den Mord erlaubte, wenn er für diesen Staat nützlich sei. Eher muß man das kaiserliche Patent als Notwehrakt in einem absoluten Staatsnotstand sehen.

Die Tötung des Feldherrn sollte in diesem Rahmen nur aus der Zwangslage des Notstandes erfolgen, sie konnte dann als Hinrichtung nach einem geheimen Staatsprozeß erscheinen, der allerdings eine Verteidigung des Angeklagten nicht vorsah. Jacob Burckhardt meint in seiner Notiz „Der Mord als Hilfsmittel“, daß in Fällen, wo eine Regierung Richter in eigener Sache wird, der Satz gelte: Salus rei publicae suprema lex esto – das Heil des Staates sei das oberste Gesetz. Ferdinand sah aber nicht den Staat, sondern sein Gewissen als oberste Instanz an. Sein Verhalten nach der Hinrichtung Wallensteins ist ein Beweis dafür.

Das mit 24. Jänner zurückdatierte Patent bleibt zuerst geheim, denn man fürchtet durch eine vorzeitige Bekanntgabe Streitigkeiten in der Armee, die dem Feinde willkommene Gelegenheiten gegeben hätten, einzugreifen.

Inzwischen waren die Verhandlungen des Generalissimus mit dem Feind weitergegangen. Von dem kaiserlichen Patent weiß er noch nichts. Nach Wien schickt er eine „Beruhigungspille“: er will nach vier Monaten sein Generalat niederlegen und die Armee dem jungen König Ferdinand übergeben.

Diese auf Zeitgewinn berechnete Botschaft wurde natürlich

in Wien durchschaut. Beide Teile hielten nun strengstes Stillschweigen über ihre Pläne: die Pläne, einander gegenseitig zu verderben.

Der Friedländer fühlte sich sicher. Gestärkt durch die Pilsener Unterschriften seiner Offiziere, ließ Wallenstein Johann von Bubna durch Kinsky wissen, daß er in den kaiserlichen Erblanden den Jesuiten und anderen dem Kaiser ergebenen Herren die Güter nehmen wolle. In einem Anfall von Größenwahn, der wohl von Wallenstein inspiriert war, versichert Kinsky Bubna, der Herzog werde Römischer König werden und den Böhmen alle Privilegien bestätigen, so daß „sie die Freiheit haben würden, sich selbst ihren König zu erwählen". Dann folgt das entlarvende Eingeständnis, daß die Einnahme von Regensburg durch den Herzog Bernhard von Weimar durch die Zustimmung des Friedländers ermöglicht worden sei. Wahrheit oder auch nur Großsprecherei?

Wallenstein gibt nun auch Anweisung, es solle dem schwedischen Kanzler Oxenstierna durch Bubna sein endgültiger Entschluß mitgeteilt werden, „von dem Kaiser abzufallen und König in Böhmen zu werden". Der Kanzler möge zum Herzog einen hohen Offizier senden.

Rašin berichtet über diese Unterredung am 4. Februar, Oxenstierna habe erklärt, er wolle niemanden zum Friedländer schicken, „solang er vom Kaiser nit recht und öffentlich abfallen werde. Wann er aber dasselbe tun würde, so solle er sich versichern, daß er nit allein zu ihm schicken, sondern selbst zu ihm kommen und wegen alles dessen, was er begehren würde, sich mit ihm vergleichen wolle". Oxenstierna bleibt also auf seinem alten Standpunkt.

Von Wallenstein war versichert worden, sobald der Vertrag abgeschlossen sei, werde er geradewegs auf Wien vorrücken. Jede Partei will also der anderen den Vortritt lassen, jede fordert von der anderen Beweisstücke des guten Willens durch Taten. Aber diese Taten bleiben aus.

Mit um so mehr Begeisterung legen sich die Mittelsmänner ins Zeug. Mit Kronen und Herzogtümern werfen sie nur so um sich, im Übertreiben sind sie ohne Hemmungen. Besonders eifrig ist Tertschka als Vermittler der verräterischen Botschaften des Friedländers, denn Wallenstein hat ihm Glatz als Fürstentum versprochen. Er, Kinsky und Jaroslav Rašin von Riesenburg besaßen neben Wallenstein den größeren Teil Böhmens. Man arbeitete also für die eigene Tasche, daher desto eifriger.

Auch mit dem französischen Mittelsmann Feuquières werden weiter Verhandlungen gepflogen. Der französische König verstrickt sich dabei tiefer in die Wallensteinischen Angelegenheiten als der vorsichtige schwedische Kanzler. Er macht verlockende finanzielle Anerbieten, in der Höhe gestaffelt je nachdem, ob „Wallenstein offen vom Kaiser abfallen und Böhmen oder ein anderes Land erobern wolle" oder nicht offen hervortreten wolle, sondern nur hinter den Kulissen bei eventuellen Friedensverhandlungen eine französische Vermittlung unterstützen wolle. Jeder verräterische Schritt Wallensteins, egal ob groß oder klein, hätte dann seinen bestimmten Preis.

Dieses französische Engagement ist erstaunlich, obwohl seit Jahresbeginn die Kurse Friedlands erheblich gefallen sind. Aber den Franzosen ist Wallenstein noch immer recht. Auch jetzt noch wollen sie die Gelegenheit benützen, ihn zu ihrem Werkzeug zu machen, schon im Hinblick auf Spanien. Die französischen Unterhändler sparen daher nicht mit Versprechungen. Und doch geben sie dem Friedländer nur scheinbar eine Chance. Denn auch sie wollen im Grunde dasselbe wie die Schweden: sie wollen zuerst eine entscheidende Tat Wallensteins sehen. Einmal taucht sogar in den Verhandlungen der Plan auf, Ludwig XIII. solle Römischer Kaiser und Wallenstein Römischer König werden. Man faßt es kaum, wie sehr die angeblich höchsten Herrschersymbole der abendländischen Welt zu leeren und abgelebten Gehäusen geworden sind, daß sie dem Verrat eines kaiserlichen Generals als Honorar dienen sollen. Doch Ranke schränkt mit Recht diese ungeheuren Möglichkeiten des politischen Spieles, die immer dann auftauchen, wenn alles im Fluß ist, ein: „So pflegt es immer in großen Krisen zu gehen: wenn die beherrschenden Verhältnisse der Welt zu schwanken anfangen, erscheint auch das Unmögliche wahrscheinlich. Ernstlich und eingehend war von beiden Seiten von so weitausgreifenden Plänen nicht die Rede." Schließlich war Wallenstein für die Franzosen nichts anderes als eine Rückendeckung gegen die Spanier. Auch die Schweden benützten ihn dazu, und sie hatten hier leichtes Spiel, denn Schweden war ein offener Verbündeter Frankreichs.

In den Verhandlungen mit Arnim war Wallensteins

Trumpfkarte bekanntlich die Idee der friedlichen Vereinigung der beiden Armeen und dadurch die Begründung des Religionsfriedens in Deutschland. Die beiden Kurfürsten führten die Verhandlungen sowohl mit Wallenstein als auch mit dem Kaiser. Wallenstein gegenüber ließen sie Bedenken durchblikken: was könnte aus Abmachungen werden, wenn Wallenstein eines Tages das Generalat nicht mehr innehabe? Dennoch trieb das Mißtrauen gegen Schweden zur Weiterführung der Verhandlungen. Arnim, der General des Kurfürsten von Sachsen, vertrat die betont protestantische Linie, denn er war als Feldherr zugleich unwandelbar gläubiger Protestant. Es war daher in den Verhandlungen auch jetzt immer wieder von der Wiederherstellung des Zustandes von 1618 die Rede.

Noch eine andere Stellungnahme wurde bei Arnim deutlich: er war der Ansicht, daß die auswärtigen Mächte die Protestanten aus sehr selbstsüchtigen Motiven unterstützten, nämlich um das Reich zu zerschlagen. Daher wollten weder Schweden noch Frankreich ernstlich den Frieden. Aus diesem Grunde, meinte Arnim, könne man es sich nicht leisten, mit den Katholiken ganz zu brechen.

Diesen Gesichtspunkt vertrat der General besonders in Verhandlungen mit dem Kurfürsten von Brandenburg in Berlin. Österreich, so meinte er, müsse bestehen bleiben, um ein Gegengewicht gegen Frankreich zu bilden. Dieser Standpunkt hatte eine deutliche Spitze gegen Wallenstein, der in seinen hochfliegenden Plänen das Haus Österreich auslöschen oder zumindest auf Tirol beschränken wollte. Wallenstein war kein Realpolitiker wie Arnim: blind geworden in seinem Haß gegen Habsburg, sann er nur mehr auf Zerstörung.

Arnim fragte Georg Wilhelm von Brandenburg geradezu, wie weit ein Wallenstein unterstützt werden könne, der das Verderben des Hauses Österreich wolle. Wie weit kann man da mit ihm gehen? Auch Georg Wilhelm pflichtete ihm bei, wenn er sagte, man dürfe sich um Privathändel des Friedländers nicht kümmern. Er wies eine prinzipielle Feindseligkeit gegen das Haus Österreich zurück. Nun fragte Arnim, was er tun solle, wenn der Friedländer die Vollmachten seines Kaisers überschreite und offen rebelliere. Die Antwort des Kurfürsten war genauso ablehnend. Jedoch, meinte er, müsse man hier klug handeln und den Friedländer durch Verhandlungen hinhalten, bevor er sich mit seinen Verratsplänen an Schweden oder Frankreich wende. Man war dafür, auf Verhandlungen einzugehen, auch dann, wenn Wallenstein in ihnen seine vom Kaiser erhaltenen Vollmachten überschreiten würde. Nützt Friedland damit der evangelischen Sache, so ist es gut. Vielleicht kann dadurch der Kaiser zu einem günstigen Frieden genötigt werden. Aber in einen neuen Krieg mit dem Haus Österreich ließ sich der Kurfürst durch Wallenstein nicht hineinziehen.

Zu dem Plan Wallensteins, die beiderseitigen Truppen zu vereinigen, erwiderte der Kurfürst, er könne den Oberbefehl über seine Truppen nicht aus der Hand geben. Georg Wilhelm erklärte sich aber zu allem bereit, was der evangelischen Sache dienlich sei, und er versprach auch, sich für eine angemessene Entschädigung Wallensteins einzusetzen, wenn durch seine Aktion wirklich ein Frieden zustande käme.

Diese Verhandlung zeigte eines deutlich: daß der Friedländer für die Protestanten in ihrem Spiel mit dem Kaiser nur eine Schachfigur war. Konnte man Wallenstein als Mittel zum Zweck gebrauchen? Diese Frage allein bewegte das protestantische Lager. Einen Wallenstein aber in der Rolle eines Reichszerstörers lehnten sie ab. Die Bindung der Protestanten an das Reich war doch noch immer wesentlich stärker, als der Friedländer annahm.

Wallenstein erwartete Arnim ungeduldig in Pilsen. Dieser aber war erst am 13. Februar von Berlin nach Dresden gereist, um dort dem Kurfürsten von Sachsen über seine Verhandlungen mit Georg Wilhelm Bericht zu erstatten. Wallenstein, dessen Lage inzwischen immer prekärer wurde, konnte das Zögern Arnims nicht verstehen. Er ließ ihm durch einen seiner Unterhändler einen ungeduldigen Brief schicken, in dem er schrieb: „Ich bitte Sie um Gottes willen, kommen Sie bald, es ist keine Minute zu warten, es ist ja alles fix und ich hoffe nicht, daß es möglich sein sollte, daß es könnte umgestoßen werden, es müßte denn Gott wollen.“

Er wollte es. Als Arnim nach Böhmen aufbrach, war es schon zu spät.

Eger

Die wenigen Wochen nach dem ersten Pilsener Revers hatten gezeigt, wie weit die Entwicklungen in Wien und im Lager Wallensteins fortgeschritten waren. Wallenstein hatte gerade zum zweiten Male sämtliche Obersten seines Heeres nach Pilsen beschieden, um sich ihrer nochmals zu versichern.

Wieder beruhigt er die anwesenden Offiziere: er wolle nichts gegen den Kaiser unternehmen, er wolle vielmehr den Frieden herbeiführen. Er bittet die Offiziere, wieder protokollarisch zu geloben, bei ihm auszuharren.

Dieser zweite Pilsener Schluß wurde am 20. Februar unterzeichnet. Natürlich war es hier wieder die Absicht Wallensteins, seine Offiziere möglichst eng an sich zu binden. Doch ist dieses Dokument viel gemäßigter als die erste Pilsener Vereinbarung, denn das Gerede von dem offenen Verrat hatte schon so manchen unter den Offizieren kopfscheu gemacht.

Wallenstein wußte das. Er mußte daher sehr vorsichtig vorgehen. Die Offiziere verpflichteten sich also nur, treu bei ihrem Generalissimus auszuharren und jedem seiner Befehle nachzukommen. Aber sie versicherten im Verein mit ihm, daß sie es an der schuldigen Treue gegen den Kaiser nicht fehlen lassen wollten. Wallenstein entbindet sie ausdrücklich ihrer Verpflichtungen gegen ihn, wenn er „das Geringste wider Ihre Kaiserliche Majestät und deren Hoheit“ sowie gegen die Religion unternehmen würde.

Diesen zweiten Pilsener Revers, dem alle gefährlichen Zähne ausgebrochen und die Glanzlichter unwandelbarer Loyalität aufgesteckt worden sind, kann man in Wien vorzeigen. Wallenstein schickt ihn nach Wien, damit er dort beruhigend wirke. Aber kann dieses Täuschungsmanöver noch helfen? Seit einem Monat liegt das kaiserliche Patent wider ihn bereit, steckt der Pfeil im Köcher, der ihn eines Tages treffen soll.

Wallenstein ist jetzt nach wie vor der Meinung, daß er die

Armee fest in der Hand habe. Nur bezüglich Aldringens, Mathias Gallas' und Piccolominis hegt er leichte Zweifel. Den Abfall einiger Regimenter zieht er in Rechnung, wenn er den entscheidenden Schritt wagen sollte. Aber das Gros der Offiziere, so meint er, steht zu ihm. Verdanken sie ihm nicht alles, Stellung und Vermögen? Er setzt also auf ihre Dankbarkeit. Wie undankbar aber er selbst gegen seinen kaiserlichen Herrn ist, daran denkt er nicht. Und dieser Charakterfehler sollte auch sein Verderben werden. Er machte ihn blind und ließ ihn in die Falle rennen, die ihm gestellt wurde.

Arnim kommt noch immer nicht. Nach dessen Verhandlungen mit dem Brandenburger hält ihn der Kurfürst von Sachsen noch in Dresden, wo die Verhandlungen auch in der zweiten Hälfte des Februar weitergehen. Endlich erhält Arnim die Instruktion, mit Wallenstein auch dann über den Frieden zu verhandeln, wenn dessen Bedingungen für den Kaiser nicht annehmbar seien. Das ist es, was Wallenstein will. Er ist knapp vor dem Ziel, aber er weiß nichts davon. Er wird von seiner Chance nie mehr etwas erfahren, denn Arnim zeigt sich noch immer nicht. Wallenstein vergeht in Pilsen fast vor Ungeduld, während Arnim noch einige Tage in Dresden zuwartet.

Der Friedländer wird immer unruhiger. Ahnt er etwas, spürt er die schwarzen Wolken über sich, die sich drohend auftürmen? In seiner Unruhe schickt Wallenstein den bei ihm weilenden Herzog von Lauenburg an Bernhard von Weimar mit der Bitte, dieser möge einige tausend Mann für den Fall bereithalten, daß sich Wallenstein gegen den Kaiser erkläre.

Ferdinand hat inzwischen gehandelt. Am 10. Februar erhielt Gallas in Pilsen das kaiserliche Patent mit einem Schreiben des Kaisers, das ihm die Gefangennahme oder Tötung Wallensteins befahl. Diese Aufgabe war für Gallas in der Höhle des Löwen undurchführbar. Denn die Mehrzahl der Pilsener Truppen war Wallenstein treu ergeben.

Gallas mußte also einen Vorwand finden, um aus Pilsen herauszukommen. Dann erst konnte eine Gefangennahme Wallensteins bewerkstelligt werden. Aber in Pilsen deutet inzwischen auf offenen Verrat anscheinend nichts mehr hin. Wallenstein steht vor seinen Offizieren unverdächtig da.

Wallenstein hat diese allgemeine Beruhigungswelle absichtsvoll verbreitet. Sein geheimes politisches Ziel ist jetzt die

Ordnung der deutschen Verhältnisse und die Errichtung eines Religionsfriedens mit Hilfe der Kurfürsten von Sachsen und Brandenburg. Deshalb wartet er so dringlich auf Arnim. Daneben will er die Bedürfnisse seines Heeres befriedigen und seine Herrschaft über Böhmen installieren – mit oder gegen den Kaiser. Noch hält er die Möglichkeit fest, mit dem Kaiser zu gehen, vielleicht ist er sogar bereit, auf sein Generalat zugunsten König Ferdinands, des Sohnes des Kaisers, zu verzichten. Jedem Versuch jedoch, ihn mit Gewalt zu entmachten, ist er entschlossen, Gewalt entgegenzusetzen – und in ihrer letzten Konsequenz die offene Auflehnung gegen den Kaiser, den Verrat.

Der Kaiser jedoch hatte sich schon für die Gewalt entschieden. Für Gallas hatte sich am 12. Februar eine Möglichkeit gefunden, Pilsen zu verlassen. Der General hatte sich erbötig gemacht, Aldringen, der ohne Wissen Wallensteins treu zum Kaiser hielt und den der Friedländer vergeblich nach Pilsen beordert hatte, zu holen. So konnte Gallas an diesem Tage Pilsen verlassen. Graf Piccolomini, der sich schon mit einer Handvoll Leute zusammengetan hatte, um die Exekution durchzuführen, hatte Gallas vorher noch bewegen können, zuzuwarten. Denn eine Aktion in Pilsen selbst war zu gefährlich.

Am 15. Februar ließ Gallas in Gratzen die Maske des wallensteintreuen Generals fallen. Er richtete einen Armeebefehl an alle Generäle, in dem das Pilsener Dokument als Betrug und Verrat am Kaiser bezeichnet wurde. Allen Teilnehmern wurde die kaiserliche Verzeihung und Gnade zugesichert, wenn sie der Fahne des Kaisers treu blieben.

Aldringen, der sich mit Gallas abgesprochen hatte, unternahm es hierauf, das unruhige Ober- und Niederösterreich zu sichern, das wegen der Nähe der Truppen Bernhard von Weimars besonders gefährdet war und in dem die Erinnerung an die Bauernaufstände noch nachwirkte.

Der gleiche Tag bringt noch einen entscheidenden Fehler des vertrauensseligen Wallenstein: Piccolomini erhält die Gelegenheit, sich seiner Gewalt zu entziehen. Er hat den Friedländer davon überzeugt, daß gegen den angeblich so treuen Gallas von seiten Aldringens ein Anschlag drohe. Daraufhin stellte der nichtsahnende Wallenstein Piccolomini sogar seinen eigenen Wagen zur Verfügung, damit dieser Gallas nachfahren und ihn vor Aldringen warnen könne. Hier offenbart sich, wie dicht das Netz der Lüge und Verstellung schon um den Friedländer gezogen war.

Wallenstein selbst hatte die Absicht, sich nach Prag zu begeben. Er war über die wahre Lage noch immer nicht im Bild. Aber die Garnison von Prag war mittlerweile von Gallas beauftragt worden, keine Befehle mehr vom Friedländer anzunehmen. Gegen diesen Befehl, der auch den Soldaten verkündet wurde, regte sich keine Hand im Militär und in der Bürgerschaft. Prag war von Wallenstein abgefallen.

Das alles wurde dem Generalissimus hinterbracht. Ebenso erfuhr er, daß der Kaiser mit ihm gebrochen habe. Auch von dem Befehl des Generals Gallas hörte er, daß Wallenstein kein Gehorsam mehr zu leisten sei, demselben Wallenstein, der sich soeben zum zweiten Male seiner Offiziere versichert zu haben glaubte. Alle diese Nachrichten hat Tertschka am 21. Februar an sein Krankenlager gebracht. Er, Ilow und Kinsky streiten nun darüber, was zu tun sei. Es erheben sich Zweifel, ob es unter diesen Umständen geraten sei, in Pilsen zu bleiben, oder ob man nicht lieber nach Eger aufbrechen sollte, um dem „Feinde" näher zu sein und so den lang geplanten Verrat endlich verwirklichen zu können – freilich unter traurigen und nicht vorausgesehenen Umständen.

Zum ersten Male offenbart sich nun Wallenstein die Lage in ihrem ganzen Verhängnis. Aber noch gibt der kranke, müde und abgekämpfte Wallenstein, dem die Gicht immer härter zusetzt, sein Spiel nicht verloren. Noch einmal faßt er Zuversicht. „Ich hatte den Frieden in meiner Hand", soll er damals gesagt haben, „Gott ist gerecht."

Am Morgen des 18. Februar ist Aldringen in Wien, erhält am selben Tage Audienz beim Kaiser und unterrichtet ihn von den neuesten Entwicklungen.

Wieder wirken jetzt Piccolominis mit so viel Phantasie vermischte Denunziationen gegen Wallenstein. Der Kaiser hat schlaflose Nächte hinter sich, riesengroß ersteht vor ihm die Gefahr, die Wallenstein heißt und die nun nicht mehr die Verschwörung eines Generals, sondern die Verschwörung Europas gegen das Haus Habsburg bedeutet, zu deren Zentrum und Zündstoff der Abfall Wallensteins werden könnte.

Der zweite Pilsener Schluß, von dem der Kaiser kurze Zeit später erfährt, muß in ihm trotz seiner Zahmheit den Eindruck stärken, daß die Armee doch zum größten Teil auf seiten Wallensteins stehe. Es laufen sogar Gerüchte um, daß sich Wallenstein demnächst in Prag zum König von Böhmen krönen lassen wolle.

So erläßt der Kaiser in aller Eile das „Proskriptionspatent". Wallenstein wird darin schwarzer Undank gegen das Haus Österreich, Verleumdung und Verschwörung gegen den Kaiser zum Sturz der Dynastie vorgeworfen. Von den Offizieren des Heeres wird neuerlich Gehorsam gegen Gallas, Aldringen, Piccolomini und Colloredo gefordert. Die Erhaltung der Armee wird versprochen, Belohnungen und Gnaden werden in Aussicht gestellt.

Am 18. Februar war Piccolomini mit dreitausend Reitern von Linz aufgebrochen, das kaiserliche Patent in der Tasche. Gallas folgte ihm. Graf Tertschka, der Vertraute Wallensteins, hat inzwischen Pilsen verlassen. Unterwegs erfährt er, daß Prag von Wallenstein abgefallen ist und daß die Reise des Feldherrn nach Prag darum unterbleiben muß. Er kehrt also nach Pilsen zurück.

In Pilsen hat sich inzwischen Panikstimmung ausgebreitet. Wallenstein war durch den Abfall Prags aufs höchste alarmiert. Aldringen blieb aus, Gallas, dem er bis zuletzt vertraut hatte, kehrte nicht nach Pilsen zurück. War er von Wallenstein abgefallen? Noch dazu ist am Morgen des 17. Februar der Oberst Giulio Diotati eigenmächtig von Pilsen abmarschiert. Gerade jetzt erhält Wallenstein einen Brief von Tertschkas Vater, der dem Friedländer aus Wien berichtet, dort bereite sich etwas Gefährliches vor.

Die Wolken um das Haupt des Friedländers ziehen sich immer mehr zusammen. Wem kann er denn noch vertrauen? Ringsum fällt alles ab. Mehr und mehr erscheint als einzige Möglichkeit die Rettung zum Feind.

Wallenstein ergreift sie. Er bestürmt Bernhard von Weimar mit Botschaften, seine Dragoner nach Pilsen zu schicken oder zumindest nach Eger vorrücken zu lassen. Das alles geschieht ohne jede Rücksicht auf die wirkliche Lage, denn auch in Bernhard von Weimar täuscht sich der Generalissimus.

Bernhard von Weimar täuscht sich ebenso über Wallenstein. Er ist weit entfernt davon, auf solche Vorschläge einzugehen, denn er fürchtet, daß ihm Wallenstein nur eine Falle stellen will. Er sagte geradezu, da stecke ein Schelmenstück dahinter. Vielleicht beabsichtigt der Friedländer einen Angriff auf Nürnberg oder Franken? Auch dieser Verdacht geht an der Wirklichkeit vorbei, er ist lächerlich angesichts eines Generalissimus, der gar nicht mehr über seine Armee verfügen kann, der nichts anderes mehr im Sinn hat, als seine nackte Haut zu retten.

Anderseits glaubt Bernhard auch die Nachrichten nicht, die ihm über Wallensteins Absetzung zugehen. Er glaubt überhaupt nichts. Einem Unterhändler sagt er: „Dieser Herr (Wal lenstein) glaubt nit an Gott, daher ist ihm nit zu trauen . . . Ich wollte keinen Hund satteln lassen oder ihm vertrauen!" Dem Grafen Thurn gibt Bernhard zur Antwort: „Gott hat wohl andere Mittel, dem allgemeinen Wesen zu helfen als den Fürsten Wallenstein!" Alles, was er dem Boten Wallensteins mitgeben will, sind leere Versprechungen. Wallenstein bekommt sie nicht mehr zu Gesicht, denn der Bote wird unterwegs von den Kaiserlichen abgefangen.

Dennoch hält der Friedländer an dieser letzten Hoffnung Bernhard fest. Um ihm und seinen Truppen näher zu sein, gibt Wallenstein den Befehl, nach Eger aufzubrechen. Arnim, der noch immer nicht von Dresden abgereist ist, läßt er verständigen, daß er ihn in Eger zu treffen wünscht. Dort will ihn der Fürst von Friedland im Kreise seiner Offiziere empfangen, dort will er Frieden schließen, dort will er noch einmal dem Kaiser diktieren. Eger soll der Ort der Wendung seines Schicksals, soll der Ort seines Triumphes werden. Aber die Wirklichkeit geht über diese Träume eines alten, fast von allen Getreuen verlassenen Wallenstein hinweg.

Am 23. Februar bricht Wallenstein von Pilsen nach Eger auf. Es ist eine überstürzte Abreise, es sieht fast nach Flucht aus. Zehn Reiterkompanien und dreihundert Musketiere begleiten ihn bei diesem Abmarsch aus Pilsen, das ihm so unheimlich geworden ist. Auf dem Wege stoßen zu den dreizehnhundert Mann Wallensteins noch dreihundert Dragoner des Obersten Walter Buttler, der zum Kaiser hält. Auch davon weiß Wallenstein nichts. Das Zusammentreffen erfolgt in Mies.

Buttler hatte keine Möglichkeit, den Truppen Wallensteins in Mies Widerstand zu leisten. Es blieb ihm nichts übrig, als sich Wallenstein auf dem Wege nach Eger anzuschließen, als er dazu den Befehl von ihm erhielt, und so noch einmal den Getreuen Wallensteins zu mimen, obwohl er den Befehl von Gallas bereits in der Tasche hatte. Geschwankt kann Buttler in dieser Lage nicht haben, wie es bisher dargestellt wurde. Er gehörte zu den Kaisertreuen, aber er konnte sich mit den weit überlegenen Wallensteinischen Truppen in keinen Kampf einlassen, geschweige denn den Feldherrn gefangennehmen. Das einzige, was Buttler tun konnte, war eine Benachrichtigung an Gallas, daß er mit seinem Zug nach Eger dem Zwang der Verhältnisse folge und im übrigen dem Kaiser in unverbrüchlicher Treue ergeben sei.

Dem Friedländer zeigt Buttler, vielleicht genauso begabt in der Verstellung wie Piccolomini – und nicht zuletzt Wallenstein selbst – Loyalität. Wallenstein vertraut auch ihm, verspricht ihm zwei Regimenter und eine größere Geldsumme – als ob man Treue kaufen könnte –, und der falsche Begleiter tut weiterhin so, als wäre er seinem General treu ergeben.

Inzwischen hat sich Piccolomini der Stadt Pilsen bemächtigt und setzt sich nun Wallenstein auf die Fersen. Die Falle schnappt dort zu, aber das Wild ist entkommen. Der eifrigste unter den Häschern kam zu spät.

Doch ist Eger nicht auch eine Mausefalle? Hier führt ein treuer Kaiserlicher, der Oberst Johann Gordon, das Kommando. Er verfügt über die ansehnliche Truppenmacht von über zwölfhundert Mann. Auch Gordon ist unter denen, die Wallensteins Vertrauen zu Unrecht genießen. Der kalvinistische Schotte war durch den Friedländer aufgestiegen – mußte er ihm nicht dankbar sein? Aber auch Gordon trägt den Befehl von Gallas schon in seiner Tasche, genauso wie Buttler. Auf beide wirkt das Wort des Kaisers mehr als die Rücksicht auf Wallenstein.

Noch auf dem Weg läßt Wallenstein den Befehl ausgeben, keine Truppe dürfe von Gallas, Aldringen oder Piccolomini Weisungen entgegennehmen. Wieder gehen Boten an Arnim, Oxenstierna und Bernhard von Weimar. Dieser wird wieder einmal zu größter Eile aufgefordert ...

Wallenstein hat an Buttler den Befehl geschickt, den ihm rangnächsten Offizier, den Obersten Walter Leslie, ihm entgegenzuschicken. Diesen schottischen Adeligen wollte Wallenstein besonders bearbeiten, um sich seiner in Eger zu versichern. Leslie trifft mit dem Feldherrn in Plan während des Weitermarsches nach Eger zusammen.

Vor Leslie breitet der Friedländer noch einmal sein Wollen und Planen aus. Schon weiß er von dem Abfall Gallas und Piccolominis. Er erzählt Leslie davon mit der Bemerkung, sie hätten sich zur spanischen Partei geschlagen.

Wallenstein versichert dem Obersten wider besseres Wissen, daß der Kaiser selbst auf seiner Seite stehe. Wolle aber der Kaiser ihn nicht als Diener haben, dann wolle ihn auch der Friedländer nicht als Herrn behalten. Es gäbe Monarchen, die seine Dienste freudig annehmen würden, doch er wolle sein eigener Monarch sein, er wolle seine eigene Armee haben, er könne bei ihrer Aufstellung auf viele kaiserliche Obersten zählen.

Dann entwickelt dieser Künstler der Politik seinen letzten Plan, mehr denn je von seiner Phantasie mitgerissen: Er will binnen vier Wochen nach Österreich marschieren, er will mit bewaffneter Macht vor dem Kaiser in Wien als Rächer seiner Ehre erscheinen – noch immer wirkt in ihm das Trauma von der angetanen Schmach seiner ersten Absetzung. Zur Vorbereitung dieser geplanten Aktion hat er sein neues Hauptquartier in Eger ausersehen.

Daß Wallenstein nun Leslie zum Ohrenzeugen seiner geheimsten Gedanken machte, sollte ihn noch tiefer ins Verhängnis treiben. Denn Leslie erlag dem Zauber der Persönlichkeit nicht, er ging von dieser Unterredung nicht als neuer Anhänger des Friedländers, sondern als sein überzeugter Gegner weg.

Am letzten Marschtag, dem 24. Februar, schickte Wallenstein von Plan aus eine Botschaft an den Kaiser. Darin versichert er, er sei bereit, zurückzutreten, wenn man ihm seine Besitzungen lasse. Er wolle sich nach Hamburg zurückziehen. Dieser letzte Brief an den Kaiser war auch Wallensteins letzte Finte. Er tat keine Wirkung mehr.

Inzwischen ist die militärische Einkreisung Wallensteins weit gediehen. Maximilian läßt seine Truppen gegen Passau vorrücken, Gallas operiert von Budweis, Piccolomini von Pilsen aus, und auch aus Prag werden verläßliche Truppen dem Friedländer nachgesandt.

Die Grundidee dieses strategischen Einkreisungsmanövers ist die Hoffnung, Eger werde den Truppen Wallensteins die

Tore verschließen, so daß dem geächteten Generalissimus nichts übrigbleibe als eine überstürzte Flucht in die Arme des Feindes, falls man nicht noch vorher irgendwo auf dem Wege nach Eger seiner habhaft werden könne. Aber auch wenn es Wallenstein gelänge, sich zum Feind zu retten, konnte er für den Kaiser keine Gefahr mehr darstellen. Denn dieses Unternehmen wäre ihm nur ohne Truppen möglich gewesen, nur als Feldherr ohne Armee hätte er die Fronten wechseln können. Gefährlich war aber der jetzige Zustand, in dem Wallenstein noch über eine gewisse Truppenmacht verfügte und dadurch die Möglichkeit hatte, mit Hilfe von Pressionen oder durch psychologische Wirkung allein weitere Truppen an sich zu ziehen.

Daher ist die Enttäuschung des Generals Gallas und der kaisertreuen Offiziere groß, als bekannt wird, Wallenstein sei es gelungen, sich mit beträchtlichen Truppen in Eger festzusetzen. Gallas sendet sofort drei Regimenter Kroaten und dreitausend Reiter aus, um diesen letzten Schlupfwinkel des Rebellen einzukreisen. Vielleicht denkt man sogar an eine Belagerung von Eger.

Am Nachmittag des 24. Februar kommt Wallenstein in Eger an, „in einer schlechten Sänfte, von zwei Pferden getragen, von zwei Kompanien Reitern begleitet, mit etlichen Kutschen und Bagagewagen“. Von der einstigen Pracht seiner Reisezüge ist nichts mehr übriggeblieben, die Truppen, die ihn begleiten, führen ihn insgeheim schon als Gefangenen mit sich, denn es sind die Dragoner des Obersten Buttler. Aber noch ist es nicht soweit, noch wirkt der Mythos Wallenstein zu stark.

Dieser Walter Buttler ist ein Offizier Wallensteins, der innerlich längst von ihm abfiel. Die Begegnung von Mies wurde beiden zum Schicksal, sie wies Buttler zwangsläufig die Rolle des Henkers zu, aber auch die des Organisators der Treibjagd auf dieses edle Wild. Denn Buttlers Beichtvater, Patrick Taaffe, auch Schotte wie Buttler, hat sich von Eger aus sofort mit Nachrichten über den neuesten Stand der Lage nach Pilsen zu Piccolomini begeben. Von diesem empfängt nun Taaffe den Auftrag, der Oberst möge Wallenstein tot oder lebendig herbeischaffen.

Piccolomini ist am Ziel. Er kann allerdings nicht mehr direkt in das Geschehen eingreifen, denn Taaffe kommt zu spät nach Eger zurück. Die Tat ist schon geschehen, zu der er ermuntern sollte. Woher aber nahm sich Piccolomini das Recht zu diesem Befehl mit der ominösen Formel „tot oder lebendig“? Er hatte sich bei seiner Weisung auf einen kaiserlichen Befehl bezogen. Doch es ist nicht richtig, daß Ferdinand ihn wirklich so gegeben hat. Piccolomini hat, von Haß und Übereifer getrieben, den Befehl verfälscht. Anderseits spricht man am Wiener Hof zu diesem Zeitpunkt offen von der Notwendigkeit, Wallenstein zu töten.

Noch am Abend konferiert Wallenstein mit Buttler. Er war im Pachelbel-Haus auf dem Marktplatz abgestiegen, im Nachbarhaus sein Astrologe Seni. Wallenstein eröffnet Buttler, dem er nach wie vor vertraut, daß zwischen ihm und Bernhard von Weimar Verbindungen bestünden und daß er die Absicht habe, die Truppen Bernhards in Eger aufzunehmen.

Auch das ist ein weiteres Zeugnis dafür, wie blind Wallenstein in sein Verhängnis hineinrennt. Denn diese Mitteilung an Buttler kann nur dessen Überzeugung stärken, daß er Piccolominis Hilfe nicht mehr abwarten dürfe, sondern selbst ungesäumt handeln müsse, wenn er sich stark genug dazu fühle.

Am Abend waren Gordon und Leslie die Gäste Buttlers in dessen Quartier. Buttler hatte ursprünglich im Sinne, mit seinem Regiment Eger heimlich wieder zu verlassen, um sich so Wallensteins Gewalt zu entziehen. Er hielt den Feldherrn für zu übermächtig in Eger, als daß sich hier die Gefangennahme oder Tötung Wallensteins vollziehen ließe. Ein solches Ausweichen Buttlers hätte für den Friedländer die Rettung bedeuten können, denn sie hätte die Ausführung des kaiserlichen Befehls auf einige Tage hinausgeschoben – und was konnte in einigen Tagen nicht alles geschehen sein!

An diesem Abend jedoch verschafft sich Buttler ein klares Bild der wirklichen Lage, wodurch er bewogen wird, seinen ursprünglichen Entschluß umzustoßen. Denn der Wein löst an diesem Abend allen Beteiligten die Zunge und enthüllt ihre gut kaiserlichen Gesinnungen. Mit dieser Erkenntnis des beglükkenden Gleichklangs der Ansichten gab man sich einstweilen zufrieden. Man plante also nichts weiter, als gegenüber Wallenstein weiter zu „dissimulieren“, im übrigen aber die Hauptarbeit den Truppen des herannahenden Gallas zu überlassen – ein Ausweg der Bequemlichkeit, der Wallenstein eine weitere Frist verschafft hätte. Für den Fall, daß Wallensteins Verbindung mit dem Feind gelinge, will man sich schon in Sicherheit bringen. Aber von einer Gewaltaktion gegen Wallenstein ist noch immer keine Rede.

Doch um elf Uhr nachts kommt im Quartier des Friedländers ein Kurier aus Pilsen an. Er hat das kaiserliche Absetzungspatent vom 24. Jänner bei sich, das Wallenstein noch nicht zu Gesicht bekommen hatte. Jetzt ist alles klar. Wallensteins Lügengebäude , das er zuletzt noch vor Leslie errichtet hat, bricht zusammen. Die Zeiten der Lügen und Illusionen sind vorüber.

Wallenstein muß nun alles daransetzen, wenn er in Eger bleiben will, die dort liegenden Truppen und ihre Kommandanten an sich zu binden. Dazu hat er den kommenden Tag, den letzten seines Lebens, ausersehen. Es ist aber auch der Tag der Entscheidung für seine Feinde. Denn sie sind nun über die riesenhaften Verratspläne ihres Feldherrn ganz im Bilde.

An diesem Tage kommen Wallensteinische Offiziere, darunter Ilow, mit dem Stadtkommandanten Gordon zusammen. Sie suchen Gordon zu einem Treueid auf Wallenstein zu bewegen, während diesem der Exekutionsbefehl des Kaisers schon vorliegt. Auch Buttler weiß von der Absicht Wallensteins, Eger zu übergeben. Der Friedländer hat schon viel zuviel ausgeplaudert.

In dieser Situation dringen Ilow und Tertschka in Gordon, nur von Wallenstein Befehle anzunehmen und sich in seinen Dienst zu begeben. Sie verlangen einen Eid, keiner Gegenorder des Kaisers Folge zu leisten.

Angesichts der fortgeschrittenen Entwicklung ist dies ein schwieriges Unternehmen. Doch der durch seine Beredsamkeit bekannte Ilow stellt Gordon und seinen Offizieren vor, der Herzog sei vom Kaiser nur deswegen fallengelassen worden, weil er für seine Offiziere eintrat und ihre berechtigten finanziellen Forderungen erfüllen wollte. Er verband seine Ausführungen mit maßlosen Ausfällen gegen das Haus Habsburg. Dann forderte er die Offiziere auf, dem Kaiser nicht mehr zu gehorchen und einen Eid auf Wallenstein zu leisten. Die Pilsener Schlüsse sollen also in eindeutiger Form wiederholt werden. Erst dann könnten sie mit dem Geld rechnen, das ihnen der Kaiser schulde. Wallenstein werde sie außerdem reichlich mit Fürstentümern belohnen.

Die Lage der kaisertreuen Offiziere war schwierig, denn sie

waren der in Eger liegenden Truppen keinesfalls sicher. Man konnte sich hier nur durch „Dissimulierung“ retten. Eine mutige Haltung war in dieser Situation nicht angezeigt und entsprach wohl auch nicht dem jeweiligen Temperament. So verlegten sich die kaiserlichen Offiziere auf freundschaftliches Lavieren.

Gordon erwiderte Ilow, er sei auf den Kaiser vereidigt. Wer soll ihn von diesem Eid lossprechen? Ilow versuchte es wieder mit finanziellen Versprechungen. Er erinnerte auch an den sprichwörtlichen Undank des Hauses Österreich.

Wieweit Gordon standhaft blieb, ist schwer zu sagen. Eine Quelle berichtet sogar, Gordon und die Seinen hätten sich doch herbeigelassen, dem Generalissimus Treue zu schwören. Wenn dies auf Tatsachen beruht, so ist es ein Zeugnis dafür, wie sehr der Soldateneid damals schon entwertet war.

Auf jeden Fall haben Gordon und die Seinen die Wallensteinischen Offiziere in Sicherheit gewiegt. Ilow und Tertschka trennten sich von ihnen ohne jede Feindschaft und luden sich sogar nichtsahnend bei Gordon zu Abend in die Burg. Dies war um so natürlicher, als die Zeit der Fastnachtsschmäuse gekommen war. Vielleicht hofften sie auch, abends Gordon in gelockerter Stimmung auf ihre Seite zu ziehen.

Auch Wallenstein war an diesem Tage fieberhaft tätig. Er schickte abermals einen Kurier zu Arnim, um ihn zur Eile zu veranlassen.

Weitere Maßnahmen hatten zum Ziel, die Stadt Eger vollkommen der Gewalt des Friedländers zu überantworten. So erhielt Buttler den Befehl, die Bürgerschaft zusammenzurufen und mit allen Mitteln dazu zu bewegen, sich dem Herzog anzuschließen. Auch wurde eine Kontribution verlangt. Daneben sollte Eger den Treueid auf Wallenstein leisten.

Dann wird – der Schwanengesang des Heerführers – nach Leitgedanken Ilows und Tertschkas der letzte Armeebefehl Wallensteins ausgegeben. Den Offizieren wird der Beschluß von Pilsen ins Gedächtnis gerufen, ihr Versprechen, bis zum letzten Blutstropfen beim Feldherrn auszuharren. Sie dürften sich daher nicht von jenen Generälen umstimmen lassen, die voll der Undankbarkeit dem Herzog den Gehorsam verweigern. Das Verhalten des Herzogs gegen den Kaiser wird gerechtfertigt – eine goldene Brücke für Kaisertreue! –, und es bestehe natürlich keinerlei Verbindung zwischen dem Herzog und dem Feinde. Wallenstein plane nichts gegen den Kaiser und nichts gegen die Religion. Alles, was hier kolportiert werde, sei böswillige Verleumdung. Sie allein hätte die Ungnade und das Edikt des Kaisers hervorgerufen, die Offiziere hätten sich unverzüglich beim Generalissimus in Eger einzufinden, „zumalen wir nichts, als Ihre Kaiserliche Majestät Dienst und dero Erbkönigreich und Lande Konservation suchen tun . . .“.

Die Exekution

Deveroux: *Ist's vorbei*
Mit seinem Glück?
Buttler: *Vorbei auf immerdar.*
Er ist so arm wie wir.
Schiller, Wallensteins Tod, V/2

Die Situation spitzte sich an diesem letzten Lebenstage Wallensteins zu, sie verlangte von jedem Offizier eine persönliche Entscheidung zwischen dem Kaiser und Wallenstein.

Gordon hatte sich inzwischen mit Buttler verständigt. Besonders alarmierend wirkte auf beide die Zwecknachricht Ilows, daß Arnim in Kürze in Eger erscheinen werde.

Es mußte sofort gehandelt werden. Das kaiserliche Patent gab die rechtliche Handhabe. Es sprach von Gefangennahme oder Beseitigung der Verräter. Konnten sie da noch wählen? War nicht die Tötung Wallensteins der einzige Ausweg, da doch der Feind vor der Tür stand?

Schon sprach man über die Todesart: die Verräter sollten erwürgt werden. Auch die Handwerker dieser blutigen Tat wurden bereits ausgewählt: Oberstwachtmeister Robert Geraldin, die Kapitäne Dionysius Mac Daniel und Walter Deveroux. Sie sollten mit ihren Soldaten Ilow, Tertschka und Kinsky töten. Rittmeister Neumann (Niemann) wurde bei dieser Gelegenheit auch auf die Todesliste gesetzt. Er war der Verfasser des Pilsener Revers.

Bezüglich Wallensteins schwankte Gordon eine Weile, ob nicht eine Gefangennahme genüge. Dann trat er allmählich – wobei Buttler das treibende Element war – zu den Anhängern einer blutigen Lösung über. Die Angst vor der Möglichkeit einer Annäherung Bernhards von Weimar tat das Ihre.

Die Niedermetzelung seiner eigenen, geladenen Gäste wird die Sache des Gastgebers Gordon. Der Schauplatz der blutigen Tat soll nicht der große Bankettsaal der Kaiserpfalz gewesen sein, den man heute noch als Ruine bewundern kann, sondern ein kleineres Zimmer, das mit diesem durch einen Gang verbunden war. Buttler stellte irische Soldaten für die „Exekution" bereit.

Zur festgesetzten Stunde erscheinen Tertschka, Ilow, Kinsky und Rittmeister Neumann, der Sekretär Wallensteins.

Als sie sich nichtsahnend an die Tische setzen, gibt es für sie kein Entrinnen mehr. Eine Weile läßt man sie gewähren, sorgt für Speise und Trank und gute Stimmung.

Gordon hat inzwischen die Zugbrücke aufziehen lassen. Der Saal ist von einigen gutbewaffneten Iren umstellt. An der Tafel ahnt man nichts. Bei und nach Tisch werden Trinksprüche ausgebracht. Man läßt Wallenstein leben und lobt seine Absicht, nicht mehr Diener, sondern Herr zu sein. Neumann versteigt sich zu Haßtiraden gegen den Kaiser: er will seine Hände im Blut des Hauses Österreich waschen. Ilow prahlt damit, daß Wallenstein in Kürze eine Armee auf die Beine stellen werde, wie sie Deutschland bisher noch nie gesehen.

Inzwischen waren die Bewaffneten verteilt worden und versteckten sich in den Mannschafts- und Dienerräumen. Das Gesinde wurde unter einem Vorwand in einen südlichen Anbau des Palastes geführt und dort eingesperrt.

Zwischen sieben und acht Uhr ist es soweit. Keinem von den Wallensteinern ist ein Ausweg mehr möglich. Nun gibt Leslie sechs bewaffneten Iren das Zeichen und bricht mit ihnen und dem Rufe „Vivat Kaiser Ferdinando!“ in den Saal ein. Gleichzeitig wird eine andere Ausganstür von bewaffneten Irländern besetzt, so daß jede Flucht unmöglich geworden ist.

Die Gäste haben kaum Zeit, zu ihren Degen zu greifen. Sie werden sofort niedergemacht, ihre eigenen Gastgeber sind ihre Mörder.

Als erster stirbt Kinsky. Buttler und Gordon ergreifen Fakkeln, um die blutige Tat zu erleuchten. Der Tisch stürzt um, Wein und Blut rinnt am Boden zu einer Lache zusammen. Nur Ilow soll sich eine Weile gewehrt und Gordon zum Zweikampf herausgefordert haben.

Damit ist dieser Teil des Werkes, „eine Mordtat zugleich und eine Exekution“ (Ranke), vollbracht. Es bleibt noch Wallenstein.

Wallenstein schläft im Stadthaus zu Eger, mitten in der Stadt. Er hat sich früh in sein Schlafgemach begeben und wird nun durch Lärm aufgeschreckt, durch das Wehklagen der Gräfinnen Tertschka und Kinsky in der Nachbarschaft. Sie haben soeben durch einen aus der Burg geflohenen Diener vom schrecklichen Schicksal ihrer Männer erfahren.

Aber dennoch ist es zu spät, um Alarm zu schlagen und den

Generalissimus zu retten. Denn schon sprengen die Exekutoren durch die Stadt. Der irische Kapitän Deveroux ist der Anführer.

Noch einmal hat man kurz überlegt, ob man sich mit der Gefangennahme Wallensteins begnügen könnte. Aber die Furcht vor der Annäherung des Feindes zerstreute wieder alle Bedenken. Auch die Angst vor den Truppen Tertschkas, die ahnungslos in der Stadt lagen, spielte eine Rolle. Sie konnten alarmiert werden und dann zu den Waffen greifen, um den Tod ihres Kommandeurs auf der Burg zu rächen und Wallenstein beizustehen.

Wallenstein sollte also sofort sterben ohne eine Möglichkeit zur Rechtfertigung. Das „entsprach selbst dem Geiste des kaiserlichen Urteils nicht, das den Tod des Friedländers nur als eine von zwei Möglichkeiten, und zwar doch nur für den Fall dringender Not, verlangte", stellt Srbik hier fest. Doch der Blutrausch hat den Soldaten, die jetzt durch das nächtliche Eger jagen, wohl jede Überlegung geraubt. Vielleicht spielt auch eine Art von Panikstimmung mit. Wie vom Schicksal getrieben, gehen die Mörder ungesäumt daran, ihr blutiges Werk zu krönen.

Daß sie einen hilflosen, kranken Menschen vor sich haben, spielt keine Rolle. Sein Nimbus ist zu groß. Es ist die Gloriole der Macht, des unbegrenzten Herrentums, diese anrüchige Glorie eines Emporkömmlings, der wie ein Revolutionär das alte, große Imperium stürzen wollte. Mit der Person dieses schwachen, kranken Menschen kann eine Aura zerstört werden, sein Blut muß fließen, damit die Geschichte Europas eine andere Wendung nimmt. So billig war scheinbar diese Wendung geworden, daß sie nur den Tod dieses einen Menschen erforderte. Es gilt, keine Zeit zu verlieren. Man nähert sich rasch dem Pachelbel-Haus.

Dort hatte Wallenstein mittlerweile das Fenster seines Schlafraumes geöffnet, und der immer so Lärmempfindliche hatte nach der Ursache des Lärmes fragen lassen. Da brechen schon dreißig irländische Soldaten unter Anführung von Deveroux, Leslie und Geraldin in das Haus ein.

Es ist zehn Uhr nachts. Sie stürmen die von außen angelegte Wendeltreppe hinauf, die kurzen Schwerter und Dolche griffbereit.

„Wahre Abbildung der Execution zu Eger“ am 25. Februar 1634: Hauptmann Deveroux stößt Wallenstein die Hellebarde in die Brust (Ölgemälde im Stadthaus von Eger)

Oben tritt ihnen der Mundschenk des Herzogs entgegen, der seinem Herrn soeben den Schlaftrunk gereicht hat. Ahnungslos mahnt er zur Ruhe. Sie verwunden ihn, erstechen noch einen Kammerdiener und dringen mit dem Ruf „Rebellen! Rebellen!“ in das Schlafgemach Wallensteins ein, dessen Tür sie eingetreten haben.

Wallenstein steht im bloßen Hemd da, an den Tisch gelehnt. Beim Anblick der Eindringenden eilt er zum Fenster, um die Wache zu rufen. Aber es ist niemand mehr zu seiner Rettung da. Allein steht er seinen Mördern gegenüber.

Da fällt seine Majestät und Unnahbarkeit wie eine Maske von ihm ab, die nackte Todesangst packt ihn. Er fleht die Mitleidslosen an, ihn zu schonen, er stammelt: „Ah, Quartier!“

Es ist umsonst, die alte Soldatenbitte um Schonung kommt zu spät. Schon sticht ihn Deveroux mit der Partisane mitten in die Brust, während er wortlos und gleichsam wie ergeben in sein Schicksal die Arme ausbreitet. Vielleicht hat er die Beschimpfung seines Mörders noch gehört: „Du schlimmer, meineidiger, rebellischer Schelm!“ Dann sinkt er zu Boden und ist sofort tot. Die Leiche wird in ein rotes Tuch gehüllt und dann in die Burg zu den übrigen Toten gelegt.

Während sich in der Stadt ein starker Sturm erhebt, besetzen die Dragoner Buttlers alle Tore. Nach gutem Soldatenbrauch werden die Wohnungen der Ermordeten ausgeplündert.

In den gefürchteten Tertschka-Regimentern rührt sich keine Hand für Wallenstein. Die starken Patrouillen in den Straßen sind überflüssige Vorsichtsmaßnahmen.

Jetzt erst wird es ganz deutlich, daß man die Verhaftung und Unschädlichmachung Wallensteins auch billiger, ohne die Tötung, hätte haben können. Aber jetzt ist es zu spät.

Buttler sendet eine Meldung über das Vorgefallene an Gallas, während die Tore Egers vorsichtshalber noch geschlossen bleiben. Gallas muß in Kürze von Pilsen her anrücken. Am Morgen werden die Soldaten und die Bürgerschaft von den grausamen Taten dieser Nacht in Kenntnis gesetzt. Man hört es mit Genugtuung, mit Schrecken, aber kaum mit Empörung.

Am selben Tag kam Franz Albert von Lauenburg mit einer Botschaft Herzog Bernhards von Weimar an Wallenstein in Eger an. Er büßte seine Verspätung mit der Gefangennahme. Zusammen mit den Leichen derer, für die seine Nachricht bestimmt war, wurde er nach Pilsen geführt.

Piccolomini, der als einer der ersten in Eger war, hatte in hemmungsloser Rachsucht die Absicht, die Leichen nach Prag führen zu lassen. Hier sollten sie am Schindanger oder an anderen schimpflichen Orten ausgestellt werden. Doch Gallas, der Rangoberste als Vertreter des Generalissimus, verhinderte diese Schmach. Auf seinen Befehl wurden die Leichen nach Pilsen gebracht. Nur Neumann wurde in Mies unter dem Galgen beerdigt, da er als Verfasser des Pilsener Beschlusses als in besonderer Weise schuldig angesehen wurde.

Wallenstein erhielt ein ehrliches Begräbnis im Franziskanerkloster in Pilsen. Der nackte Leichnam wurde in einer rohen Truhe beerdigt. Nach zwei Jahren wurde der noch unverweste Leichnam exhumiert und in der Kartause zu Walditz bei Gitschin, die vom Friedländer 1627 begründet worden war, neuerlich beerdigt. Doch erst 1785 fand der Leichnam in der Schloßkapelle St. Anna zu Münchengrätz seine letzte Ruhe.

Bei der Armee in Böhmen rührte sich für den Generalissimus keine Hand. Die Herren Offiziere wurden vom Kaiser im Sturm gewonnen – durch das Versprechen reichlicher Belohnung aus den konfiszierten Gütern ihres ehemaligen Herrn. Schon Wallenstein hatte seine Offiziere gekauft, jetzt kaufte sie der Kaiser. Wallensteins Heer wurde kaiserlich und der Grundstock einer Armee, die sich noch in vielen Schlachten dieses Krieges schlagen und bewähren sollte.

Erst am 2. März erfuhr der Kaiser von seinem Sieg über sei-

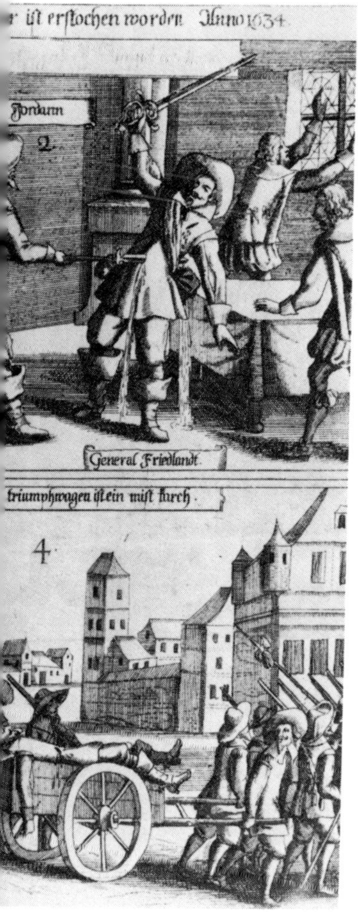

Zeitgenössisches Flugblatt zur Ermordung Wallensteins: (links oben) „Allhie werden die Adhaerenten (Anhänger) umbgebracht“, rechts oben ersticht Gordon (eigentlich war es Deveroux) Wallenstein, (links unten) „Friedlants cörper wirdt die stige nundergeschlept“, (rechts unten) „Friedländers triumphwagen ist ein mist karch“

nen eigenen Generalissimus. Am folgenden Tage erzählte ihm Leslie alles Nähere.

Ferdinand sah „in der Austilgung des meineidigen Rebellen“ die Hand Gottes. Er erhob Leslie in den Grafenstand und machte ihn zum Kämmerer.

Kurfürst Maximilian von Bayern jubelte über diesen Tod. Er pries Gott, daß „der meineidige, boshafte Friedländer und sein Anhang aus dem Weg geräumt worden“.

Pater Lamormain schreibt am 3. März 1634 seinem Ordensgeneral nach Rom: „Das Ende der Friedländischen Komödie ist sicherlich tragisch, und sobald heute die Kunde davon eintraf, schickte der Kaiser an alle Kirchen der ganzen Stadt, um Messen zu erbitten, und zwar gegen die Zusicherung eines Entgeltes. Von unserem Hause (den Jesuiten) erbat er fünfzig Messen, die ich auch anordnete."

In Wallensteins Armee gab es doch noch kleine Nachspiele, die zeigen, daß sein Name nicht sofort aus dem Buch der Geschichte gelöscht war. In Troppau kam es zu einer Revolte, in Schlesien meuterte die Kavallerie unter Schaffgotsch. Beide waren rasch unschädlich gemacht.

Verschiedene Wallensteinanhänger wurden in Prag und Wien bald ausgeforscht, verhaftet und vor ein Kriegsgericht gestellt. Im allgemeinen aber erwies sich, wie schwach die Bindung dieser Armee zu ihrem Feldherrn war. Das war kein Heros der Schlachten wie Napoleon, den seine Soldaten anbeteten. Auch durch menschliches Beispiel, durch Achtung und Liebe hat sich Wallenstein keine Anhängerschaft zu erringen vermocht. Einzig durch Geld hatte er seine Offiziere und Soldaten an sich gebunden, durch Versprechungen, durch Freigabe eroberten Landes für Beutezüge und Plünderungen oder durch die eisernen Fuchteln militärischer Subordination. Die wenigen wirklichen Freunde, die er hatte, waren in Eger mit ihm gefallen.

Die Antwort einer solchen Armee konnte nur die sein, sich wieder dem Meistbietenden zu verkaufen. Aldringen und Piccolomini drangen beim Kaiser darauf, die Armee Wallensteins rasch zu bezahlen. Schon Buttler hatte in Eger die Soldaten leicht für den Mordplan gewonnen, indem er ihnen einen Monatssold in Aussicht stellte.

Piccolomini ließ in Eger sofort alle Geldmittel Wallensteins beschlagnahmen. Zuerst mußten die Henker belohnt werden. Geraldin erhielt zweitausend, Deveroux und Mac Daniel bekamen tausend Golddukaten Judaslohn. Zwölf Dragoner, die sich im Palast von Eger so glänzend bewährt hatten, erhielten je fünfhundert Reichstaler. Die übrigen, angeblich so wallensteintreuen Truppen wurden durch ausgiebige Plünderungserlaubnis für ihr Stillehalten belohnt.

Das gesamte Heer aber wurde sodann, um alle Revolten zu unterbinden, durch Auszahlung rückständigen Soldes zufrie-

Fürst Albrecht von Wallenstein, Herzog von Friedland. Im Hintergrund Darstellung seiner Ermordung (Stich von B. Moncornet)

dengestellt. Das hob den Geist der Truppe und machte sie wieder kaisertreu.

In den Güterkonfiskationen bei Wallensteinanhängern eröffnet sich ein Pandämonium der Habsucht dem Betrachter. Die Jagd nach Ehrenketten und Titeln nahm groteske Formen an. Piccolomini und Buttler taten sich besonders bei der Bereicherung mit Wallensteinischen Gütern hervor, sogar Kurfürst

Maximilian scheute nicht davor zurück. Eine Groteske am Rande ist, daß ihm das Leibpferd Wallensteins, das dieser in der Schlacht bei Lützen geritten hatte, angeboten wurde.

Einzig der Kaiser sticht in seiner Handlungsweise von diesem Getriebe ab. Der fromme Katholik Ferdinand ließ für das Seelenheil der Getöteten dreitausend Messen lesen. Der Witwe Wallensteins und ihrer Tochter ließ er deren Güter. Seinem gütigen Charakter entsprach es auch, daß er bei den nun allerorten einsetzenden Verfolgungen der Wallensteinanhänger mildernd eingriff.

Und die Protestanten, die potentiellen Verbündeten des Friedländers? Arnim war am 27. Februar von Dresden aufgebrochen, um mit Wallenstein zu verhandeln. Er kam nur bis Zwickau. Dort erfuhr er von der Ausschaltung seines Verhandlungspartners. „O Friedland!" rief er aus, „wie hat Gott von dir abgewandt seine Hand!" Seine Vermutungen und Ahnungen sah er bestätigt. In einem Brief sprach er dann auch von einer „Exekution".

Schweden und Frankreich mußten diese Lesart schon deswegen annehmen, um nicht die eigene Niederlage eingestehen zu müssen. Allgemein wurde daher die Tötung Wallensteins und seiner Getreuen als gerecht angesehen. Oxenstierna, der Wallenstein besonders in letzter Zeit mißtraut hatte, sah in dessen Ende eine Tat der Gerechtigkeit. Ähnlich dachten Bernhard von Weimar und Ludwig XIII. Ihnen allen wäre Wallenstein recht gewesen, aber nur als ein Handlanger ihrer eigenen Politik.

Es gab aber eine protestantische Flugschriftenliteratur, die Wallensteins Tod als Mord den Jesuiten und Spaniern anlastete. Sie wurde genährt durch die Parteinahme der Kriegführenden selbst, denen sie bald als Propagandaschlager gelegen kam.

Richelieu anderseits bezeichnete den Spanier Oñate als Urheber des Mordes an Wallenstein, womit er ihm unrecht tat. Die allgemeine Meinung im protestantischen Lager schob die Schuld am Tod Wallensteins den Intrigen der Jesuiten und ihrem Einfluß auf Ferdinand zu. Mit der Bluttat von Eger belastet, ging Kaiser Ferdinand II. in die Geschichte ein.

Seine Gegner aber sind nach dem unerbittlichen Gesetz des Krieges wieder aufmarschiert, während sich der Vorhang über der Tragödie des Feldherrn, Politikers und Menschen Wallenstein schloß. Der Friede wurde mit dem Tod Wallensteins nicht gewonnen, viel weniger noch der Sieg. Vierzehn Jahre noch sollte Deutschland verheert werden. Von religiösen Motiven ist von nun an noch weniger als bisher die Rede. Die Machtkombination Schweden – Frankreich beginnt immer stärker zu wirken, sie erreicht jetzt erst neue, für den Kaiser immer gefährlichere Höhepunkte. Waren Wallensteins Friedenswünsche wirklich nur durch eigensüchtige Motive bestimmt worden, oder ahnte er eine dunkle Zukunft?

Die Macht des Kaisers im Reich näherte sich nun wieder einem gefährlichen Tiefpunkt. Und doch war der Tag von Eger Ferdinands Triumph. Denn Wallensteins Tod war ein Sieg der Legitimität.

Das Chaos, das Throne und Kronen verschlingt, ist abgewendet. Kaiser und Reich bleiben als politische Begriffe wirksam. Ein General Wallenstein konnte sie weder materiell noch ideell in Frage stellen.

Das Heilige Römische Reich hat gesiegt.

Die Legende

Die Wallensteinlegende beginnt mit der Flugschriftenliteratur. Diese wieder wird erst geboren und ausgeweitet durch das Ende Wallensteins, das wie kein zweites Ereignis die Geister bewegte. Von Anfang an wurden der kaiserliche Befehl und die Kernfrage dieses Befehls, das „lebendig oder tot", leidenschaftlich diskutiert – natürlich oft sehr zum Schaden des kaiserlichen Ansehens. Es zeigte sich da, wie richtig der mäßigende Einfluß Kaiser Ferdinands schon vor der Tat gewesen war, wie richtig sein Widerstand gegenüber den heftigen Forderungen nach „Ausrottung des Unkrauts" Wallenstein. Als dieses Racheverlangen jetzt auch seine Anhänger treffen sollte, widerstand der Kaiser diesen Forderungen einer billigen Vergeltung, soweit er konnte.

Ferdinand mußte sich aber auch gegen die anderen Stimmen verteidigen, die ihm nackten Mord an Wallenstein vorwarfen. Es erwies sich hier bereits, wie machtvoll die Publizistik der katholischen wie der protestantischen Partei in den Erblanden und im Reich war – und wie verhältnismäßig frei in ihrer oft sehr harten und radikalen Meinungsäußerung. Gegen sie setzte natürlich auch vom Wiener Hof aus eine publizistische Offensive ein, in der der Kaiser verteidigt wurde, anderseits aber eine gewisse Verantwortung an den Ereignissen auch auf die Offiziere geschoben wurde, die unmittelbar an der Bluttat von Eger beteiligt waren.

Der Tenor der kaiserlichen Veröffentlichungen war, daß hier einen Verräter und Verbrecher die gerechte Strafe ereilt habe. Eine Flugschrift, die sich durch den Reichsadler auf der Titelseite als offiziös deklarierte, schilderte, „welcher gestalt . . . Friedland . . . den lang verdienten Lohn empfangen". Daran schließen sich Umstände und Gründe, die Wallensteins Schuld eindeutig festhalten sollen: sein Plan, sich zum König von Böhmen krönen zu lassen, sich mit dem Feinde deshalb zu verbinden, seine Verhandlungen mit Bernhard von Weimar

Außführlicher vnd
Gründtlicher Bericht
Der vorgewesten Fridtländischen / vnd seiner Adhæren-
ten abschewlichen Prodition / was es
damit für ein aigentliche Beschaffenheit gehabt / vnd was
für boßhafftige Anschläg alberait gemacht
worden.
Alles auß denen einkommenen Glaubwürdigen
Relationibus, Original Schreiben / vnd anderen Brieflichen Vrkun-
den / wie auch der dißfals Verhafften gethanen gütlichen Außsagen /
Jedermänniglich zur Nachrichtung verfast / zusammen gezogen /
vnd in offenen Druck gegeben.
Auff sonderbaren der Röm: Kays: Mayestät
Allergnädigisten Befelch.
Gedruckt zu Wienn in Oesterreich / bey Michael Rickhes /
am Lubeckh / ANNO M. DC. XXXIV.

Titelblatt der Flugschrift des offiziellen Berichts aus der kaiserlichen Hofkanzlei über Wallensteins Verrat

und anderes mehr. Großer Raum wird in diesen und ähnlichen Berichten auch dem Pilsener Revers gegeben. In einer „Relation der Friedländischen und seiner Adhaerenten Entleibung Verlauff und Beschaffenheit“ vom Hofkriegsrat Johann Georg

Pucher lesen wir schon die nachträglich von Puchers Hand eingefügte Ergänzung, daß Buttler, Gordon und Leslie „auf eigner gefaßten Resolution und ohne einigen deswegen habenden Befehl“ den Tod Wallensteins bewirkt hätten. Unter dem Eindruck der protestantischen Flugschriften, die alle heftig Wallenstein verteidigen, beginnt man also schon von der Bluttat selbst abzurücken. Dennoch sollte durch die Publikation des Proskriptionspatents vom 18. Februar 1634 nochmals die eindeutige Schuld des Friedländers festgehalten werden.

Die protestantische Seite bemühte sich natürlich, Wallenstein reinzuwaschen, bemühte sich, zu zeigen, daß die „barbarische Tat von Eger gleichwohl ein Meuchelmord ist, man mag das Kätzlein putzen oder schmücken, wie man will“, wie es in einer dieser Flugschriften heißt. Die Einzelheiten der Ermordung, die Bankettszene, die unwürdige Behandlung der Leichen, alles das wird, sensationell aufgemacht, der für Moritaten damals wie heute empfänglichen Menge serviert. Empörung gegen den Kaiser und die Liga sollte die Darstellung des Blutbades beschwören, die „unerhörte, allen Historien deutschen Landes unbekannte meuchelmörderische Schandtat . . ., davor sich Sonne und Monde, ja das ganze Firmament billig entsetzen, aller Menschen Herzen erzittern, aller Herzhaften Ohren ergellen sollen . . .“

Besonders wurden auf protestantischer Seite alle schwachen Punkte des Verfahrens zur Stimmungsmache ausgenützt, so etwa das Fehlen der Möglichkeit zu irgendeiner Verteidigung, das Fehlen des ausdrücklichen Tötungsbefehls, die eigensüchtigen und eigennützigen Begleiterscheinungen auf seiten der Exekutoren.

Wallenstein selbst steht in der Glorie des Friedensfürsten da. Vergessen sind die Klagen über sein Heer, die Plünderungen, Brandschatzungen, Kontributionen, die bekanntlich nicht nur von der Liga erhoben wurden. Wallensteins Schreckensregiment in Brandenburg und vielen Gegenden Norddeutschlands, die wüsten Ausschreitungen des kaiserlichen Heeres, alles das scheint wie ausgelöscht. Wallensteins Verratspläne und seine Pläne zum Sturz des Kaisers werden als Verleumdungen der Jesuiten abgetan.

Aber nicht nur in Deutschland schieden sich die Geister in publizistischen Fehden, auch in Frankreich, Spanien und Italien wurde das Ende Wallensteins heftig diskutiert. In Spanien, Mailand, Neapel und Brüssel, wo der habsburgische Einfluß überwog, fand die Tat von Eger natürlich ein freudiges Echo. In Frankreich und im nichthabsburgischen Italien ergriff man jedoch für Wallenstein Partei. In der Republik Venedig, die eine Schaukelpolitik zwischen den zwei feindlichen Fronten führte und in der immerhin der Uskokenkrieg noch nicht vergessen war, gab es Meinungen pro und contra nebeneinander.

Über Deutschland ergoß sich eine Flut von Einblattdrukken, durch Holzschnitte und Kupferstiche illustrierten Beschreibungen der Tat von Eger in Prosa oder auch in Reimen. Hier wurde natürlich alles vergröbert wiedergegeben, die spanische oder jesuitische List ebenso angeprangert wie die österreichische Tyrannei. Wallenstein erscheint einmal als Verräter, das andere Mal als Held, zwischen Schmähung und Verteidigung gibt es alle Abstufungen. Wo aber war da die Wahrheit?

Die im achtzehnten Jahrhundert einsetzende deutsche und französische Geschichtsschreibung bemühte sich um eine objektive Darstellung der Tatsachen. Friedrich Schiller konnte, als er 1790 an seine „Geschichte des Dreißigjährigen Krieges" ging, sich schon mit einem Wallensteinbild auseinandersetzen, das den streitenden Parteien des siebzehnten Jahrhunderts entzogen war. Seine bevorzugte Quelle war das Werk „Geschichte der Deutschen" von Michael Ignaz Schmidt, daneben hat er aber noch andere Werke benützt, ohne auf Quellenforschungen einzugehen. Er wollte nichts anderes als eine lesbare Geschichtsdarstellung und schloß sich auch in der Auffassung des Wallenstein eng an seine Vorlagen an. Wo diese einander widersprachen, entschied Schiller nach seinem historischen Gefühl, wobei sein Streben nach Unparteilichkeit die moderne Geschichtsschreibung geradezu vorwegnahm.

Als Protestant hat Schiller wohl seine Stellungnahme für protestantische Fürsten und vor allem für den Schwedenkönig Gustav Adolf, den er mit besonders sympathischen Farben malt, nicht verleugnet. Nur dort, wo er, gerade in diesem Werk ein rascher Arbeiter, die Vorlagen kritiklos übernahm, konnte eine parteiische Stellungnahme, die vor der neuen Geschichtsschreibung nicht standhält, unterlaufen. Das Auftreten Gustav Adolfs ist hier als ein gewisser Wendepunkt zu werten: Schiller wendet sich jetzt ganz betont in seinen Sympathien der protestantischen Seite zu. Vorher und nachher steht er eher – durch Schmidt beeinflußt – auf katholischer Seite. Gegenüber Schweden und besonders gegenüber der französischen Politik Richelieus kommt nur mehr ein deutscher, nationaler Standpunkt zum Ausdruck.

Das Bild Wallensteins war von dieser Grundhaltung bestimmt. Hier gibt es allerdings eine französische Vorlage: Sarasins „La Conspiration de Valstein". An diesem Werk imponierte Schiller der erste Versuch, ein geschlossenes Charakterbild des Friedländers zu entwerfen. Dennoch blieb Schiller im Vergleich zu seinem Wallensteindrama noch verhältnismäßig unselbständig. Erst die Wallensteintrilogie, zu der er neue Quellen heranzog, zeugt für seine ganz individuelle Auseinandersetzung mit der Figur des Friedländers; doch schon im Geschichtswerk ist der Versuch zu einem Charakterbild deutlich zu verfolgen.

Der erregende Anstoß zur Beschäftigung mit der Wallensteinfigur war natürlich die Tatsache seines Verrats am Kaiser. Wallenstein war für Schiller der Mensch, der in Versuchung fällt, für den, wie für Fiesko, die Macht zur Versuchung wird. Gerade die Monologe sind es, die den inneren Kampf Wallensteins vor uns ausbreiten, sie geben der Gestalt jene komplexe Fülle des Charakters, in der ihre Bühnenfaszination liegt. Der Kernsatz dieser Figur steht im Prolog: „Denn seine Macht ist's, die sein Herz verführt." Diese Sicht Schillers ist gleichbedeutend mit einem Wallensteinbild, das über die Parteiungen des siebzehnten Jahrhunderts weit hinausgehoben war, dieser Wallenstein war nur vom Kern seines persönlichen Wesens her erfaßbar und niemals in der Sicht streitender Parteien. Wie sehr die Bühnenfigur des Wallenstein dann von dem aus den historischen Quellen gewonnenen Wallensteinbild her geprägt und gefördert wurde, daran erkennt man den gewaltigen Schritt in der Charakterzeichnung, der von der historischen Schrift bis zum Drama getan wurde.

Ein Heros wurde Wallenstein in der Gestaltung Schillers nicht. Nur insoweit wird an ihm korrigiert, als es nötig war, um ihn im Weimar der deutschen Klassik überhaupt zu einem Bühnenhelden zu machen. Und diese Korrekturen gehen nicht so weit, daß dadurch das historische Bild Wallensteins, wie wir es heute besitzen, wesentlich verfälscht wäre. Auch bei Schiller gibt es das maßlose Machtstreben, die moralische Zwielichtigkeit der Figur – besonders im Kontrast zu Max, dem hinzugedichteten Sohn des Verräters Piccolomini –, erscheinen sein Schwanken und Zögern, die Maßlosigkeit seiner Pläne, seine Untreue gegenüber dem Kaiser. Dieses Bild ist im Drama sogar wahrer und genauer, lebendiger und menschlich begreiflicher als in der noch sehr stark von den Vorlagen abhängigen historischen Darstellung.

Leopold von Ranke, der bedeutendste deutsche Historiker des neunzehnten Jahrhunderts, konnte an der Figur Wallensteins natürlich nicht vorübergehen. Was ihn an ihr fesselte, war der Widerspruch zwischen der Persönlichkeit und den von ihr vertretenen Ideen, besonders seiner Friedensidee, und den herrschenden Mächten der Zeit. Die Bemühung Rankes, Wallenstein als Persönlichkeit seiner Zeit geradezu entgegenzusetzen, führte allerdings zu einer gewissen Idealisierung oder gab wenigstens der Wallensteingestalt mehr Licht, als ihr gebührt hätte. Dabei waren Rankes Motive andere als die Schillers, für den der Friedländer ja als ein Beispiel humaner Problematik zwischen Pflicht und Neigung erschien. Sittliche Konflikte darzustellen lag Ranke fern. Er wollte nur erzählen, was war. Darum konnte er im allgemeinen der Gestalt noch objektiver gegenüberstehen, noch ungebundener und vorurteilsloser. So hat er Wallenstein als Persönlichkeit dargestellt, die wird, die sich entfaltet und geschichtlich wirkt unter den fördernden und hemmenden Bedingungen ihrer Zeit, um über sie hinauszustreben.

Dennoch gerät die Wallensteinfigur im Verlauf des neunzehnten und im zwanzigsten Jahrhundert in die nationalen und ideologischen Kampffronten innerhalb der politischen Geschichtsschreibung. Eine Ausnahme bildet hier nur die Darstellung von Ricarda Huch. Die tschechischen Historiker František Palacký und Thomas Garrigue Masarýk haben in einer antihabsburgischen, hussitischen und nationalistischen Einstellung vor der Wallensteinfigur nicht haltgemacht und den Friedländer vor ihren Wagen gespannt. Ähnliche Versuche wurden unter anderem Vorzeichen auch von deutschen Historikern gemacht, zuletzt von Alfred Baeumler in seinem Aufsatz „Schillers Wallenstein“, den er in sein Werk „Bildung und Gemeinschaft“ (1942) aufnahm. Hier wird Wallenstein geradezu als

Vorkämpfer für die Idee des „Reiches“ gefeiert und Schiller die entsprechende Absicht unterstellt, seinen Wallenstein zu einem Helden der Reichspolitik zu machen.

Es war ein weiterer tschechischer Historiker, nämlich Josef Pekař, der in seinem durch die Quellenforschungen eines Lebensalters erhärteten Wallensteinbild die notwendigen Korrekturen herbeigeführt hat. In mehreren Werken über Wallenstein, deren erstes schon 1895, deren letztes 1937 erschien, hat er besonders in der Frage nach der Schuld Wallensteins eindeutige Antworten gegeben. Die Schuld Wallensteins wird bejaht, wobei es dem Tschechen Pekař fernlag, die habsburgische Partei zu rehabilitieren. Vielleicht betonte er zu sehr das Triebhafte an Wallenstein, dem Schwächling, der den Sternen hörig ist, von abenteuerlichen Plänen getrieben wird und sich deshalb zu nichts entschließen kann. Dies gilt doch wohl nur für den Wallenstein gegen Ende seines Lebens. Da erst sucht er in Verrat und kleinlicher Intrige Auswege in einer ausweglos gewordenen Situation, in die er sich selbst hineinmanövriert hat.

Eine Zusammenfassung seines Wallensteinbildes bot Pekař in seiner berühmten Rede „Wallenstein und die böhmische Frage“, die er 1934 zum dreihundertjährigen Gedenken an die Nacht von Eger in jenem Palast auf der Prager Kleinseite hielt, den Wallenstein erbaut hatte. Der Anlaß traf mit einer heiklen Zeitsituation seines Landes zusammen: Nur fünf Jahre trennten die Tschechoslowakei von dem abermaligen Verlust ihrer Selbständigkeit. Der Sturz des Friedländers ist für Pekař zugleich die Katastrophe seiner böhmischen Heimat, deren Volk mit Wallenstein zum Volk der Rebellen wird, zum Volk der Hussiten, das der katholischen Kirche und der kaiserlichen Macht so verdächtig ist. Wallenstein wird für sie zur Symbolgestalt des Aufstandes und für Pekař zur Symbolgestalt tschechischer Tragik.

Tief beeindruckt durch dieses auf gründlichen Forschungen beruhende Wallensteinbild, hat dann der österreichische Historiker Heinrich von Srbik seine zuerst 1920 erschienene Wallensteinstudie geschaffen. Auch Srbik kann sich in ihr auf gründliche Quellenstudien berufen. Er geht von dem Satz Schillers: „Er rebellierte, weil er fiel“, aus, um die Schuldfrage zu beantworten, er sieht in der ersten Absetzung Wallensteins das treibende Element, das ihn in den Verrat verstrickte. Die

Gegner Wallensteins am Wiener Hof hätten ihn mehr oder weniger in die Untreue gegen den Kaiser hineingetrieben. Dennoch idealisiert Srbik Wallenstein nicht, er versucht nur zu zeigen, daß gerade die Frage des Verrates in der Persönlichkeit und ihrer Eigenart ihre Antwort finden müsse, einer Persönlichkeit, die „unbezweifelbare Habgier, Treulosigkeit und Gewalttätigkeit“ in sich birgt.

Der Blick in Wallensteins Seele ist vielleicht am besten der Intuition der Dichterin Ricarda Huch gelungen. Sie hat den ganzen Menschen Wallenstein mit allen seinen Widersprüchen und Dunkelheiten zu erfassen versucht, alle Seiten seiner Persönlichkeit abgeleuchtet, das „tragische Geheimnis seiner Seele, seine Größe und seine Ohnmacht“ vor uns hingestellt. Gewiß, die negativen Züge des Friedländers sollten nicht verschwiegen werden. Schon Jacob Burckhardt hatte in seiner Skizze „Wallensteins Ende“ von dem Condottiere Wallenstein gesprochen, ihm auch in seiner Friedenspolitik höchst eigensüchtige Motive vorgeworfen: „Die Hauptexcuse, er habe den Krieg vermeiden wollen, in welchen das Reich mit Frankreich, den Spaniern zuliebe, verwickelt werden sollte, ist hohl und faul, denn die Franzosen standen bereits im Reiche, und solange der Krieg dauerte, mischte sich Frankreich voraussichtlich überhaupt ein. Der Rest sind seine Begehrlichkeiten.“ Auch die Forschungen von Anton Ernstberger gehen in diese Richtung. Sein Verdienst ist es vor allem, die näheren Umstände erhellt zu haben, unter denen Wallenstein seine Armeen aus dem Boden stampfte. Sie treffen sich in der Figur seines Finanzmannes de Witte, dem auch in dieser Darstellung der gebührende Platz eingeräumt wurde. Zeigt sich doch gerade hier, wie weit die Wirkungen des Friedländers ausstrahlen.

Was ist also Wallensteins Schuld? Die naheliegendste Antwort hiezu ist sein Verrat am Kaiser, seine Rebellion. Dazu meldeten sich schon früh Zweifel. Im Jahre 1673, fast vierzig Jahre nach Wallensteins Tod, wird einem Habsburger, dem Kaiser Leopold I., in Prag das Wallensteinpalais gezeigt. Ein ihn begleitender Minister nennt es „das Haus des Rebellen“. Darauf der Kaiser mit dem Unterton des Zweifels: „Weißt du es gewiß, daß Wallenstein ein Rebell war?“

Diese Frage führt mitten hinein in die Wallensteindiskussion der Historiker unserer Tage. Helmut Diwald sprach den

Friedländer in seiner Biographie von jedem Verrat frei. Die Wahrheit – sofern wir jemals zu ihr vordringen können – liegt wohl in der Mitte, bei dem Schillerwort „In dem Gedanken bloß gefiel ich mir", dem in dieser Frage auch Golo Manns große Wallensteinbiographie folgt.

Also ein Verrat in Gedanken bloß, unvorsichtigen Worten, Briefen anvertraut, aber nicht in Taten – und doch genug für die, die so eifrig darangingen, Wallenstein zu stürzen und zu vernichten. Oder war es doch viel mehr, das Anlaß dazu bot, sein kometengleicher Aufstieg, die Zusammenballung von Macht in seinen Händen, der ihm verliehenen und der, die er sich selbst schuf mit Hilfe seiner politischen Begabung, seiner schöpferischen Phantasie? Hier hat er Grenzen überschritten, die ihn seiner Zeit unerträglich machten, hier hat er, um die warnenden Worte des Königs Kandaules in Hebbels „Gyges und sein Ring" zu zitieren, an den „Schlaf der Welt" gerührt. Darum mußte er fallen.

Zeittafel

1576 Rudolf II. wird Römischer Kaiser
1583 Am 24. September wird Albrecht Wenzel Eusebius Wallenstein (Valdštejn, Waldstein) geboren – Vertreibung des zum Protestantismus übergetretenen Kurfürsten von Köln
1584 Wilhelm von Oranien in Delft ermordet
1585 Beginn des Krieges der drei Heinriche in Frankreich, des letzten Hugenottenkrieges – Der spanische Statthalter in den Niederlanden, Alexander von Parma, nimmt Antwerpen ein
1586 Stephan von Siebenbürgen, Wahlkönig von Polen, gestorben
1587 Hinrichtung der Königin Maria Stuart – Der Schwede Sigismund III. Wasa wird König von Polen
1588 Volksaufstand in Paris („Tag der Barrikaden") – Untergang der spanischen Armada an der englischen Küste – Christian IV. von Dänemark tritt die Regierung an
1589 Heinrich III. von Valois wird in St. Cloud ermordet – Thronbesteigung Heinrichs IV. aus dem Hause Bourbon
1590 Heinrich IV. besiegt die katholische Liga unter Karl von Mayenne bei Ivry – Moritz von Oranien erobert Breda
1592 Johann III. Wasa, der sich um die Wiedereinführung des Katholizismus in Schweden bemühte, stirbt
1593 Tod der Mutter Wallensteins
1594 Heinrich IV. von Frankreich tritt zur katholischen Kirche über, Paris öffnet ihm die Tore – Geburt Gustav II. Adolfs
1595 Die evangelisch-lutherische Lehre wird Landesreligion in Schweden – Tod des Vaters Wallensteins
1596 Eine englische Flotte erobert Cádiz
1597 Regierungsantritt Maximilians I. von Bayern
1598 Gegenreformatorische Maßnahmen in den österreichi-

schen Erblanden – Edikt von Nantes (Gleichstellung der Reformierten in Frankreich) – Tod König Philipps II. von Spanien – Sigismund wird von seinem Oheim Karl, dem Vater Gustav II. Adolfs, vom schwedischen Thron verdrängt – Mit dem Tode Feodors I. von Rußland stirbt das Haus Rurik aus

1599 Wallenstein besucht die Universität Altdorf

1600 Wallenstein bereist Italien, studiert bis 1602 in Padua und Bologna

1602 Dienste Wallensteins beim Markgrafen Karl von Burgau in Innsbruck

1603 Nach dem Tode Elisabeths besteigt Jakob I. aus dem Hause Stuart den englischen Thron

1604 Wallenstein tritt in kaiserliche Kriegsdienste – Die Spanier erobern Ostende – Karl Wasa zum schwedischen König (Karl IX.) gekrönt

1605 Fehlschlag der „Pulververschwörung“ der Katholiken gegen König Jakob I. von England

1606 Wallenstein tritt zum katholischen Glauben über

1607 Wallenstein wird Kämmerer bei Erzherzog Matthias – Maximilian von Bayern vollstreckt die Reichsacht gegen die Reichsstadt Donauwörth, in der eine katholische Prozession gestört wurde, und vereinigt Donauwörth mit Bayern

1608 Gründung der protestantischen Union mit dem Oberhaupt Kurfürst Friedrich IV. von der Pfalz

1609 Wallenstein heiratet Lukrezia von Witschkow – Ein Majestätsbrief gestattet den Bewohnern Böhmens den Anschluß an die utraquistische (protestantische) Konfession – Gründung der katholischen Liga mit dem Oberhaupt Herzog Maximilian von Bayern

1610 Ermordung Heinrichs IV. von Frankreich in Paris – Regierungsantritt Ludwigs XIII. (Regentschaft Maria von Medici) – Der Tod des französischen Königs und Friedrichs IV. von der Pfalz verhindert den Ausbruch eines Krieges im Jülich-Kleveschen Erbfolgestreit – Friedrich V. wird Kurfürst von der Pfalz

1611 Matthias wird zum König von Böhmen gekrönt – Gustav II. Adolf wird zum König von Schweden gekrönt

1612 Tod Rudolfs II., Regierungsantritt Kaiser Matthias' I.

1613 Christian IV. von Dänemark beendet seinen Krieg mit den Schweden siegreich, Gustav Adolf muß die norwegische Lappmarken an Dänemark abtreten

1614 Beendigung des Jülich-Kleveschen Erbfolgestreites – Wallensteins Gattin Lukrezia stirbt

1615 Kriegszustand zwischen Österreich und Venedig (Uskokenkrieg) – Gábor Bethlen vom Kaiser als Fürst von Siebenbürgen anerkannt

1616 Richelieu wird Staatssekretär unter der Regentschaft der Maria von Medici für Ludwig XIII.

1617 Wallenstein tritt in die Dienste des Erzherzogs Ferdinand von Steiermark und nimmt an den Kämpfen bei Gradiska teil – Im Juni: Landtag der böhmischen Stände, Ferdinand wird zum König von Böhmen gewählt – Gustav II. Adolf gewinnt nach einem Krieg gegen Rußland Karelien und Ingermanland

1618 23. Mai: Prager Fenstersturz und Einrichtung einer provisorischen protestantischen Regierung in Böhmen – Beginn des Dreißigjährigen Krieges

1619 Tod Kaiser Matthias', Ferdinand II. wird sein Nachfolger – Kämpfe in Böhmen und Mähren, an denen Wallenstein teilnimmt – Friedrich V. von der Pfalz zum König von Böhmen gewählt („Winterkönig") – Im Juni steht Matthias Thurn vor Wien – Mansfeld wird in Böhmen geschlagen – Im November gelangt Gábor Bethlen bis vor Wien

1620 Wallenstein kaiserlicher Oberst (2. Jänner) – 8. November: Schlacht am Weißen Berge, Flucht Friedrichs V. von der Pfalz

1621 Gegenreformation in Böhmen – Wallenstein Obrist von Prag – Die protestantische Union löst sich auf, und die Pfalz wird von Truppen der Liga zurückerobert

1622 Wallenstein kauft Friedland und Reichenberg – Wallenstein führt die kaiserlichen Truppen gegen Gábor Bethlen – Am 27. April schlägt Mansfeld die Ligatruppen unter Tilly bei Wiesloch – Richelieu wird Kardinal

1623 Wallenstein wird Reichsfürst – Tilly schlägt Christian IV. von Dänemark bei Stadtlohn – Maximilian von Bayern erhält die Kurwürde – Wallenstein heiratet Isabella Katharina von Harrach

1624 Alleinregierung Richelieus in Frankreich – Gegenreformation in Oberösterreich unter Statthalter Herberstorff

1625 Wallenstein stellt ein kaiserliches Heer auf und wird zum erblichen Reichsfürsten von Friedland ernannt – Bauernaufstand in Oberösterreich im Anschluß an das „Frankenburger Würfelspiel" – Allianz zwischen Dänemark, Holland und England wird im Haag gegen den Kaiser geschlossen – Tod Jakobs I. von England. Sein Nachfolger Karl I. begünstigt die Katholiken

1626 Am 25. April schlägt Wallenstein die protestantischen Truppen unter Mansfeld bei der Dessauer Brücke und verfolgt den Feind durch Schlesien und Mähren bis nach Ungarn – Bauernaufstand in Ober- und Niederösterreich: Stephan Fadinger belagert Linz. Niederschlagung durch Pappenheim in der Schlacht von Eferding und Buchen – Am 27. August schlägt Tilly den Dänenkönig bei Lutter am Barenberge – 25. November: Konferenz von Bruck an der Leitha

1627 Wiener Verhandlungen Wallensteins mit der Liga. Er wird Fürst von Sagan – Tilly und Wallenstein erobern Holstein, Wallenstein erobert Schleswig und Jütland – Kurfürstentag zu Mühlhausen – „Verneuerte Landesordnung" in Böhmen

1628 Wallenstein wird Herzog von Mecklenburg und „General des Ozeanischen und Baltischen Meeres" – Belagerung Stralsunds

1629 Friede zu Lübeck zwischen dem Kaiser und Dänemark – Der Kaiser erläßt das Restitutionsedikt – Maximilian erhält die Oberpfalz – Karl I. von England regiert nach Auflösung des Parlaments absolut – Gustav II. Adolf von Schweden beendet den Krieg gegen Polen, der ihm Livland, Memel, Pillau, Elbing und den größten Teil des Danziger Werders einbringt, und rüstet sich zum Krieg gegen den Kaiser – Tod Gábor Bethlens

1630 Kurfürstentag zu Regensburg, Absetzung Wallensteins – Gustav II. Adolf landet auf der Insel Usedom – Richelieu leitet die Regierung Frankreichs uneingeschränkt

1631 Eroberung Magdeburgs durch Tilly, der am 17. September bei Breitenfeld von Gustav II. Adolf geschlagen wird

– Gustav II. Adolf erobert im Westen u. a. die Pfalz, die Sachsen unter Arnim erobern Böhmen und Prag

1632 18. Jänner: Rückberufung Wallensteins in den Oberbefehl – 15. April: Tilly am Lech geschlagen – 30. April Tod Tillys – Juli bis September: Lager und Kämpfe vor Nürnberg – 16. November: Schlacht bei Lützen, Tod Gustav II. Adolfs und Pappenheims

1633 Bernhard von Weimar besetzt die Oberpfalz – Wallenstein besiegt die Schweden in Schlesien und kehrt dann nach Böhmen zurück. Fast während des ganzen Jahres führt er verräterische Verhandlungen – Bernhard von Weimar erobert im November Regensburg – Frankreich besetzt Lothringen

1634 12. Jänner: erster Revers von Pilsen, Fortgang der verräterischen Verhandlungen – 24. Jänner: Absetzung Wallensteins – 20. Februar: zweiter Revers von Pilsen – 24. Februar: Wallenstein in Eger – 25. Februar: Exekution gegen Wallenstein und seine Offiziere – Am 6. November besiegen bei Nördlingen die kaiserlichen und bayrischen Truppen die Schweden unter Horn und Bernhard von Weimar

1635 30. Mai: Friede zu Prag zwischen Sachsen und dem Kaiser – Kriegserklärung Frankreichs an Spanien

1637 Kaiser Ferdinand II. stirbt, sein Sohn Ferdinand III. wird Nachfolger

1648 Frieden zu Münster und Osnabrück (Westfälischer Frieden), Ende des Dreißigjährigen Krieges

Literatur

Beladiez, Emilio: España y el Sacro Imperio romano germanico. Wallenstein (1583–1634). Madrid 1967

Boveri, Margret: Der Verrat im 20. Jahrhundert. Hamburg 1958 (Rowohlts deutsche Enzyklopädie 23)

Bracher, Ulrich: Gustav Adolf von Schweden. Eine historische Biographie. Stuttgart 1971

Burckhardt, C. J.: Richelieu. Band 1. München [12]1947; Band 2. München 1965

Burckhardt, Jacob: Historische Fragmente. Stuttgart 1957

Der Dreißigjährige Krieg. Beiträge zu seiner Geschichte. Wien 1976

Diwald Helmut: Wallenstein. Eine Biographie. München 1969

Documenta Bohemica bellum. Teil 4: Der dänisch-niederdeutsche Krieg und der Aufstieg Wallensteins. Graz 1974. – Teil 5: Der schwedische Krieg und Wallensteins Ende. Graz 1977

Ernstberger, Anton: Hans de Witte, Finanzmann Wallensteins. Wiesbaden 1957

Ernstberger, Anton: Wallenstein als Volkswirt im Herzogtum Friedland. Reichenberg 1929

Frauenholz, Eugen: Das Heerwesen in der Zeit des Dreißigjährigen Krieges. 2 Bände. München 1938/39

Gindely, Anton: Illustrierte Geschichte des Dreißigjährigen Krieges. Prag/Leipzig 1885

Goerlitz, Walter: Wallenstein. Frankfurt 1948

Gottwald, Helga: Der Tod Wallensteins in der zeitgenössischen Berichterstattung. Diss. Wien 1958

Hallwich, Hermann: Wallensteins Ende. Leipzig 1879

Hallwich, Hermann: Gestalten aus Wallensteins Lager. Leipzig 1885

Hallwich, Hermann: H. M. Thurn als Zeuge im Prozeß Wallenstein. Leipzig 1883

Hallwich, Hermann: Fünf Bücher Geschichte Wallensteins. Leipzig 1910

Hallwich, Hermann: Briefe und Akten zur Geschichte Wallensteins. Fontes rer. Austr. Leipzig 1912

Hantsch, Hugo: Die Geschichte Österreichs, Band 1. Graz 1959

Hartmann, Horst: Wallenstein. Geschichte und Dichtung. Berlin 1969

Hellfaier, Karl-Alexander: Wallenstein und Kepler in Sagan und in ihrer Zeit. Detmold 1978

Henk, Herta: Der Kurfürstentag zu Mühlhausen 1627. Diss. Wien 1949

Heuss, Theodor: Profile. Nachzeichnungen aus der Geschichte. Tübingen 1964

Heydendorff, Walther Ernst: Die Fürsten und Freiherrn zu Eggenberg und ihre Vorfahren. Graz 1965
Huch, Ricarda: Wallenstein. Eine Charakterstudie. Leipzig 1920
Janacek, Josef: Valdštejnova smrt. Praha 1970
Jedin, H.: Die Relation Ottavio Piccolominis. Zeitschrift des Vereins für die Geschichte Schlesiens 65 (1931), S. 328 ff.
Jessen, Hans: Der Dreißigjährige Krieg in Augenzeugenberichten. Düsseldorf 1963
Langer, Herbert: Der Dreißigjährige Krieg. Eine Kulturgeschichte. Wien 1980
List, Martha: Das Wallensteinhoroskop von Johannes Kepler. Sonderdruck aus dem Katalog zur Keplerausstellung. Linz 1971
Mann, Golo: Wallenstein. Sein Leben erzählt. Frankfurt 1971
Mayer, Franz Martin/Hans Pirchegger: Geschichte und Kulturleben Deutschösterreichs von 1526 bis 1792. Wien/Stutgart [5]1960
Nohejlová-Prátová, Emanuela: Das Münzwesen Albrechts von Wallensteins. Graz 1969
Pagès, Gustave: La Guerre de trente ans. Paris 1939
Pekař, Josef: Wallenstein. Tragödie einer Verschwörung. Berlin 1937
Pfister, Kurt: Kurfürst Maximilian von Bayern und sein Jahrhundert. München 1948
Pfister, Kurt: Wallenstein. München 1947 (Prozesse der Weltgeschichte 4)
Plaschka, Richard Georg: Von Palacký bis Pekař. Geschichtswissenschaft und Nationalbewußtsein bei den Tschechen. Graz 1955 (Wiener Archiv für Geschichte des Slawentums und Osteuropas 1)
Polisenšký, Josef V.: War and society in Europe 1618–1648. Cambridge 1978
Ranke, Leopold von: Geschichte Wallensteins. Herausgegeben und eingeleitet von Helmut Diwald. Düsseldorf 1967
Rudolf, Hans Ulrich: Der Dreißigjährige Krieg. Perspektiven und Strukturen. Darmstadt 1977
Schwarz, Helmut: Wallenstein und Gustav Adolf nach dem Kurfürstentag zu Regensburg. Hamburg 1937
Seidler, Josef: Untersuchung über die Schlacht bei Lützen. Memmingen 1954
Seidler, Josef: Das Prager Blutgericht 1633. Memmingen 1951
Srbik, Heinrich von: Wallensteins Ende. Ursache, Verlauf und Folgen der Katastrophe. Salzburg [2]1952
Sturmberger, Hans: Kaiser Ferdinand II. und das Problem des Absolutismus. Wien 1957 (Österreich-Archiv)
Suvanto, Pekka: Wallenstein und seine Anhänger am Wiener Hof zur Zeit des 2. Generalats 1631–1634. Helsinki 1963
Tritsch, Walter: Wallenstein. Herr des Schicksals, Knecht der Sterne. Leipzig 1936
Wagner, Georg: Wallenstein, der böhmische Condottiere. Ein Lebensbild in zeitgenössischen Dokumenten. Wien 1958 (Österreich-Reihe 59/61)
Wallenstein, Paul: Die dichterische Gestaltung der historischen Persönlichkeit, gezeigt an der Wallensteinfigur. Diss. Würzburg 1934
Watson, Francis: Wallenstein. Soldier under Saturn. London 1938. Deutsch: Wallenstein. Berlin 1939
Wedgwood, Cicely Veronica: The Thirty Years War. London 1938. Deutsch: Der Dreißigjährige Krieg. München 1967

Personenverzeichnis

Sachverzeichnis

Ortsverzeichnis

Bildnachweis

Akademie der Wissenschaften, Leningrad: 97. – Alle übrigen Bilder: Bildarchiv der Österreichischen Nationalbibliothek.

Mitteleuropa zur Zeit des Dreißigjährigen Krieges